Manual de Arbitragem

Manual de Arbitragem

2021

Ana Flávia Messa
Armando Luiz Rovai

ALMEDINA

MANUAL DE ARBITRAGEM
© Almedina, 2021
AUTORES: Ana Flavia Messa e Armando Luiz Rovai

DIRETOR ALMEDINA BRASIL: Rodrigo Mentz
EDITORA JURÍDICA: Manuella Santos de Castro
EDITOR DE DESENVOLVIMENTO: Aurélio Cesar Nogueira
ASSISTENTES EDITORIAIS: Isabela Leite e Larissa Nogueira

DIAGRAMAÇÃO: Almedina
DESIGN DE CAPA: FBA

ISBN: 9786556272726
Agosto, 2021

Dados Internacionais de Catalogação na Publicação (CIP)
(Câmara Brasileira do Livro, SP, Brasil)

Messa, Ana Flavia
Manual de arbitragem / Ana Flavia Messa, Armando Luiz Rovai. – 1. ed. – São Paulo : Almedina, 2021.

ISBN 978-65-5627-272-6

1. Arbitragem (Direito) - Brasil I. Rovai, Armando Luiz. II. Título.

21-67896 CDU-347.918(81)(094)

Índices para catálogo sistemático:

1. Brasil : Arbitragem : Leis : Direito civil 347.918(81)(094)

Aline Graziele Benitez – Bibliotecária – CRB-1/3129

Este livro segue as regras do novo Acordo Ortográfico da Língua Portuguesa (1990).

EDITORA: Almedina Brasil
Rua José Maria Lisboa, 860, Conj.131 e 132, Jardim Paulista | 01423-001 São Paulo | Brasil
editora@almedina.com.br
www.almedina.com.br

SOBRE OS AUTORES

Ana Flávia Messa
Doutora em Direito do Estado (USP/2011-2018). Doutora em Direito Público (Coimbra/2011/2018). Mestre em Direito Político e Econômico (Mackenzie/2001). Bacharel em Direito pela PUC-SP. Professora da Faculdade de Direito da Universidade Presbiteriana Mackenzie. Professora Convidada do Curso de Especialização em Direito do Estado da Universidade Estadual de Londrina. Membro da Academia Paulista de Letras Jurídicas. Investigadora do Centro de Investigação em Justiça e Governação (JUSGOV) da Escola de Direito da Universidade do Minho, Portugal. Palestrante em todo o Brasil e no exterior. Advogada, Consultora Jurídica e Árbitra em São Paulo.

Armando Luiz Rovai
Doutor em Direito pela – Puc/SP 2006; Professor de Direito Comercial da Puc/SP e da Faculdade de Direito Mackenzie (Chefe de Departamento); Graduação e Mestrado pela Faculdade de Direito da Universidade Mackenzie em 1993 e 2003, respectivamente. Professor convidado em diversas outras Universidades no Brasil e no exterior. Articulista em Jornais e Revistas de Grande Circulação e autor de dezenas de obras jurídicas acerca de Direito Empresarial, Direito Societário em geral. Pesquisador acerca do tema Liberdade Econômica. Integrou a Comissão do 184º Concurso de Ingresso na Magistratura do Estado de São Paulo. Pertence ao Conselho Superior de Assuntos Jurídicos e Legislativos CONJUR, da FIESP/IRS. Foi Presidente da Junta Comercial do Estado de São Paulo – por 04 mandatos e do IPEM/SP – Instituto de Pesos e Medidas do Estado de São Paulo. Foi Secretário Nacional do Consumidor – SENACON – MJ. Coordenador da Revista de Direito Bancário e Mercado de Capitais da RT/RDB. Advogado, Consultor Jurídico, Parecerista e Árbitro.

À minha vovó Leonor, exemplo de vida.
À minha família, pelo apoio.
Aos meus alunos, fonte de inspiração na labuta do magistério.
Ao meu amigo R.T., in memoriam,
pelo legado de honra, honestidade e trabalho.

(ANA FLÁVIA MESSA)

À Deus, pela oportunidade da vida

(ARMANDO LUIZ ROVAI)

"Mas justiça atrasada não é justiça, senão injustiça qualificada e manifesta. Porque a dilação ilegal nas mãos do julgador contraria o direito das partes, e, assim, as lesa no patrimônio, honra e liberdade. Os juízes tardinheiros são culpados, que a lassidão comum vai tolerando. Mas sua culpa tresdobra com a terrível agravante de que o lesado não tem meio de reagir contra o delinquente poderoso, em cujas mãos jaz a sorte do litígio pendente" (Rui Barbosa discursando para seus afilhados, os bacharelandos de 1920 da Faculdade de São Paulo).

Portanto, não vos inquieteis com o dia de amanhã, pois o amanhã trará os seus cuidados, basta ao dia o seu próprio mal (Mateus).

PREFÁCIO

Recebi com muita alegria o convite para prefaciar a obra "Manual de Arbitragem" de autoria dos estimados Professores Dra. Ana Flávia Messa e Dr. Armando Luiz Rovai.

De início cabe ressaltar algumas considerações preambulares. Professora Dra. Ana Flávia Messa é uma grande e renomada Autora, Professora na Universidade Presbiteriana Mackenzie e Doutora por Coimbra e pela Faculdade de Direito do Largo São Francisco. Sou um admirador de seu trabalho, possui mais de 40 obras publicadas, um feito para poucos docentes.

Minha relação com o autor Prof. Armando Luiz Rovai provém de um relacionamento acadêmico longínquo de respeito e admiração. Seu nome sempre muito presente pelas posições públicas que ocupou, principalmente, como Secretário Nacional do Consumidor, Presidente por quatro mandatos na Junta Comercial de São Paulo, Presidente do IPEM-SP, Conselheiro da OAB/SP, Presidente da Comissão de Direito Empresarial da OAB por vários mandatos, além da sua projeção na vida acadêmica, pois é Doutor em Direito pela PUC-SP, professor da mesma instituição e do Mackenzie, além de ser professor convidado em diversas faculdades no Brasil e no exterior. Atua marcantemente na advocacia e na arbitragem. Sua gentileza e cordialidade no trato pessoal, suas reconhecidas características, aliadas ao farto conhecimento jurídico, fazem do Prof. Armando Rovai um dos grandes nomes do Direito Comercial brasileiro, tanto na seara prática quanto acadêmica. Fui seu orientador no doutorado e somos colegas na PUC-SP, posso asseverar com segurança essas considerações.

Destaco, sobre o livro que fui convidado a prefaciar, que se trata de um tema bastante atual, afinal, conflitos e sociedade com enfoque no procedimento arbitral são assuntos muito presentes em nosso cotidiano jurídico, ainda mais quando analisado com uma abordagem histórica pertinente. Vale dizer que a presente obra conseguiu criar um elo entre os assuntos, trazendo uma visão objetiva e de fácil compreensão ao leitor.

A obra aborda amplas matérias das áreas do Direito, tendo como enfoque principal a Arbitragem segundo a visão da Liberdade Econômica, tema de incontroverso interesse dos praticantes e estudantes da matéria. Todos os assuntos abordados possuem grande quantidade de saber jurídico e uma riqueza de detalhes vistosa. Sobre este meio alternativo de solução de conflitos, tema central do livro, posso afirmar sua precisão e assertividade nos seus pontos principais.

Desta forma, seus autores, Professores Ana Flávia Messa e Armando Luiz Rovai, com suas respectivas experiências, tanto na área acadêmica quanto prática, angariaram várias informações sobre o tema, a fim de explanar e abordar todas as vertentes que o assunto pode atingir.

Neste sentido, podemos dizer que o texto faz uma análise completa sobre Arbitragem, destacando-se os seguintes elementos: "cláusula arbitral", "recursos arbitrais", "sentença arbitral", além de vários outros aspectos tratados.

Ademais, saliento que, citei apenas alguns dos aspectos que são notavelmente relevantes nesta obra vanguardista, tendo a certeza que a leitura será de grande valia aos advogados, estudantes de direito, professores, operadores do direito, árbitros e até mesmo profissionais de outras áreas, como economia, administração e ciências contábeis, observando ser esta uma publicação multidisciplinar, unindo os principais focos do assunto junto à vasta experiência dos autores. É uma leitura de suma importância para o desenvolvimento e segurança da atividade negocial e empresarial.

Desejo-lhes muito sucesso nesta publicação, pessoas como vocês facilitam o caminho de quem quer obter novos conhecimentos.

CLÁUDIO FINKELSTEIN

Graduado em Direito pela Pontifícia Universidade Católica de São Paulo (1989); LL.M. em Direito Internacional pela Universidade de Miami (1991) e Doutorado em Direito pela Pontifícia Universidade Católica de São Paulo (2000) com Livre-Docência pela Pontifícia Universidade Católica de São Paulo (2011) e Pós-Doutorando pela Universidade Bucerius, Hamburgo. Coordenador da área de Arbitragem e Comércio Internacional na Graduação das PUCSP. Atualmente é professor da PUCSP em nível de graduação e pós-graduação e coordenador do Curso de Arbitragem do COGEAE/SP. Diretor do Instituto Brasileiro de Direito Constitucional e VicePresidente da Sociedade Brasileira de Direito Internacional. ExCoordenador do Curso de Contratos Internacionais do COGEAE/SP e da FGV/SP. Advogado praticante e árbitro. Tem experiência em Direito Internacional, Empresarial e Comercial.

APRESENTAÇÃO

Quis a gentileza dos autores, dois dos mais brilhantes juristas do país, o Prof. Dr. Armando Rovai e a Profa. Dra. Ana Flávia Messa, que eu fizesse a apresentação do presente Manual de Arbitragem.

O Prof. Armando é meu particular e querido amigo. Nos conhecemos há décadas na nossa Universidade Presbiteriana Mackenzie e mais do que uma relação profissional, desenvolvemos vínculos de respeito, admiração e fraternal parceria.

Trata-se de pessoa e jurista admirável, que faço questão de ter próximo, pelas suas sempre vivas lições de sabedoria em qualquer campo do conhecimento.

Já a Profa. Ana Flávia eu a conheço, em razão de vínculos de nossas famílias, desde a sua mais tenra idade. Acompanhei sua sempre incansável dedicação aos estudos e tive a honra de poder indicá-la ao meu inesquecível e saudoso amigo Prof. Dr. Ademar Pereira, à época em que era ele o Diretor da Faculdade de Direito da Universidade Presbiteriana Mackenzie, para uma das vagas de professor que à época estavam disponíveis. Aceita a indicação dela, sinto orgulho de tê-la feito, pela bela carreira docente.

Quanto à obra, por primeiro ressalto que não se trata de um Manual, mas sim de um verdadeiro Tratado a respeito de tão importante matéria, tal a profundidade e extensão dos assuntos abordados pelos autores.

Trata-se de obra essencial para a biblioteca de todos aqueles que, direta ou indiretamente, querem se aprofundar sobre o instituto da Arbitragem. Com a propriedade que lhes é peculiar, os autores abordam, sob um interessante enfoque sociológico, os conflitos e a sociedade política e, a partir das constatações, enfrentam o tema respectivo aos meios para a sua solução, com reflexões sobre a cultura da sentença e a cultura da pacificação.

Abordam os meios de resolução dos conflitos nas sociedades civilizadas e, nesse panorama, inserem a Arbitragem.

De extrema valia para todos os que querem se aprofundar sobre a Arbitragem, é o exame das características do método e suas espécies, além da exaustiva abordagem dos princípios informadores.

De interesse teórico e prático é a forma como, sob o ponto de vista do processo, são tratadas as questões sobre os elementos subjetivos, objetivos, formais e materiais da Arbitragem e o procedimento arbitral.

E no derradeiro capítulo da obra, tal qual é próprio dos grandes mestres, os autores tratam de aspectos práticos do processo arbitral.

Em síntese, sinto-me orgulhoso pela bondade dos autores de terem me proporcionado a apresentação do Manual de Arbitragem, que é mais uma das inestimáveis contribuições dos autores, Prof. Dr. Armando Rovai e Profa. Dra. Ana Flávia Messa, aos estudiosos do Direito.

São Paulo, março de 2021

NUNCIO THEOPHILO NETO
Professor Adjunto e Ex-Diretor da Faculdade de Direito
da Universidade Presbiteriana

MACKENZIE
Magistrado em São Paulo.

SUMÁRIO

CAPÍTULO 4 – NOÇÕES GERAIS DE ARBITRAGEM

CAPÍTULO 5 – ELEMENTOS DA ARBITRAGEM

CAPÍTULO 6 – A FIGURA DO ÁRBITRO

CAPÍTULO 7 – PRINCÍPIOS INFORMADORES DA ARBITRAGEM

CAPÍTULO 8 – PROCEDIMENTO ARBITRAL

CAPÍTULO 9 – SENTENÇA ARBITRAL

CAPÍTULO 10 – PODER JUDICIÁRIO E ARBITRAGEM

CAPÍTULO 11 – CONFLITOS E ARBITRAGEM

CAPÍTULO 12 – ASPECTOS PRÁTICOS DO PROCESSO ARBITRAL

Capítulo 1
Conflitos e Sociedade Política

1. Sociedade

Ao longo da história da humanidade, desde o próprio aparecimento do homem, já com uma postura bípede, os seres humanos buscaram aproximações[1], seja por um instinto natural, seja por ato de coerção, formando agrupamentos de pessoas ou diversos tipos de sociabilidade[2].

O pensamento predominante é o de que em qualquer época e local o homem estabeleceu convívio social[3]. É possível afirmar que o ser humano que não vive em coletividade é um ser humano no seu sentido físico e biológico, mas não desenvolve as habilidades humanas, não se diferenciando do restante dos animais[4]. A espécie humana não nasceu para o

[1] "...o homem é um ser sociável, pois tem a propensão para viver junto com os outros e comunicar-se com eles, torná-los participantes das próprias experiências e dos próprios desejos, conviver com eles as mesmas emoções e os mesmos bens". (MONDIN, Battista. *O homem, quem é ele?*, São Paulo: Paulinas, 1986).

[2] "...tudo o que pode ser diretamente observado na vida social é o comportamento de indivíduos.... Verificamos, portanto, que por meio de suas ações se estabelecem múltiplas relações entre os indivíduos, na medida em que as ações de uns afetam outros e os levam a também agir. Nessa medida a ação individual assume características de ação social" (GALLIANO, Alfredo Guilherme. *Introdução à sociologia*. São Paulo: Harper & Row do Brasil, 1981).

[3] Há duas teorias explicativas da origem da sociedade: a) teoria do impulso associativo natural: é pela necessidade humana; o homem possui uma necessidade instintiva e insuperável de associação; é uma condição essencial de vida; b) teoria negativista do impulso associativo natural ou contratualista: é por um acordo de vontades ou contrato hipotético entre os homens.

[4] Na linha divisória do ser humano com o restante do quadro animal, partindo da condição de limitação enigmática no conhecimento para apreender o mundo humano e sua diversidade, infinitamente mais rico do que nossa simples compreensão, os seres humanos são

isolamento[5]. Porém, há quem diga que nem sempre o homem formou sociedades, sendo aceita a figura do homem singular.

O ser humano não vive sozinho. Para evitar as dificuldades e obter benefícios, busca vida coletiva[6]. Na associação humana, o homem consegue a satisfação de suas necessidades e o aperfeiçoamento nas suas aptidões físicas, morais e intelectuais[7]. O estado de convivência entre os seres humanos é originado da busca de vínculos comuns entre eles, for-

construídos através de opções que tomam e, na reconstrução "mental" de relações reais, usam o seu engenho racional como substância da capacidade de formular conhecimento e produzir sistemas ordenados (MADURO, Otto. *Mapas para a festa: reflexões latino-americanas sobre a crise e o conhecimento.* Petrópolis, RJ: Vozes, 1994, p. 181; O Homo Sapiens destaca-se do resto da criação animal por ser indefinido e indeterminado, e, portanto, condenado à transcendência, a desafiar o status quo, a chegar 'acima' e 'além'" (BAUMAN, Zigmund. *Sobre Educação e Juventude.* Rio de Janeiro: Zahar, 2013, p. 27); "o homem é também um animal, mas um animal que difere dos outros por ser cultural" (STREY, Marlene Neves (Org.). Psicologia Social Contemporânea. 7. ed. Rio de Janeiro: Vozes, 2002); "o processo de socialização consiste em uma aprendizagem social, através da qual aprendemos comportamentos sociais considerados adequados ou não e que motivam os membros da própria sociedade a nos elogiar ou a nos punir" (SAVOIA, Mariângela Gentil. Psicologia social. São Paulo: McGraw-Hill, 1989).

[5] "O homem apresenta uma característica fundamental consistente em depender de outros para a realização plena da sua natureza... Isoladamente o homem não basta a si próprio. Na procura da felicidade envida um esforço permanente no sentido de satisfazer aos seus interesses e, muitas vezes, o atingimento destes depende de uma atividade coordenada entre diversos homens" (BASTOS, Celso Ribeiro. *Curso de teoria do Estado e ciência política.* São Paulo: Saraiva, 1986); DUGUIT, Leon. *Fundamentos do Direito.* Revisão e Tradução: Márcio Pugliesi, São Paulo: Ícone, 1996.; LOCKE, J. *Segundo Tratado Sobre o Governo Civil.* Petrópolis, RJ: Vozes, 2006.

[6] "Indivíduo dentro dos seus padrões sociais, vive em sociedade, como membro do grupo, como "pessoa", como "socius". A própria consciência da sua individualidade, ele a adquire como membro do grupo social, visto que é determinada pelas relações entre o "eu" e os "outros", entre o grupo interno e o grupo externo" (RAMOS, Arthur. Introdução à psicologia social. 4. ed. Santa Catarina: UFSC, 2003).

[7] "No mundo moderno, o homem, desde que nasce e durante toda a sua existência, faz parte, simultânea ou sucessivamente, de diversas instituições ou sociedades, formadas por indivíduos ligados pelo parentesco, por interesses materiais ou por objetivos espirituais. Elas têm por fim assegurar ao homem o desenvolvimento de suas aptidões físicas, morais e intelectuais, e para isso lhe impõem certas normas, sancionadas pelo costume, a moral ou a lei" (AZAMBUJA, Darcy. *Teoria geral do Estado.* São Paulo: Globo, 1998).

mando-se grupos, dos mais simples (família, clube, igreja, universidade) aos mais complexos (cidade, Estado, Planeta Terra).

Um dos grupos formados com as aproximações entre os seres humanos é a sociedade, cujo conceito é relativo e contingente[8]. Partindo da ideia de que a realidade é complexa apresentando desafios e resistências, o ser humano busca pela compreensão da experiência compartilhada dos sujeitos com o mundo e das coisas que o cercam, utilizar suas cognições e habilidades, inteligência e criatividade, para resolver os problemas da vida, tentando buscar respostas para os perigos e obstáculos que surgem na trajetória humana.

A sociedade ao longo dos séculos tem vivenciado uma série de embaraços e questionamentos que envolvem o seu modo de relacionar-se com o mundo que a rodeia, colocando em questão o conhecimento, não apenas como mecanismo de compreensão e transformação do mundo, mas como uma necessidade para a ação. Portanto, pensar o mundo, e a forma como o homem se relaciona com ele no contexto da realidade social, nos remete às formas de conhecimento na organização do pensamento, na ânsia de compreender as mudanças que se processam no modo da sociedade pensar, interagir e compreender o funcionamento da vida em suas diversas dimensões. Não é de hoje que ouvimos falar que a intelegibilidade do mundo é uma preocupação constante do ser humano. Da mesma forma que tal preocupação não é nova, a relação do homem com o conhecimento também não o é, pelo contrário, é tão antiga quanto a própria existência humana de dominar a natureza para sua realização existencial. O que se pode perceber é a ocorrência de várias formas de conhecimento

[8] "Na verdade, toda definição conceitual é relativa e contingente e, desta forma, um reflexo de um momento histórico, de um ambiente cultural, de uma localização geográfica, de um status social, de uma personalidade individual e, finalmente, de um comprometimento político" (Scholte, J. A. What Is Globalization? The Definitional Issue – Again. Warwick University/ESRC Centre for the Study of Globalisation and Regionalisation Working Papers, n. 109/02, December 2002, 34 p. Reprinted as Working Paper 03/4 of the Institute on Globalisation and the Human Condition, McMaster University, March 2003; and in Globalisation (Hyderabad: ICFAI Press, 2004).

do homem no decorrer da história e, por consequência, da sua forma de compreender o mundo e as coisas[9].

Com a intensificação do intercâmbio internacional de bens, serviços e pessoas, as relações humanas perpassam as fronteiras dos Estados, gerando Estados diferentes, organismos internacionais e pessoas (físicas e jurídicas) em diferentes partes do Globo Terrestre. A reunião entre os Estados, organismos internacionais e o homem forma a sociedade internacional[10]. Nesse tipo de sociedade, surge um aprofundamento da integração internacional, por um processo gradual de disseminação mundial[11], por meio da eliminação de barreiras e concomitante aumento nas trocas de bens e serviços, no progresso tecnológico e na intensificação da interação internacional[12].

2. Convivência social

Embora a tendência para viver em sociedade seja natural, a ordem de convivência é criada e constituída pelo homem, sendo característica do agir ou não agir dos seres humanos. A sociedade é produto das interações

[9] Além de um processo histórico-social, o conhecimento como atividade humana de transformação da opacidade da realidade em caminhos "iluminados", pelo controle dos fenômenos naturais, ou por curiosidade intelectual, é uma criação da mente humana com seus conceitos e ideias implicado em um caminho não linear, constante e complexo da evolução que, partindo dos mitos, passa pela filosofia, até alcançar o *status* da ciência experimental moderna (Luckesi, C. C. *Fazer universidade: uma proposta metodológica.* São Paulo: Cortez, 1985, p. 51; Germano, Marcelo Gomes. *Uma nova ciência para um novo senso comum.* Campina Grande: EDUEPB, 2011, p. 41. Disponível em: http://static.scielo.org/scielobooks/qdy2w/pdf/germano-9788578791209.pdf. Acesso em: 10/03/2012).

[10] "A sociedade internacional caracteriza-se por ser universal, igualitária, aberta, sem organização rígida e com Direito Originário" (Husek, Carlos Roberto. *Curso de direito internacional público.* São Paulo: LTr, 2004).

[11] Passet, René. *Elogio da globalização.* São Paulo: Record, 2003.

[12] Caldas, Ricardo W. *Introdução à globalização:* noções básicas de economia, marketing & globalização. São Paulo: Instituto Brasileiro de Direito Constitucional, 1998.

sociais[13]. As relações humanas que formam a sociedade resultam da interação entre indivíduos possibilitada pela comunicação das ideias, pensamentos e sentimentos.

Trata-se de um processo sociorrelacional marcado por uma complexidade nas relações presencias e virtuais na contiguidade do espaço local e global, bem como influencia e é influenciado por questões culturais, econômicas e políticas[14]. O convívio social apresenta características:

a) **Necessidade humana**: já que o indivíduo não vive sozinho; a existência humana exige sociabilidade, pois caso não opte pela vida coletiva, encontrará dificuldades. Além de essencial à sobrevivência humana, é fator que gera bem-estar físico e psíquico, gerando oportunidades e crescimento no desenvolvimento da personalidade humana.
b) **Desafio:** nas relações interpessoais o convívio deve buscar harmonia dentro de um quadro complexo, repleto de visões de mundo diferenciadas. As pessoas constituem teias de interdependência ou configurações de muitos tipos, tais como famílias, escolas, cidades, estratos sociais ou estados. Cada uma dessas pessoas constitui um ego ou uma pessoa, como muitas vezes se diz numa linguagem reificante. Entre essas pessoas colocamo-nos nós próprios[15].

[13] Simmel, Georg. *A sociabilidade (Exemplo de sociologia pura ou formal)*. In: **Questões fundamentais da sociologia:** indivíduo e sociedade. Tradução de Pedro Caldas. Rio de Janeiro: Jorge Zahar, 2006.

[14] "Os homens só podem ser humanamente diferentes na medida em que uma dada forma de sociedade permita, ou seja capaz de permitir, uma diferenciação autêntica. Assim, a diferenciação real, longe de igualar-se à "autonomia", só pode adquirir sentido e valor se for concebida como uma reciprocidade social. Ser diferente, apenas por ser diferente, de nada vale. O assassino é, reconhecidamente, "diferente" de sua vítima, mas ninguém o elogiaria por isso. É o conteúdo efetivo da diferenciação que importa. Somente pode ser considerada como um valor a diferenciação que é capaz de ser integrada socialmente, contribuindo com isso para o enriquecimento e o desenvolvimento positivo do indivíduo social" (Mészaros, István. A teoria da alienação em Marx. Boitempo Editorial. São Paulo, 2006).

[15] Elias, Norbert. Introdução à sociologia. Trad. Maria Luisa Ribeiro Ferreira. São Paulo: Martins Fontes, 1970.

c) **Capacidade humana:** como atributo do ser humano de estabelecer redes, através das quais as unidades de atividades, individuais ou coletivas, fazem circular gostos paixões, opiniões, etc. Trata-se de uma troca permanente baseada sobretudo na comunicação[16].

d) **Interação:** a sociedade existe onde um número de indivíduos entra em interação, (...) a importância dessas interações entre os homens está no fato de que é por causa delas que os indivíduos, nos quais estas condições de impulsos e propósitos aparecem, formam uma unidade, isto é, uma sociedade[17]. Cada pessoa que passa por outra, como estranhos aparentemente desvinculados na rua, está ligada a outras por laços invisíveis, sejam estes laços de trabalho e propriedade, sejam de instintos e afetos. Os tipos mais díspares de funções tornaram-na dependentes de outrem e tornaram outros dependentes dela. Ela vive, e viveu numa rede de dependências. Na análise das figurações, os indivíduos singulares são apresentados da maneira como podem ser observados: como sistemas próprios, abertos, orientados para a reciprocidade, ligados por interdependências dos mais diversos tipos e que formam entre si figurações específicas, em virtude de suas interdependências[18].

e) **Redes sociais:** círculos, espaços da estruturação das redes sociais, são o local por excelência da conviviabilidade. (...) sob pena de se perder nesse emaranhado de tramas de sociabilidade os analistas de rede 'recortam' artificialmente campos sociais para instrumentalizar uma análise de processos sociais específicos[19].

[16] BAECHLER, Jean. Grupos e sociabilidade. In: BOUDON, Raymond. Tratado de sociologia. Rio de Janeiro: Jorge Zahar, 1989. p. 57-95.

[17] SIMMEL. G.. On individuality and social forms. Selected writings. Edited by Donald N.Levine. Chicago/Londres, The Univerisity of Chicago Press. 1971

[18] ELIAS, N. A sociedade dos indivíduos. Rio de Janeiro: Jorge Zahar, 1994; ELIAS, N. A sociedade de corte: investigação sobre a sociologia da realeza e da aristocracia de corte. Rio de Janeio: Jorge Zahar ed., 2001.

[19] FONTES, B. A. S. M.. Sobre trajetórias de sociabilidade: a ideia de redes de saúde comunitária. In: FONTES, B: MARTINS, P. H. Redes sociais e saúde: novas possibilidades teóricas. Recife: Universitária/UFPE, 2004.

Na convivência social a singularidade humana exsurge da descoberta e vivência dos significados atribuídos ao mundo e organizados de forma articulada. No território simbólico de significados, contextos cognitivos surgem e se modificam a cada momento da transformação nas condições sócio-históricas, exigindo dos seres humanos constante revisão e ajustamento aos novos contextos. Na captação de um sentido no convívio social, o homem busca melhor compreender o mundo que o circunda, inclusive dos objetos culturais, adotando formas explicativas para solucionar os problemas da realidade.

A convivência social é viabilizada pela existência de uma ordem jurídica e, portanto, de uma instância superior para declarar e aplicar o direito[20]. O Estado, fenômeno complexo, surge num certo momento da evolução social, quando as sociedades ao adquirirem maior complexidade verificam a necessidade de sua instituição.

A existência do Estado é justificada para realização de fins que condicionam as funções, os direitos, os deveres e os limites da autoridade[21]. Os fins do Estado, enquanto elemento constitutivo ou característica do Estado podem ser entendidos como a razão do Estado, privilegiando-se o aspecto instrumental em que o Estado funciona como meio para realização de seus fins representativos das necessidades e interesses gerais do cidadão[22].

Dentre os fins do Estado, cuja especificação não é tarefa fácil diante da diversidade de sentidos atribuídos ao longo da história e possibilidade de análise em planos distintos e nas diferentes comunidades, destaca-se o fim geral ou essencial que é a tutela da ordem interior para o pacífico desenvolvimento da ordem social, com segurança para os conviventes em suas pessoas, famílias e bens[23].

[20] Reale, Miguel. *Teoria Geral do Direito e do Estado*. São Paulo: Saraiva, 2000.

[21] Bigne De Villeneuve, Marcel de La. *Traité Général de Létat*. França: Recuely Sirey, 1929, p.1.

[22] Iellinek, Paul. *Teoria General del Estado*. Buenos Aires: Editora Albatros, 1973; Malberg, R. Carré de. *Contribution a La Théorie Générale de L'Etat*. Paris: Sirey, 1920.

[23] Gropali, Alexandre. *Doutrina do Estado*. São Paulo: Saraiva, 1968, p. 141 e segs.

A convivência social depende de uma organização estabelecida pela existência de normas jurídicas, pela consagração da liberdade dos cidadãos[24] e de uma força que seja capaz de fazer cumprir as normas jurídicas.

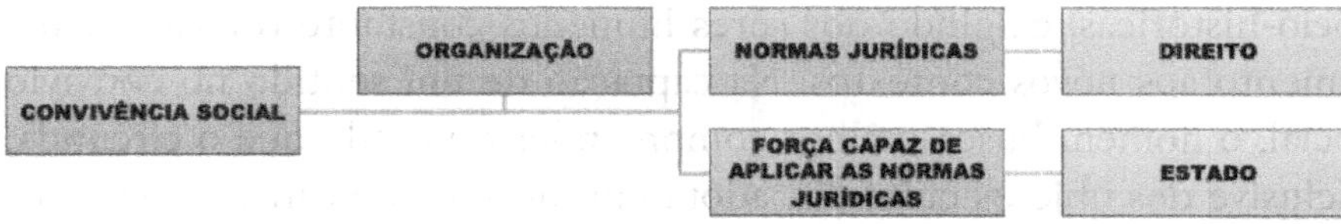

Tal força é o poder estatal[25], supremo no plano interno e independente no plano internacional[26]. A manutenção da supremacia estatal[27],

[24] "Os vários estudos sobre direitos humanos fundamentais sempre tiveram como ponto de partida a necessidade de consagração de um rol de liberdades públicas tendentes a limitar a possibilidade de ingerência do Poder estatal na vida do cidadão. Essas ideias... encontravam um ponto fundamental em comum, a necessidade de limitação e controle dos abusos de poder do próprio Estado e de suas autoridades constituídas e a consagração dos princípios básicos da igualdade e da legalidade como regentes do Estado moderno e contemporâneo, pois nos Estados onde o respeito à efetividade dos direitos humanos fundamentais não for prioridade, a verdadeira Democracia inexiste, como ensina Norberto Bobbio, ao afirmar que 'sem respeito às liberdades civis, a participação do povo no poder político é um engano, e sem essa participação popular no poder estatal, as liberdades civis têm poucas probabilidades de durar'" (HC 82.009, Rel. Denise Arruda, Decisão monocrática publicada em 2-5-2007).

[25] Há na doutrina dois posicionamentos a respeito da caracterização conceitual de soberania. O primeiro posicionamento sustenta que soberania, em termos objetivos, possui um aspecto substantivo (poder) e um aspecto adjetivo (qualidade do poder estatal) (Ranelletti, Oreste. *Instituzioni di Diritto Pubblico*. Milão: Giuffrè, 1955). No segundo posicionamento, há em comum a percepção do aspecto unitário no conceito de soberania, porém existem neste posicionamento duas vertentes: a) é o poder (Jellinek, Georg. *Teoria general del Estado*. Buenos Aires: Albatroz, 1954); b) é a qualidade do poder estatal (Heller, Hermann. *Teoria do Estado*. Buenos Aires: Fondo de Cultura Econômica, 1961).

[26] Duguit, Léon. *Traité de droit constitutionnel*. Paris: Ancienne Librarie e Fontemoing, 1930.

[27] A supremacia estatal, exigência, por vezes, necessária para manter a convivência social, não implica, no sistema constitucional vigente, *uma cláusula de caráter absoluto*, de forma que sobre ela incidem limitações da ordem jurídica, especialmente de cunho garantista que reflitam o respeito aos direitos básicos do indivíduo. Conforme acentua Antonio Scarance Fernandes: "*Na evolução do relacionamento indivíduo-Estado houve a necessidade de normas que garantissem os direitos fundamentais do ser humano contra o forte poder estatal inter-*

com a imposição coativa do cumprimento da ordem jurídica, depende de um poder estatal que use meios materiais ou humanos para consecução do bem comum[28], na forma da Constituição e das leis, e que seja organizado tanto na forma vertical, pela adoção ou não da divisão espacial do poder[29], como na forma horizontal, pela implantação ou não da técnica da separação de poderes.

3. Dilemas da sociedade contemporânea

A dinâmica evolutiva da sociedade traz reflexos na compreensão das características do Direito[30] e do Estado no século XXI. Constatam-se mudanças qualitativas que exigem uma reformulação dos esquemas teóricos com os quais se apreendem e transmitem os fenômenos jurídicos e a atuação estatal, descobrindo novos horizontes de análise.

Sob esse prisma, pode-se afirmar que a teoria política e jurídica enfrenta atualmente uma crise de legitimidade, já que as novas condições institucionais e culturais no cenário sociopolítico contemporâneo torna-

vencionista" (FERNANDES, Antonio Scarance. *Processo penal constitucional.* São Paulo: Revista dos Tribunais, 2005).

[28] Há na doutrina dois posicionamentos a respeito do estudo da finalidade do Estado. O primeiro posicionamento sustenta que a finalidade do Estado não é elemento formador do Estado (KELSEN, Hans. *Teoria general del Estado.* México: Editora Nacional, 1950). O segundo posicionamento sustenta que a finalidade do Estado é elemento formador do Estado (GROPPALI, Alexandre. *Doutrina do Estado.* São Paulo: Saraiva, 1962).

[29] "Por mais sofisticada e democrática que seja a estrutura da uma Federação, esta jamais funcionará de modo satisfatório se não houver tolerância mútua entre os governos central e
regionais, de modo que a partilha de competências constitucionalmente determinada seja rigorosamente cumprida" (ZIMMERMANN, Augusto. *Curso de direito constitucional.* Rio de Janeiro: Lumen Juris, 2002).

[30] "...o Direito, entre as outras ciências sociais, tem o caráter distintivo do ser, como a língua, não só parte integrante mas também espelho integral da vida social" (TARDE, G. *Les Transformations Du Droit.* Paris: Berg, 1994).

ram obsoletos os fundamentos do direito e a eficácia do agir político-administrativo. Dentre o que Antônio Manuel Hespanha[31] denominou com acerto, "*... não se pode ignorar que estamos hoje perante um direito realmente diferente daquele para o qual foi construída a dogmática jurídica corrente*".

São tantas as mudanças ocorridas no cenário jurídico nos últimos tempos, a atuação do Estado Garantidor[32], a emergência de uma quinta[33] ou até sexta[34] geração dos direitos fundamentais, o desenvolvimento das tecnologias de informação e comunicação[35], a globalização, a constitucionalização dos ramos do direito, a valorização dos direitos fundamentais, que se põe obrigatoriamente na agenda da discussão, em face da inadequação da "dogmática jurídica clássica"[36] às novas realidades jurídicas, a releitura

[31] HESPANHA, Antônio Manuel. *Pluralismo Jurídico e Direito Democrático*. São Paulo: Annablume Editora, 2013.

[32] "...há quem fale de Estado "Pós-Social", visto que o Estado deixa de ser o Estado Providência (o Estado Social de Serviço Público) e, sem regressar ao Estado Liberal, se transforma, nas áreas econômicas e sociais num Estado de Garantia (ou "Estado Garantidor") que regula, orienta, incentiva as atividades privadas, designadamente e com especial intensidade aquelas que prosseguem interesses gerais ou colectivos." (ANDRADE, José Carlos Vieira de. *Lições de Direito Administrativo*. Coimbra: Coimbra Editora, 2011, p.22).

[33] Paulo Bonavides "destaca a paz como um direito de quinta geração que legitima o estabelecimento da ordem, da liberdade e do bem comum na convivência dos povos. Segundo ele, a concepção da paz no âmbito da normatividade jurídica onfigura um dos mais notáveis progressos já alcançados pela teoria dos direitos fundamentais" (BONAVIDES, Paulo. *O direito à paz como direito fundamental da quinta geração*. Revista Interesse Público. Belo Horizonte: Ed. Fórum, 1999–, v. 8, nº. 40, de nov./dez. 2006); Outros defendem que a biotecnologia e a informática fazem parte dos direitos de quinta geração (MELO, A. N. *Liberdade de expressão: um direito fundamental na concretização da democracia*. Fortaleza: Premius, 2009.

[34] FACHIN , Zulmar, SILVA, Deise Marcelino da. *Acesso à água potável: direito fundamental de sexta geração*. São Paulo. Millennium editora. 2010. p. 74.

[35] DOMINGUEZ LUIS, José Antonio. *El derecho de información administrativa : información documentada y transparencia administrativa*. Civitas: Revista Española de Derecho Administrativo, Madrid, n. 88, out./dez. 1995.

[36] Não é possível defender o dogmatismo na ciência jurídica, que considera a norma jurídica como algo dado e imobilizado, pois tal situação é incompatível com a dinamicidade do conhecimento científico, e com o influxo determinante dos aspectos axiológicos e críticos no estudo do direito. A adoção do termo da dogmática foi com o sentido de ramo da ciência jurídica que estuda as normas jurídicas vigentes em uma determinada comunidade. O uso das aspas é justificado, pois tal expressão reúne dois termos antagônicos.

de parâmetros comportamentais em compatibilização com a temática da dignidade da pessoa humana e ampliação da prática democrática.

Após um período caracterizado na crença do progresso e nos ideais iluministas, vive-se a partir da segunda metade do século XX numa condição histórica pós-moderna[37] de incertezas e riscos, com a desconstrução de princípios e valores construídos na modernidade e ausência de projeto do futuro. A realidade atual é regida por uma narrativa do inconstante[38] combinada com a evolução tecnológica, a revolução digital e a globalização, no contexto de transição[39] e busca de nova estrutura social.

Vivemos a pós-modernidade, um conceito ainda em construção. Na verdade, a pós-modernidade representa transformações em relação a diversos temas, e se caracteriza pela invasão da tecnologia eletrônica, da automação e da informação.

A internet e as tecnologias digitais fizeram emergir a sociedade de informação, que começou a tomar forma nos anos 60 nos trabalhos de *Alain Touraine* (1969) e *Daniel Bell* (1973) sobre as influências dos avan-

No estudo do direito as normas só possuem sentido quando conectados com os fatos e os valores (KAUFMANN, Arthur. *Filosofia del derecho*. Tradução de Luis Villar Borda e Ana Maria Montoya. Bogotá: Universidad Externado de Colômbia, 2002; MARQUES NETO, Agostinho Ramalho. *A ciência do direito: conceito, objeto, método*. Rio de Janeiro: Renovar, 2001; MARÍN, Rafael Hernández. *Introducción a la teoría de la norma jurídica*. Madrid: Marcial Pons, 2002).

[37] "Na noção de uma não-história é que o pensamento pós-moderno procura se estabelecer enquanto ruptura com o moderno." (MENEZES, P. *A Crise do Passado*. São Paulo: Experimento, 1994); "O pós-moderno sem dúvida traz ambiguidades. É isso que ele propõe: **a prudência como método, a ironia como crítica, o fragmento como base e o descontínuo como limite** [...] (SEVCENKO, Nicolau. *O enigma pós-moderno*. IN : Oliveira, Roberto Cardoso de (org.). Pós-modernidade. Campinas-SP : Editora da UNICAMP, 1987).

[38] "O rótulo genérico abriga a mistura de estilos, a descrença no poder absoluto da razão, o desprestígio do Estado. A era da velocidade. A imagem acima do conteúdo. O efêmero e o volátil parecem derrotar o permanente e o essencial. Vive-se a angústia do que não pode ser e a perplexidade de um tempo sem verdades seguras. Uma época aparentemente pós-tudo: pós-marxista, pós-kelseniana, pós-freudiana." (ADEODATO, João Maurício. *Ética & Retórica. Para uma teoria da dogmática jurídica*. São Paulo: Saraiva, 2009, p. 353).

[39] "O mundo é "um" em certo sentido, mas radicalmente cindido por desigualdades de poder em outro. E um dos traços mais característicos da modernidade é a descoberta de que o desenvolvimento do conhecimento empírico não nos permite, por si mesmo, decidir entre diferentes posições de valor" (GIDDENS, A. *As Conseqüências da Modernidade*. São Paulo: Edunesp, 1991).

ços tecnológicos nas relações de poder, identificando a informação como ponto central da sociedade contemporânea. É uma sociedade onde o fluxo de mensagens e imagens entre redes, passa a ser o ingrediente básico nas relações sociais.

A base de todas as relações se estabelece através da informação e da sua capacidade de processamento e de geração de conhecimentos. A este fenômeno Castells denomina "sociedade em rede", ou denominada por Lévy sob o codinome de "cibercultura". Um estágio de desenvolvimento social caracterizado pela capacidade de seus membros (cidadãos, empresas e administração pública) de obter e compartilhar qualquer informação, instantaneamente, de qualquer lugar e da maneira mais adequada. Surge maior flexibilidade de comunicação.

Vivemos na era da incerteza, o contemporâneo passa a ser marcado pela falta de critérios que sejam suficientemente sólidos para a definição de padrões de orientação de condutas. Um mundo de incerteza, onde as respostas para os problemas da sociedade não encontram mais, como antes, referenciais seguros[40]. Não existem mais uma ou duas escolhas a fazer diante de um problema, mas uma multiciplicidade de escolhas, de alternativas. Surge o tempo da indefinição, do medo, da insegurança.

O sociólogo alemão *Ulrich Beck* chama a nossa sociedade contemporânea de sociedade global do risco, uma verdadeira "caixa de pandora" que promove o crescente e contínuo processo de liberação aleatória de "novos riscos" que redundam no retorno da incerteza, da imprevisibilidade e da insegurança, em suas dimensões cognitiva e normativa. O sociólogo britânico *Anthony Giddens* chama de "crise do controle", concebida como perda de domínio sobre o mundo em virtude do surgimento de perigos novos. O filósofo e sociólogo polonês *Bauman* acentua que a

[40] "Numa época, que é aquela em que nós vivemos, em que a perda de referências nos leva à indiferença, ao relativismo, ao cinismo, pela impossibilidade de identificação de valores individuais, de valores coletivos, talvez a atualidade de Sartre consista exatamente em nos mostrar que a nossa identidade não significa a construção e a fixação de uma imagem de nós mesmos, mas deveria consistir em assumirmos o livre compromisso de uma identificação muito lúcida e muito crítica com a história que nos é dada a viver" (Leopoldo e Silva, F., Sartre e o Humanismo. São Paulo: Editora Barcarolla, 2013).

contemporaneidade é marcada pela "ambivalência", o "mal-estar" e as "vidas desperdiçadas".

Vivemos numa cultura de improbidade: há incorporação de valores antiéticos e imorais no ambiente social; se atribui ao patrimônio público a condição de coisa perdida ou de ninguém; preocupação maior com o jogo político-partidário do que com o bem-estar da sociedade. Assistimos a uma revalorização do crime organizado: que fragiliza os poderes do Estado provoca danosidade social de alto vulto com base em estratégia global e numa estrutura organizativa que lhe permite aproveitar as fraquezas estruturais do sistema penal.

Vivemos na globalização, com a intensificação das relações sociais em escala mundial, construindo uma espécie de "aldeia global". Surge uma interdependência entre Estados, organizações e indivíduos. Essa integração mundial num mundo submetido às leis de mercado assume com a revolução das comunicações, uma propagação ampla, diversificada e profunda na configuração de uma sociedade civil mais informada e consciente de seus interesses, exerce pressão por participação e eficiência no atendimento de suas necessidades. A globalização ao intensificar as relações em escala mundial diluindo fronteiras com a integração entre países, impulsionada pelas tecnologias de informação e comunicação, gera não apenas efeitos positivos, mas também negativos. Na área criminal, o efeito negativo é expansão da criminalidade, incrementada com as tecnologias virtuais.

Ao mesmo tempo se verifica um enfraquecimento do Estado Nacional, num quadro de policentralidade dos poderes, transestaduais (europeus e mundiais) e intraestaduais (descentralização e pluralização da administração pública), uma sociedade de organismos em rede.

Diante dos novos desafios impostos por essa realidade em mudança, é importante destacar a necessidade de revalorização dos métodos de solução de conflitos, do qual a arbitragem aparece com o seu potencial de possibilitar solução técnica-instrumental e valorativa na criação da legitimidade dos comportamentos humanos.

Nos dias atuais, verifica-se um renovado interesse pelo tema da arbitragem, na condução da vida humana, convertendo-se numa exigência influente e relevante no contexto nacional e internacional contemporâneo. É assunto que tem suscitado atenção não apenas da literatura jurídica, mas também de diversas instituições públicas e privadas, como um método a ser defendido na promoção de um acesso efetivo e adequado da justiça.

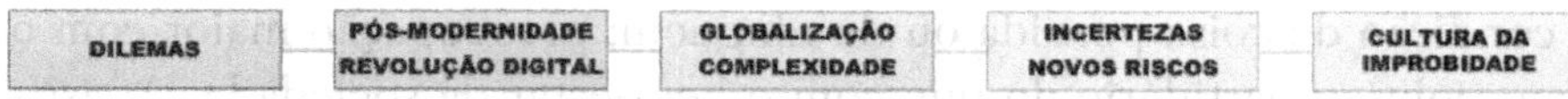

4. Conflitos na sociedade

O tema dos conflitos[41] na teoria social tem sido objeto de amplo debate doutrinário, com abordagem em diversas disciplinas, desde a Sociologia até a Ciência Política[42].

O estudo dos conflitos que surgem nas relações humanas[43] é questão controvertida, pois não há na doutrina critérios coordenados e seguros para identificar num denominador comum seus elementos característicos.

[41] "Muitas coisas em um conflito estão ocultas, mas podemos senti-las. Se tentarmos entendê-las, não encontraremos nada, corremos o risco de agravar o problema...Os conflitos nunca desaparecem, se transformam; isso porque, geralmente, tentamos intervir sobre o conflito e não sobre o sentimento das pessoas. Por isso, é recomendável, na presença de um conflito pessoal, intervir sobre si mesmo, transformar-se internamente, então, o conflito se dissolverá (se todas as partes comprometidas fizerem a mesma coisa)....Quando as pessoas interpretam (interpretar é redefinir), escondem-se ou tentam dominar (ou ambas as coisas). Quando as pessoas sentem sem interpretar, crescem (WARAT, Luis Alberto. Surfando na pororoca: o ofício do mediador. Florianópolis: Fundação Boiteux, 2004).

[42] "O conflito deve ser percebido como um processo que tem características da transdisciplinaridade" (PASSOS, Celia. *Mediação, Arbitragem e Composição dos Conflitos Regulatórios, Relacionamento com outras Agências de Controle.* 1. ed. Brasília: Inatel, 2010. v. 37. – Trechos extraídos, com adaptação e complementação).

[43] "O conflito deve ser compreendido como algo intrínseco à convivência em sociedade, e que por isso, deve ser tratado com a naturalidade de um fato que recorrentemente está presente nos círculos sociais." (ERICKSEN, L. Compreensão do conflito social como um problema alocativo: apontamentos sobre o fenômeno sócio jurídico do conflito. Prisma Jurídico, São Paulo, v. 10, n. 2, p. 369- 394, jul./dez. 2011); "[...] conflito significa a existência de ideias, sentimentos, atitudes ou interesses antagônicos que se podem chocar. Sempre que se fala em acordo, aprovação, coordenação, resolução, unidade, consentimento, harmonia, deve-se lembrar que essas palavras pressupõem a existência ou a eminência dos seus opostos, como desacordo, desaprovação, desentendimento, incongruência, discordância, inconsistência, oposição – o que significa conflito" (CHIAVENATO, I. Teoria geral da administração. S. Paulo: McGraw Hill, 1987. v. 2).

Apesar da existência de opiniões díspares sobre os elementos que integram os conflitos presentes em todas as relações humanas, há consenso nas contribuições doutrinárias de que a gênese do conflito reside na sociabilidade inerente à condição humana[44]. Um conflito pode ser definido como a diferença entre dois objetivos que são buscados por parte de uma sociedade, ou seja, o conflito existe quando duas ou mais pessoas entram em desacordo porque as suas opiniões, desejos, valores e/ou necessidades são incompatíveis[45].

O mundo humano é um mundo construído pela cultura[46], pelos seres humanos em suas relações interpessoais e deles com o ambiente em que vivem[47]. É um espaço de encontro e confronto de relações sociais estabelecidos pelos indivíduos, cujo funcionamento envolve singularidades e complexidades constitutivas das significações e articulações das pautas interativas estabelecidas pela realidade. Neste espaço comum, o mundo humano é estruturado pelo cultivo de um cotidiano de interações sociais envolvidas num processo permanente de diálogo[48] e convivência, de um

[44] Embora os conflitos venham crescendo num contexto geral marcado pela expansão da sociedade, a sua origem decorre da escassez de recursos (tempo, dinheiro e propriedade), diferentes valores (crenças, prioridade e princípios) e necessidades psicológicas (pertença, poder, liberdade e prazer) (CRAWFORD, D. & BODINE, R. (1996). Teachers Thought Processes. In WITTROC, M. C. (Edition). Hand book of research on teaching – A project of the American Educational Research Association. New York: Collin Macmillan Publishing Company, pp. 225-298; TORREGO, J. C.(coord.) (2003). Mediação de Conflitos em Instituições Educativas. Manual para Formação de Mediadores. 1ªEdição. Porto: Asa).

[45] PELIZZOLI, Marcelo (org.). Cultura de paz: restauração e direitos; Recife, PE: Ed. Universitária da UFPE; 2010.

[46] "A cultura constitui a herança social do ser humano" (MORIN, Edgar. *O Método V: a humanidade da humanidade*. Porto Alegre: Sulina, 2002, p. 64).

[47] ZANELLA, A. V., LESSA, C. T., & DA ROS, S. Z. *Contextos grupais e sujeitos em relação: contribuições às reflexões sobre grupos sociais*. Psicologia: Reflexão e Crítica. 15 (1), 211-218, 2002; FONTES, Virgínia. *Freud, conflito, contradição e história: Elementos para uma discussão sobre a historicidade*. In: Revista TRIEB. RJ, vol. II, n. 2, set. 2003. Revista da Sociedade Brasileira de Psicanálise do Rio de Janeiro/Relume Dumará, 2003, p. 19.

[48] "Um diálogo é antes de tudo um problema de interculturalidade. A distância física que separa os interlocutores e as voltas retóricas para entenderem-se, fazem referência a um problema cultural (KUSCH, Rodolfo. *Esbozo de una Antropologia Filosófica Americana*. Buenos Aires: Ediciones Castañeda, 1978, p. 13).

horizonte de reflexão da essência humana em suas dimensões, desde os processos de reprodução aos de conservação[49].

Quanto ao mundo humano, entendido como um processo de construção da vida, as transformações nele ocorridas eivadas de avanços e recuos, podem ser deduzidas de uma análise das dissensões e questionamentos encontrados entre a configuração de ideias e ideologias e a caracterização da contingência biocultural do homem e da vida comunitária, tal como vem renovado no decurso não progressivo da história. Todavia, nessa construção, o homem ao entrar em contato com a realidade, estabelecendo suas relações e produções, como garantia de seu modo de ser, estar e viver no mundo[50], pode ter conflitos.

Partindo da ideia de que a realidade é problemática apresentando desafios e resistências, é pela compreensão dos conflitos emergentes da experiência compartilhada dos sujeitos com o mundo e das coisas que o cercam, que os possíveis métodos de resolução, podem aumentar suas cognições e habilidades, para orientar a resolução dos conflitos com mais inteligência e criatividade, tentando buscar respostas para os perigos e obstáculos que surgem na trajetória humana.

O objetivo de conhecer e entender os conflitos presentes em todas as relações humanas, é uma atividade de construção de modelos explicativos de aprendizagem e manipulação do mundo[51], até para lidar com a

[49] Chardin, P. Teilhard. *O fenômeno humano*. São Paulo: Cultrix, 1986, p. 25; Rabuske, E. A. *Antropologia filosófica*. Petrópolis: Vozes, 1999, p. 123.

[50] "(...) há em todas as coisas um desejo natural de serem do melhor modo que lhes permite a sua condição natural, que agem em ordem a esse fim e dispõem dos instrumentos adequados. Entre estes, a capacidade de julgar corresponde ao objetivo de conhecer, para que não seja em vão a apetência e cada uma possa atingir no [objeto} amado o repouso de sua própria natureza" (Cusa, Nicolau de. *A Douta Ignorância*, livro I, cap. I, 2003, p.3).

[51] "O homem tende a captar uma realidade, fazendo-a objeto de seus conhecimentos. Assume a postura de um sujeito cognoscente de um objeto cognoscível. Isto é próprio de todos os homens e não privilégio de alguns (por isso a consciência reflexiva deve ser estimulada, conseguir que o educando reflita sobre sua própria realidade). Quando o homem compreende sua realidade, pode levantar hipóteses sobre o desafio dessa realidade e procurar soluções. Assim, pode transformá-la e com seu trabalho pode criar um mundo próprio: seu eu e suas circunstâncias" (Freire, Paulo. *Educação e Mudança*. Tradução de Moacir Gadotti e Lílian Lopes Martin. São Paulo: Paz e Terra).

impossibilidade da previsibilidade num contexto sistêmico de contínuas e descontínuas mudanças[52].

Diversas e complexas questões são postas no fascinante estudo do fenômeno dos conflitos da vida em sociedade, que além de configurar um fundamento do sistema social, é um processo ou estado em contínua transformação, descoberta e aprendizagem coletiva[53]. Logo, como ingrediente natural da vida em sociedade, o conflito pode ter uma *conotação positiva* que expressa ganhos e/ou transformações, e também *negativa* quando associada às perdas e/ou degradação.

Neste quadro, verificamos que na sua *feição positiva*, o conflito é desenvolvido por teorias e modelos de administração dos conflitos para criar aptidão de lidar e resolver com as divergências em razão de metas, interesses ou objetivos individuais percebidos como mutuamente incompatíveis[54]. Já a *feição negativa* é extraída do reconhecimento de que jamais será possível suprimir o conflito da vida em sociedade, e que é revelado pela combinação do seu potencial desagregador[55].

[52] CAMPBELL, D. *Evolutionary Epistemology*. In: SCHILPP, P. (Ed.). Library of Living Philosophers, Vol. Popper. La Salle: Open Court, 1974.

[53] "O conflito é instrumental da dialética natural. A energia de movimentação eterna de opostos, do bem e do mal, do justo e do injusto, do certo e do errado, na busca de poder e recursos. Longe de ser disfuncional, é elemento essencial na formação de grupos e manutenção desses grupos. O homem se agrega muito mais na guerra do que na paz" (SERPA, Maria de Nazareth. Teoria e Prática da mediação dos conflitos. Rio de Janeiro: Lumen Juris, 1999).

[54] YARN, Douglas H. *Dictionary of Conflict Resolution*. SF: Ed. Jossey Bass, 1999, p. 113; "Sobre as vantagens do conflito como manifestação natural e necessária às relações sociais: • ajuda a regular as relações sociais; • ensina a ver o mundo pela perspectivado outro; • permite o reconhecimento das diferenças, que não são ameaça, mas resultado natural de uma situação em que há recursos escassos; • ajuda a definir as identidades das partes que defendem suas posições; • permite perceber que o outro possui uma percepção diferente; • racionaliza as estratégias de competência e de cooperação; • ensina que a controvérsia é uma oportunidade de crescimento e de amadurecimento social" (CHRISPINO, A. Gestão do conflito escolar: da classificação dos conflitos aos modelos de mediação. Ensaio: avaliação e políticas públicas, Rio de Janeiro, v.15, n.54, p. 11-28, jan./mar. 2007. Disponível em: Acesso em: 26 jul. 2013).

[55] "[...] o conflito exprime as diferenças em luta entre si, espelha um clima de oposição ou de hostilidade e tem em regra, uma carga negativa e destrutiva, de que o exemplo último é a guerra" (FRADE, C. A resolução alternativa de litígios e o acesso à justiça: a mediação do

Na esteira da compreensão do conflito, é importante ressaltar, que as referidas feições são reveladas por afirmações que explicam que embora o litigio seja aceito com naturalidade na vida em sociedade, sua manutenção reflete uma patologia cuja ocorrência é tida como uma espécie de deformidade na condução das relações intersubjetivas, difundindo-se no contexto da globalização e, no processo, adquirindo conotações econômicas, políticas e culturais.

A compreensão quando ao estado da arte da dinâmica dos conflitos pode ser feita pela combinação de dimensões na estruturação e no desenvolvimento da sua gênese nas relações intersubjetivas: **a) objetiva**: as brigas surgem das condições estruturais da sociedade; **b) subjetiva**: as disputas decorrem da incompatibilidade de objetivos entre as partes envolvidas, em razão da diversidade de interesses nas relações humanas; **c) material**: os conflitos representam a luta não violenta para aquisição de direitos e obtenção da justiça social; d) **formal**: os conflitos surgem como forma de procurar transformações dentre da própria sociedade[56].

Em suas lições, Reimann[57] aponta que o fio condutor da convivência social é a necessidade da ordem e continuidade social justificada por duas indicações quanto aos rumos da coesão a partir das sociedades humanas: a) a primeira indicação vem a ser a afirmação do consenso resultante de um acordo geral na partilha de valores comuns com respaldo constitucional; b) uma segunda indicação se identifica na coerção e dominação por alguns e sujeição de outros[58].

sobreendividamento. Revista Crítica de Ciências Sociais, Lisboa, n. 65, p. 107-128, maio 2003. Disponível em: Acesso em: 22 jan. 2014).

56 Schmid, A. Early Warning of Violent Conflicts. In: Schmid, A (ed.): Violent Crime and Conflicts. Milan: ISPAC – International Scientific and Professional Advisory Council of the UN Crime Prevention and Criminal Justice Programme, 1997; Ascelrad, H. Conflitos Ambientais no Brasil. Rio de Janeiro: Reliume Dumará, Fundação Henrich Böll, 2004.

57 Reimann, C. Assessing the State of the Art in Conflict Transformation. In: Fisher, M e N. Roppers (ed). Berghof Handbook for Conflict Transformation, 2004. Disponível em: http:// www.berghof-handbook.net/uploads/download/ reimann_handbook.pdf. Acessado em 12-07-2006.

58 Dahrendorf, Ralf. Ensaios de teoria da sociedade. Rio de Janeiro: Zahar, 1974; Dahrendorf, Ralf. As classes e seus conflitos na sociedade industrial. Brasília: Ed. Universidade de Brasília, 1982.

Cumpre apresentar as notas qualificadoras dos conflitos humanos que emergem da convivência, desde as mais primitivas organizações sociais até expansões coletivas resultantes de diversos vínculos sociológicos:

a) **Necessidade Humana**: o conflito resulta de necessidades humanas insatisfeitas. Neste aspecto a revelação dos pontos de interesse comum e dos espaços de interseção de necessidades comuns, mediante a intensificação da comunicação e do diálogo permite a constatação da conflituosidade como um produto dos grupos humanos.
b) **Dinamismo:** os conflitos são dinâmicos, podendo sofrer ampliação com a incorporação de novos assuntos e atores, resultando em intensificação. As discórdias, desta forma, modificam-se de acordo com as necessidades e características de cada grupo social. O conflito é um processo dinâmico no qual estrutura, atitudes e comportamentos estão constantemente mudando e influenciando um ao outro[59].
c) **Insuficiência**: a fragilidade na construção de políticas públicas e esquemas de gestão disponíveis para a regulação e obtenção dos objetivos socialmente relevantes.
d) **Complexidade**: as dinâmicas sociais e econômicas, suas respectivas dimensões, níveis e intensidade variam. Eles podem ocorrer em diferentes escalas e espaços sociais onde se estabelecem relações complexas e desiguais entre uma ampla gama de atores sociais.
e) **Multidimensional**: já que os conflitos na sociedade envolvem aspectos sociológicos, psicológicos ou mesmo filosóficos das pessoas que o vivenciam.
f) **Interdisciplinar:** a análise da questão e suas consequências, em razão da multiplicidade e complexidade, necessita do intercâmbio de saberes entre diversas áreas. Toma de empréstimo das diferentes disciplinas os respectivos esquemas conceituais de análise,

[59] GALTUNG, J. Conflict as a way of life.In:FREEMAN, H. (Ed.).Progress in mental health. London: Churchill, 1969. p. 13-16.

> submete-os à comparação e a julgamento e, por fim, promove uma mútua integração[60].

Não há uniformidade de pensamento sobre tipologia dos conflitos no convívio social. Adotamos a orientação de MOORE[61], de forma que temos cinco espécies de conflitos:

a) **Conflitos relacionais**: decorrem da escassa ou falsa comunicação, falsas percepções ou estereótipos, fortes emoções negativas, ou a repetidas condutas negativas, dando origem a litígios "desnecessários".
b) **Conflitos informacionais**: acontecem quando os indivíduos não têm acesso a toda a informação necessária para poderem tomar uma decisão acertada em relação a um assunto, podendo realizar interpretações desadequadas ou erradas.
c) **Conflitos de interesses:** quando existe competição entre necessidades incompatíveis ou percebidas como tal das partes envolvidas.
d) **Conflitos estruturais:** decorrem de forças opressivas externas aos indivíduos envolvidos no conflito (escassez de recursos físicos; condições geográficas, como distância ou proximidade; tempo longo ou demasiado restrito).
e) **Conflitos de valores:** ocorrem quando as crenças dos intervenientes são incompatíveis ou percebidas como tal. Só se dá o desacordo quando uma das partes tenta impor os seus valores/crenças à outra.

5. Sociedade, conflitos e segurança

No convívio social é natural a existência de conflitos, desentendimentos e interesses divergentes nas relações humanas[62], fruto das interações do

[60] Japiassu, Hilton. *Interdisciplinariedade e patologia do saber.* Rio de Janeiro: Editora Imago, 1976.
[61] Moore, C. W.(1998). O Processo da Mediação – Estratégias Práticas para a Resolução de Conflitos. 2ª edição. Porto Alegre: Artmed.
[62] "Conflitos são situações em que duas ou mais pessoas entram em oposição ou desacordo pôr as suas posições, interesses, necessidades, desejos ou valores serem incompatíveis" (Torrego, J. C.(coord.) (2003). Mediação de Conflitos em Instituições Educativas. Manual para Formação de Mediadores. 1ªEdição. Porto: Asa).

funcionamento da vida em suas diversas dimensões, considerando que os interesses humanos são ilimitados e os bens da vida limitados, pode ser que duas ou mais pessoas tenham interesse pelo mesmo bem, que a uma só pode satisfazer, surgindo conflitos de interesses[63].

Neste quadro de conflitos[64] presentes nas relações entre as pessoas, seja porque elas são diferentes, seja porque têm objetivos e interesses diferentes, o ser humano sente necessidade de segurança e busca a harmonia social. Consequentemente, frente a disputa, as pessoas em geral assumem três tipos de atitudes: 1) ignoram; 2) respondem de forma violenta; 3) lidam de forma não-violenta, por meio do diálogo/consenso. Com certeza as duas primeiras alternativas não são as melhores, mas quando se aprende a lidar com o conflito de forma não-violenta, de forma justa e pacífica, essa é a melhor das opções para restaurar a paz. Portanto, para construir e encarar os conflitos de forma não violenta é preciso mudar atitudes, crenças e comportamentos[65].

A segurança, desde as épocas mais primitivas, pode ser entendida como uma necessidade individual, ou seja, uma aspiração básica inerente ao ser humano de buscar um estado de proteção sem ameaças, ou então como uma necessidade social, ou seja, o desejo da coletividade de querer compreender a realidade, com a obtenção de condições de proteção contra ameaças ou perigos, que garantam um planejamento de vida e a produção de um futuro de forma consciente[66].

[63] "A ambição do homem é ilimitada, enquanto os bens, corpóreos ou incorpóreos, possíveis de serem objetos dessa ambição são limitados; a disputa, por conseguinte, é inevitável" (CARNELUTTI, Francesco. *Sistema de direito processual civil.* São Paulo: Lemos e Cruz, 2004. v. 1).

[64] No conflito há "[...] uma percebida divergência de interesses, ou a crença de que as actuais aspirações das partes não podem ser alcançadas simultaneamente" (PRUITT, D. G., & RUBIN, J. Z. (1986). Social conflict, Escalation, Stalemate, and Settlement. New York. Random House).

[65] PELIZZOLI, Marcelo (org.). Cultura de paz: restauração e direitos; Recife, PE: Ed. Universitária da UFPE; 2010.

[66] MASLOW, A. *Introdução à psicologia do ser.* Rio de Janeiro: Eldorado, 1962; STORK, Ricardo Yepes; ECHEVARRÍA, Javier Aranguren. *Fundamentos de Antropologia:* um ideal de excelência humana. São Paulo: Inst. Bras. Filosofia Ciência Raimundo Lúlio, 2005. p. 338; COING, Helmut. *Fundamentos de Filosofía del Derecho,* tradução de Juan Manuel Mauri. Barcelona: Ed. Ariel, 1961; DALLARI, Dalmo de Abreu. *Segurança e Direito. O renascer do Direito.* São Paulo:

As sociedades, desde os primórdios, foram surgindo por necessidade de segurança, concretizada na busca da sobrevivência[67] e proteção, e com a evolução, foram adquirindo formas de organização, sendo que cada avanço representava a construção de novas relações sociais. Na trajetória evolutiva, o homem desenvolveu o conforto e a capacidade de interação. A satisfação da necessidade social de segurança[68], através da compreensão, da certeza das coisas e da realidade[69], bem público[70], é uma tarefa que deve ser cumprida, e que depende de meios que visem prover previsibilidade na vida social e planejamento em relação ao futuro, de forma a garantir o exercício da cidadania.

A segurança[71] como valor deve funcionar como instrumento de equilíbrio entre a ordem e progresso social[72], entre a manutenção e evolu-

Saraiva, 1980; "não há dúvida de que o homem almeja conhecer a si mesmo e conhecer o mundo em que está imerso, com o desejo de atingir aquele saber fundamental que dê coerência a seu agir, aquele saber básico que forneça o Sentido último de sua vida e lhe ofereça mais plena explicação da realidade que o cerca" (HERVADA, Javier. *Lições propedêuticas de filosofia do direito.* São Paulo: Martins Fontes, 2008).

[67] Em sentido contrário: segurança é uma habilidade para conseguir ambições políticas e sociais prioritárias, já a sociedade é uma condição existencial (WILLIAMS, Paul D. Security Studies: *An Introduction. In: Security Studies: An Introduction.* Editor: Paul D. Williams. London and New York: Routledge, 2008).

[68] "Num Estado de direito democrático, sem um sentimento geral e profundo de segurança, não são praticáveis as mais elementares facetas da liberdade" (LOUREIRO, Manuel Dias. *A política de segurança interna.* Lisboa: Ministério da Administração Interna, 1995).

[69] "A segurança ontológica se refere à crença que a maioria das pessoas têm na continuidade de sua auto-identidade e na constância dos ambientes de ação social e material circundantes" (BECK, Ulrich, GIDDENS, Anthony e LASH, Scott. *Modernidade reflexiva: trabalho e estética na ordem social moderna.* São Paulo: Unesp, 1997)

[70] TEIXEIRA, Nuno Severiano. *Contributos para a política de segurança interna: Setembro de 2000 a Março de 2002.* Lisboa: Ministério da Administração Interna, 2002.

[71] "Não seremos humanos sem segurança ou sem liberdade; mas não podemos ter as duas ao mesmo tempo e ambas na quantidade que quisermos" (BAUMAN, Zygmunt. *Comunidade: a busca por segurança no mundo atual,* trad. De Plínio Dentizien. Rio de Janeiro: Zahar, 2003).

[72] "Em si, progredir significa apenas "ir para frente" implicando a ideia de um acréscimo. Entretanto, nem sempre é possível afirmar que tal acréscimo é necessariamente positivo. Com efeito, até a respeito de um tumor se pode dizer que está progredindo; mas, neste caso, o que aumenta é um mal, uma doença. Portanto, em muitos contextos a noção de progresso é neutra. Todavia, com referência ao progredir da história, a noção de progresso

ção da ordem[73], buscando equacionar a estabilidade e evolução através de mecanismos de adaptação à realidade[74], numa tentativa de permitir a revisão dos padrões culturais preexistentes, crenças com as mudanças[75] e inovações surgidas com progresso[76], buscando sempre conformação com a diretriz contemporânea da efetividade na resolução dos problemas[77].

Independentemente do tipo de segurança, podemos afirmar que a satisfação da necessidade social de segurança[78], é obtida pela organização e proteção estabelecidas pelo Direito[79] e pelo Estado[80]. De acordo com o

é positiva. Para o iluminismo, como também para nós hoje, progresso é um crescimento da civilização, um aumento para melhor, um melhoramento". (SARTORI, Giovanni. *Homo Videns: televisão e pós-pensamento.* Trad. Antonio Angonese. Bauru: EDUSC, 2001).

73 "À segurança implica um equacionamento entre outros importantes valores: a ordem e o progresso. O primeiro refere-se à manutenção, à continuidade, enquanto o segundo relaciona-se à evolução." (GUSSI, Evandro. *A segurança na Constituição.* Dissertação de Mestrado. Porto Alegre: UFRGS, 2005).

74 "...o Direito é, pois, o resultado de uma relação permanente e iterativa entre a mutabilidade e a estabilidade." (RIVAS DE SIMONE, Diego Caldas. *Segurança jurídica e tributação: da certeza do direito à proteção da confiança legítima do contribuinte.* São Paulo: Quartier Latin, 2011).

75 "Não há nada permanente, exceto a mudança" (Heráclito).

76 "O homem tem uma capacidade biológica limitada para mudança. Quando essa capacidade é ultrapassada, ele entra em choque com o futuro..... "A maioria dos voluntários do Corpo de Paz e, na realidade, dos viajantes, tem a reconfortante certeza de que regressará à cultura que deixou; a vítima do choque do futuro não tem essa certeza."" (TOFLER, Alvin. *O choque do futuro.* Lisboa: Edição Livros do Brasil, 1970)

77 "A dificuldade maior não está em persuadir as pessoas a aceitarem as ideias novas, mas em persuadi-las a abandonar as antigas" (KEYNES, John Maynard. *Teoria geral do emprego, do juro e da moeda.* São Paulo: Atlas, 2009).

78 "La seguridad es otro de los valores de gran consideración, por cierto, de importancia básica porque la certeza de saber a que atenerse, es decir, la certeza de que el orden vigente a de ser mantenido aún mediante la coacción, da al ser humano la posibilidad de desarrollar su actividad, previendo en buena medida cuál será la marcha de su vida jurídica" (Garrone, J. A., *Dic. Juríd. Abeledo-Perrot, T. III,* Bs. As. 1987).

79 "A segurança é a razão do Direito" (CAVALCANTI FILHO, Theophilo. *O Problema da Segurança no Direito.* São Paulo: RT, 1964); "O objetivo do Direito é a paz" (IHERING, Rudolf Von. *A luta pelo Direito.* Tradução Pietro Nassetti. 2. ed. São Paulo: Martin Claret, 2008). "O direito é, portanto, uma ferramenta que fornece as condições necessárias para vida interativa em sociedade e para realização de valores morais inquestionáveis como a liberdade e a justiça" (SUMMERS, Robert S. Lon Fuller. Stanford: Stanford University Press, 1984); "O Direito tem dupla vocação: a de proporcionar segurança a uma sociedade e a

contexto histórico e o processo evolutivo os anseios sociais por segurança mudam, sofrendo variação temporal e espacial, devendo o Direito[81] e o Estado promover adequação às mudanças, com respostas aos problemas e necessidades estruturais da vida do indivíduo e do grupo compatíveis no horizonte do presente e futuro, para que haja o estabelecimento do equilíbrio, justiça e bem-estar.

de fazer imperar a justiça em suas relações. Como se pode observar, se, por um lado, o anseio de justiça é profundo e tem movido toda a evolução do Direito, é certo que, desde as sociedades primitivas, a necessidade de segurança, que nos vem do próprio instinto, tem precedência lógica e cronológica, pois sem ela nenhuma ordem poderia sequer existir." (NETO, Diogo de Figueiredo Moreira. *Mutações do direito público*. Rio de Janeiro: Renovar, 2006).

[80] "a segurança, a par da liberdade e da paz pública, é encarada como uma das tarefas mais complexas e prioritárias dos Estados democráticos" (PARREIRA, Luis Newton – Tardes de Queluz. *A Guarda face aos desafios do ambiente de segurança do século XXI*. Revista Pela Lei e Pela Grei. N.º 92 (Outubro-Dezembro 2011), p. 63).

[81] "Segurança na teoria jurídica significa garantia, proteção, estabilidade de situação ou pessoa em vários campos" (Silva. José Afonso da. *Democracia. segurança e garantismo*. Notícia do Direito Brasileiro. Brasília. n.7. p. 163-174.2000); "...segurança não é imutabilidade, pois esta é própria da morte. Avida, esta, rege-se pelo movimento, que é próprio de tudo que vive. A sociedade, como o direito que nela e para ela se cria, é movível. O que se busca é a segurança do movimento." (ROCHA, Carmen Lúcia Antunes. O princípio da coisa julgada e o vício da inconstitucionalidade. In *Constituição e Segurança Jurídica: direito adquirido, ato jurídico perfeito e coisa julgada*. Belo Horizonte: Fórum, 2004).

Capítulo 2
Resolução dos Conflitos

1. Controle social

A natureza humana implica na formação dos grupos sociais. Do convívio nascem desavenças como resultado das necessidades humanas insatisfeitas. Os conflitos gerados dessa colocação contrapositiva de interesses e de satisfações geram desarmonia social, de forma que exigem soluções adequadas. Não obstante os conflitos estejam presentes em todas as relações humanas, é necessário que sejam resolvidos, de forma a garantir um equilíbrio à sociedade[82].

Neste sentido, é necessário controle social[83], como condição básica da vida social, entendido como o conjunto de mecanismos que visam garan-

[82] "O conflito faz parte do cotidiano das pessoas, devendo ser interpretado como algo necessário ao aprimoramento das relações interpessoais e sociais. Aponta-se assim a necessidade de que as controvérsias sejam resolvidas de forma adequada, permitindo um sentimento de satisfação e de contemplação às pessoas envolvidas. A importância da adequação do meio de solução ao tipo de conflito aponta para uma diversidade de mecanismos de solução como também para a percepção de que se faz necessário avaliar o tipo de conflito vivido para que se possa encontrar um mecanismo de solução que se encaixe à necessidade" (Sales, Lilia Maria de Morais; Rabelo, Cilana de Morais Soares. Meios consensuais de solução de conflitos: instrumentos de democracia. In: Revista de informação legislativa, Brasília, a 46, n. 182, abr/jun. 2009, p. 75-88).

[83] "Conjunto de métodos pelos quais a sociedade influencia o comportamento humano, tendo em vista manter determinada ordem" (Mannheim, K. Sociologia Sistemática: uma introdução ao estudo de sociologia. 2.ed. São Paulo: Pioneira, 1971); "De fato, o controle é um aspecto fundamental da vida do Estado e da sociedade. Onde quer que haja objetivos a serem alcançados, padrões a serem respeitados, regras a serem obedecidas, condições a serem satisfeitas; onde quer que a ação individual supere o egocentrismo infantil para tornar-se ação socialmente significativa; onde quer, enfim, que haja interação civilizada,

tir a integração e a ordem social[84]. Com ele se asseguram o cumprimento das expectativas de conduta e o interesse das normas que regem a convivência, conformando-os e estabilizando-os contrafaticamente, em caso de frustração ou descumprimento, com a respectiva sanção imposta por uma determinada forma ou procedimento.

O controle social determina os limites da liberdade humana na sociedade, constituindo, ao mesmo tempo, um instrumento de socialização de seus membros[85]. Há duas espécies de controle social: **a) informal:** corresponde as normas de conduta social que são reconhecidas e compartilhadas em uma sociedade, como por exemplo crenças, costumes, e realizado pela instância da sociedade civil: família, escola etc; **b) formal:** corresponde as leis e regras institucionalizadas e à atuação do aparelho político do Estado: Polícia, da Justiça, do Exército, do Ministério Público, etc.

No contexto do controle social, o Direito[86], instrumento que regula comportamentos na vida em sociedade[87], estabelece uma ordem jurídica

existe a necessidade de um fluxo permanente e sistemático de operações de controle. Se essa necessidade não é atendida, temos o descontrole e, consequentemente, torna-se baixo o grau de governabilidade" (Martins, C. Governabilidade e controles. Revista de Administração Pública, Rio de Janeiro: Editora Fundação Getúlio Vargas, v. 23, p. 5-20, 1º trim. jan. 1989).

84 "Conjunto de mecanismos e sanções sociais que pretendem submeter o indivíduo aos modelos e normas comunitários" (Shecaira, Sérgio Salomão. Criminologia. São Paulo: Revista dos Tribunais, 2004).

85 Muñoz Conde, Francisco. *Direito penal e controle social.* Trad. Cíntia Toledo Miranda Chaves. Rio de Janeiro: Forense, 2005; Hassemer, Winfried. Introdução aos Fundamentos de Direito Penal – Tradução de Pablo Rodrigo Alfen da Silva. Porto Alegre: SAFE, 2005; Zaffaroni, Eugenio Raúl. Manual de direito penal brasileiro: volume 1: parte geral. – 9. ed. – São Paulo: Editora Revista dos Tribunais, 2011; Shecaira, Sérgio Salomão. Criminologia. São Paulo: Revista dos Tribunais, 2004.

86 "A sociedade sem o direito não resistiria, seria anárquica, teria o seu fim. O direito é a grande coluna que sustenta a sociedade. Criado pelo homem, para corrigir a sua imperfeição, o direito representa um grande esforço para adaptar o mundo exterior às suas necessidades de vida" (Durkheim, Émile. *As regras do método sociológico,* São Paulo: Cia. Editora Nacional, 1960).

87 "As instituições jurídicas são inventos humanos, que sofrem variações no tempo e no espaço. Como processo de adaptação social, o direito deve estar sempre se refazendo, em face da mobilidade social. A necessidade de ordem, paz, segurança, justiça, que o direito

e uma harmonia social, possibilitando a convivência entre as pessoas[88]. A convivência em sociedade é possível, desde que exista uma organização representada por normas jurídicas[89]. O Direito[90] exerce as seguintes funções na sociedade:

visa a atender, exige procedimentos sempre novos. Se o direito se envelhecer, deixa de ser um processo de adaptação, pois passa a não exercer a função para qual foi criado. Não basta, portanto, o ser do direito na sociedade, é indispensável o ser atuante, o ser atualizado. Os processos de adaptação devem-se renovar, pois somente assim o direito será um instrumento eficaz na garantia do equilíbrio e harmonia social" (NADER, Paulo. Introdução ao estudo do Direito. 4. ed. Rio de Janeiro : Forense, 1987); "O Direito Penal não é todo o controle social, nem sequer sua parte mais importante, sendo somente a superfície visível de um iceberg, onde o que não se vê é, talvez, o que mais importa" (CONDE, Francisco Muñoz. Derecho Penal y Control Social. Jerez: FundacionUniversitaria de Jerez, 1985).

[88] "Uma concepção ingênua do direito tende a vê-lo apenas como um sistema de normas destinadas a regular as relações sociais, assegurando aqueles padrões mínimos de comportamento para que a convivência social seja possível. Neste sentido, o direito limitar-se-ia a receber valores sociais, criados por outras esferas da actividade cultural e a conferir-lhes uma força vinculativa garantida pela coerção. Na verdade, a eficácia criadora (poética) do direito é muito maior. Ele não cria apenas a paz e a segurança. Cria, também, em boa medida os próprios valores sobre os quais essa paz e segurança se estabelecem. Nesse sentido, o direito constitui uma actividade cultural e socialmente tão criativa como a arte, a ideologia ou a organização da produção econômica (HESPANHA, António Manuel. Cultura Jurídica Européia: síntese de um milênio. Florianópolis: Fundação Boiteux, 2005).

[89] "A sociedade sem o direito não resistiria, seria anárquica, teria o seu fim. O direito é a grande coluna que sustenta a sociedade. Criado pelo homem, para corrigir a sua imperfeição, o direito representa um grande esforço para adaptar o mundo exterior às suas necessidades de vida" (DURKHEIM, Émile. *As regras do método sociológico*. São Paulo: Cia. Editora Nacional, 1960).

[90] "O Direito está entre as criações necessárias da inteligência humana, o qual se renova continuamente com os movimentos da realidade e da vida. Tem de ser perene mudança para não se tornar daqueles males que se transmite de geração em geração" (GAMBOGI, Luis Carlos Balbino. Direito e Utopia – Interpretação e Jurisdição. In: GAMBOGI, Luis Carlos Balbino; MURTA, Antônio Carlos Diniz; SILVEIRA, Vladimir Oliveira da (Org.). Teorias de justiça na contemporaneidade. Belo Horizonte: Editora De Plácido, 2016. Coleção Instituições Sociais, Direito e Democracia, v. 7. Disponível em: http://ppg.fumec.br/direito/wp-content/uploads/2017/08/Instituições-sociais-direito-edemocracia.-V-7.pdf. Acesso em: 09 jun. 2020).

a) **Ordem**: o Direito estabelece normas jurídicas que regulam o comportamento na vida em sociedade, gerando um equilíbrio na convivência social. "Direito é a ordenação das relações de convivência"[91].
b) **Estabilidade**: o Direito estabelece normas que visam prevenir, gerir e solucionar eventuais conflitos na sociedade. Quando estabelece critérios para resolver os conflitos, há normas materiais; quando estabelece a forma de resolvê-los, há normas processuais.
c) **Tutela jurídica**: o Direito, ao estabelecer normas jurídicas, protege valores da sociedade e instala uma ordem e uma harmonia social. "A tarefa da ordem jurídica é exatamente a de harmonizar as relações sociais intersubjetivas, a fim de ensejar a máxima realização dos valores humanos com o mínimo de sacrifício e desgaste"[92].
d) **Controle social**: o Direito, ao direcionar comportamentos na vida em sociedade, funciona como instrumento que visa socializar e educar os membros da coletividade para estabelecer convivência e harmonia social[93].

A existência do Direito, ao direcionar comportamentos com normas jurídicas, serve para prevenir e compor os conflitos. Porém, nem sempre o Direito alcança a função de evitá-los ou eliminá-los. Dessa forma, surgem as disputas de interesses individuais, coletivos ou difusos (os titulares são pessoas indetermináveis, ligadas por circunstâncias de fato).

[91] REALE, Miguel. *Lições preliminares de direito.* São Paulo: Saraiva, 2006.
[92] GRINOVER, Ada Pellegrini; ARAÚJO CINTRA, Antônio Carlos; DINAMARCO, Cândido Rangel. *Teoria geral do processo.* São Paulo: Malheiros, 2007.
[93] "O homem vive em sociedade e só pode assim viver; a sociedade mantém-se apenas pela solidariedade que une seus indivíduos. Assim uma regra de conduta impõe-se ao homem social pelas próprias contingências contextuais, e esta regra pode formular-se do seguinte modo: Não praticar nada que possa atentar contra a solidariedade social sob qualquer das suas formas e, a par com isso, realizar toda atividade propícia a desenvolvê-la organicamente. O direito objetivo resume-se nesta fórmula, e a lei positiva, para ser legítima, deve ser a expressão e o desenvolvimento deste princípio. (...) A regra de direito é social pelo seu fundamento, no sentido de que só existe porque os homens vivem em sociedade" (DUGUIT, Leon. *Fundamentos do direito.* Revisão e Tradução de Márcio Pugliesi. São Paulo: Ícone, 1996).

Na ótica jurídica, não basta a pretensão (exigência de subordinação de interesse alheio ao próprio) para o nascimento de um litígio ou uma lide, sendo necessária a resistência de outro (s), de forma que a lide é um conflito (intersubjetivo) de interesses, qualificado por uma pretensão resistida[94].

Uma reflexão sobre a necessidade da promoção da cultura da paz conduz-nos à busca de mecanismos de resolução de conflitos, ou seja, criação de processos que permitam a erradicação dos conflitos como resultado de necessidades humanas insatisfeitas[95].

2. Solução de conflitos e sua evolução histórica

A premissa necessária para a compreensão da evolução histórica nas formas de resolução de conflitos é a de que, no presente trabalho, optamos por uma sequência lógica e não cronológica[96].

Nos primórdios da civilização, nas fases primitivas da sociedade, a solução dos conflitos era baseado na autotutela ou autodefesa[97]. Este vetor de resolução dos conflitos consubstancia-se, desde logo, na ideia de

[94] Carnelutti, Francesco. *Instituições do processo civil.* Tradução de Adrián Sotero De Witt Batista. Campinas: Servanda, 1999. v. I, p. 78.

[95] "O conflito se refere a interações sociais em desequilíbrio, provocado por valores, perspectivas ou opiniões contraditórios percebidos por comportamentos externos de oposição ou por manifestações sutis da afetividade, tais como expressões, tom de voz, gestos, os quais interferem nas estratégias escolhidas, tanto as favoráveis ao convívio, como o diálogo e a negociação, quanto aquelas que provocam afastamento, como o confronto e a coação. Dessa forma, fazem parte da vida cotidiana e devem ser vistos com naturalidade. Alguns autores afirmam que toda interação entre as pessoas abre espaço para os conflitos, sendo considerados, então, como algo inerente à condição humana" (Tavares, A. O. M. Conflitos entre alunos de 13 e 14 anos: causas, estratégias e finalizações. Dissertação de Mestrado. Faculdade de Educação. Universidade Estadual de Campinas, Campinas, SP, 2015).

[96] Fregapani, Guilherme Silva Barbosa. Formas alternativas de solução de conflitos e a lei dos juizados especiais cíveis. Revista da informação legislativa. Brasília, a, v. 34, 1997. Disponível em: Acesso em: 07 jun. 2017; Dias, Handel Martins. A evolução dos poderes do pretor na história do processo civil romano. Universidade Regional do Noroeste do Estado do Rio Grande do Sul. Intertemas, 2010; Cintra, Antônio Carlos de Araújo; Grinover, Ada Pellegrini; Dinamarco, Cândido Rangel. Teoria Geral do Processo. 30. ed. São Paulo: Malheiros, 2014.

[97] "a autotutela ocorre quando o próprio sujeito busca afirmar, unilateralmente, seu interesse, impondo-o (e impondo-se) à parte contestante e à própria comunidade que o cerca"

se fazer justiça com as próprias mãos; não há um juiz distinto das partes, mas a imposição da decisão por uma das partes à outra.

A autotutela permite o exercício de coerção por parte de particular em defesa de seus interesses. Há a prevalência do mais forte sobre o mais fraco. Uma solução de conflitos pela força e outros meios bélicos, com o sacrifício integral do interesse de uma das partes envolvida no conflito em razão do exercício da força pela parte vencedora.

Trata-se de um meio antigo de solução de contendas, pois é uma forma de solução de conflitos usada desde os primórdios da vida em grupo, quando não havia a figura do Estado. É o meio mais primitivo e rudimentar de solução de desavenças, sem interferência de terceiro nem do Estado, com emprego da força por uma das partes.

Uma visão de gestão de conflitos mostra-nos uma justiça privada, em que a solução impositiva é estabelecida por uma das partes que com o uso da força impõe sua vontade sobre a parte mais fraca (vitória do mais forte).

Nos dias atuais, a autotutela é permitida apenas em casos excepcionais, como no caso de legítima defesa, estado de necessidade e direito de retenção, sob pena de restar caracterizada conduta tipificada como crime: exercício arbitrário das próprias razões (se for um particular) e exercício arbitrário ou abuso de poder (se for o Estado), quando exercida fora dos limites legais.

No contexto dos sistemas primitivos, além da autotutela, destaca-se a autocomposição[98], em que o conflito é solucionado pelas partes, sem a

(Delgado, Mauricio Godinho. Arbitragem, mediação e comissão de conciliação prévia no direito do trabalho brasileiro. Revista LTr, v. 66, n. 6, jun. 2002, São Paulo, p. 663).

[98] "autocomposiçao, que abrange uma multiplicidade de instrumentos, constitui técnica que leva os detentores de conflitos a buscarem a solução conciliativa do litígio, funcionando o terceiro apenas como intermediário que ajuda as partes a se comporem. Por isso, os instrumentos que buscam a autocomposiçao não seguem a técnica adversarial" (Grinover, AP. *Os Fundamentos da Justiça Conciliativa.* In: Grinover, Ada Pellegrini; Watanabe, Kazuo. Mediação E Gerenciamento Do Processo: Revolução Na Prestação Jurisdicional, Guia Prático Para a Instalação Do Setor de Conciliação E Mediação. Editora Atlas SA, 2013); "A autocomposição é a primeira forma de resolução de conflitos que exclui a força bruta em prol da razão, do bom senso e da boa-fé. Ocorre quando uma ou ambas as partes de um conflito abrem mão de todo ou de uma parte do seu direito. Assim como a autotutela,

intervenção de terceiro. O pressuposto é que o direito material envolvido no litígio seja disponível e que a via judicial não seja imposta pelo legislador[99]. Há uma resolução consensual do conflito, pode ser realizada antes da demanda (evitando – pré-processual ou durante a demanda (intraprocessual – pondo termo ao litígio), ou ainda pós-processual.

São formas mais comuns de autocomposição: renúncia (quando por ato unilateral a parte abre mão do seu direito); submissão (uma das partes reconhece o direito da outra); transação; resolução colaborativa (permite às partes uma solução o conflito com pacificação do litígio, por meio do apoio da defensoria pública).

Além de meio amigável, pois o conflito é resolvido pela vontade das partes, a autocomposição é uma técnica de negociação, com valorização da autonomia da vontade das partes na solução dos conflitos. Trata-se de forma de solução de disputas, em que as partes por si mesmo põem fim às suas pendências, por meio de discussões e debates. O conflito é solucionado pelas partes; o fator negativo é poder existir desequilíbrio das forças para solução consensual do litígio[100].

O objetivo perseguido é, pois, autodeterminação, em que a composição do conflito é construída pelos próprios litigantes, configurando uma forma parcial de solução de conflitos. Não há intervenção de terceiro ou outros agentes no processo de pacificação da controvérsia[101].

autocomposição só envolve as partes comprometidas na controvérsia. É um método de pacificação ainda presente hoje em dia, que se expressa no direito moderno de quatro formas – renúncia, reconhecimento, transação e conciliação. Renúncia e reconhecimento são atos simples, unilaterais, enquanto transação e conciliação compõem atos complexos, que envolvem concessões recíprocas ((Oliveira, Glaucia Fontes de. A valorização das formas paraestatais de resolução de conflitos: um novo enfoque de acesso à justiça. São Paulo, SP: Ed. Baraúna, 2014).

99 Maluf, Carlos Alberto Dabus. *A transação no direito civil e no processo civil.* São Paulo: Saraiva, 1999; Alcalá-Zamora y Castillo, Niceto. *Processo, autocomposición y autodefensa: contribución al estúdio de los fines del processo.* Cidade de Mexico: Universidad Autónoma de México, 2000.

100 Aprofundamento: Tese de doutoramento: Vulnerabilidade como critério legitimador de desequilíbrio no processo civil. Tese apresentada ao programa de pós-graduação stricto sensu em Direito Processual da Faculdade de Direito da USP, São Paulo, 2011.

101 3 Delgado, Mauricio Godinho. *Arbitragem, mediação e comissão de conciliação prévia no direito do trabalho brasileiro.* Revista LTr, v. 66, n. 6, jun. 2002, São Paulo, p. 664.

Cabe ressaltar que pode existir a participação de terceiro facilitador da solução consensual. A participação de terceiro, a quem não tenha sido atribuído o poder de decisão imperativa do conflito, não desconfigura a autocomposição.

Na miragem da autodeterminação, surge um caráter altruísta, quando um dos litigantes sacrifica seu próprio interesse em prol da solução do conflito (unilateral) ou quando o sacrifício é mútuo (bilateral). A resolução do conflito favorece a preservação da relação entre as partes, podendo ser obtida por meio dos esforços exclusivo das partes envolvidas ou por terceiro facilitador da solução consensual.

Com o passar dos tempos, os métodos da autotutela e da autocomposição revelaram-se ineficientes como meios de resolução de conflitos, surgindo a figura do Estado que, por meio do exercício da jurisdição, passou a solucionar os litígios como fator de resguardo da ordem jurídica e da pacificação social.

Acontece que, perante o universo da complexidade das demandas conjugado com os rituais e procedimentos judiciais permeados por aspectos burocráticos, surgem meios não jurisdicionais de solução dos conflitos[102]. Neste contexto, compreendem-se os métodos e procedimentos de solução de litígios distintos dos meios judiciais, uma perspectiva mais larga que não se limita à arbitragem e mediação e a que se chega por exclusão:

[102] "Nos últimos anos, no Brasil, não se vê uma diversificação dos meios de solução de controvérsias. Constantemente, tem-se a impressão de que se ficou apenas na defesa e no estímulo à arbitragem, conciliação e mediação. Essa carência de variedade, de se admitirem outros tipos de mecanismos e técnicas, talvez seja derivada, de um lado, do ainda incipiente ambiente para a incorporação no cotidiano dos métodos mais conhecidos, como a mediação. Ou talvez, pelo menos em parte, pela inércia da comunidade jurídica em procurar, com criatividade, extrair das experiências estrangeiras novas técnicas que possam ser úteis ao processo brasileiro" (CABRAL, Antônio Passo; CUNHA, Leonardo Carneiro. Negociação direta ou resolução colaborativa de disputas (collaborative law): "mediação sem mediador". Revista de Processo, vol. 259, p. 471 – 489, Set. 2016. Disponível em https://www.academia.edu/30837605/NEGOCIAÇÃO_DIRETA_OU_RESOLUÇÃO_COLABORATIVA_DE_DISPUTAS_COLLABORATIVE_LAW_MEDIAÇÃO_SEM_MEDIADOR_, acesso em 19 de janeiro de 2017).

todos os meios de resolução de conflitos que sejam diferentes da decisão por julgamento em tribunal estadual[103].

A arbitragem surge no ordenamento jurídico pátrio na Constituição Imperial de 1824 visando resolução de contendas entre litigantes no âmbito privado. Em que pese sua manutenção no Código de Processo Civil de 1939, sua utilização com método de resolução de conflitos não teve significância, em razão da falta de segurança jurídica e previsibilidade do pacto compromissório.

Com o surgimento da lei de arbitragem em 1996, os meios alternativos de resolução de conflito tornaram-se propícios na catalisação da confiança dos operadores do Direito, empresários, e demais membros da sociedade civil, criando condições para sua utilização.

A escolha pela arbitragem, seja pela cláusula compromissória, seja pelo compromisso arbitral, tornou-se uma opção válida em contraposição aos dilemas e problemas enfrentados pelo Poder Judiciário, conforme no item dos fundamentos da arbitragem.

3. Resolução de conflitos: um objetivo

Uma coordenada necessária na sociabilidade como característica fundamental e necessário para a vida e desenvolvimento humano, do qual derivam-se conflitos[104] dentro do âmbito das relações interpessoais tem-se desenvolvido sob os motes da "Resolução dos Conflitos". O objetivo é, em geral, o da implementação de procedimentos adequados baseados na "cultura de paz", orientados para os resultados de uma boa resolução com técnicas de análise, reflexão, diálogo e comunicação.

Apesar de se tratar de um fenômeno de espectro mais largo, um dos vetores da resolução dos conflitos reside na designada pacificação social, o qual se traduz no uso de soluções jurisdicionais ou não jurisdicionais dos conflitos. Envolvido num contexto que o apresenta como imperativo na convivência social, esse fenômeno da resolução dos conflitos revela-se

[103] Gouveia, Mariana França. Curso de resolução alternativa de litígios. 3.ed. Coimbra: Almedina, 2014.

[104] "Os conflitos são e sempre foram inevitáveis, em razão da existência de tantas diferenças sociais, econômicas, de interesses e de desejos" (Calmon, Petrônio. Fundamentos da mediação e da conciliação. Brasília, DF: Gazeta Jurídica, 2013).

um processo dinâmico e necessário para a vida e o desenvolvimento da harmonia social[105].

Tal processo apresenta-se não apenas complexo, mas de difícil obtenção, quando os conflitos resultam de uma situação de competição, já que por esse motivo raramente se estabelece um pacto, sendo raro atingir um equilíbrio e acordo mediante a compreensão da lógica das ações e realizar cedências mútuas[106]. Contudo, atualmente, o cenário da resolução de conflitos depende de requisitos:

a) **Mapeamento da estrutura do conflito:** o papel da teoria é tornar visível o invisível, definir padrões e conferir significados aos tipos de observações que normalmente são efetuadas pelos investigadores sociais quando estudam as sociedades e as culturas. É importante, todavia, lembrar que o mundo social contém vários padrões diferentes dependendo do modo como é encarado. Compreender o mundo de diferentes maneiras é, aliás, um papel essencial da pesquisa social e a capacidade de ver tais diferenças e tornar inteligíveis os diversos pontos de vista é uma contribuição fundamental da teoria[107]. Em relação ao primeiro requisito[108], é necessário: 1) Breve descrição dos participantes; 2) Histórico do conflito; 3) Partes e questões do conflito; 4) Núcleo do conflito; 5) Identificar partes internas do conflito, o que o constitui? 6) Quais são as questões do conflito? É possível distinguir entre posições, interesses (interesse material, valores,

[105] [...] eventualmente, a resolução do conflito deve envolver um grupo de mudanças dinâmicas que significam declinar o comportamento conflituoso, uma mudança de atitude e transformação do relacionamento ou choque de interesses que são o núcleo da estrutura do conflito" (MIALL, H.; RAMSBOTHAM, O.; WOODHOUSE, T. Contemporary conflict resolution. Cambridge: Polity Press, 2011).

[106] SOUSA, M. R. L. M. Um olhar sobre os conflitos: gestão de conflitos nas escolas do 1.º e 2.º ciclos da EBI de Ribeira Grande. 2012. 180f. Dissertação (Mestrado em Educação) – Universidade Fernando Pessoa, Porto, 2012.

[107] MOREIRA, Carlos Diogo. Planejamento e Estratégias da Investigação Social, Lisboa: ISCSP, 1994.

[108] O roteiro do mapeamento da estrutura do conflito é extraída de MIALL, H.; RAMSBOTHAM, O.; WOODHOUSE, T. Contemporary conflict resolution. Cambridge: Polity Press, 2011.

relacionamentos) e necessidades? 7) Qual é a relação entre as partes em conflito? Há qualitativa ou quantitativa assimetria entre elas? 8) Há diferentes percepções de causas e natureza do conflito entre as partes? 9) Qual é o comportamento corrente entre as partes (o conflito em uma fase escalatória ou de-escalatória?)? 10) Quem é o líder das partes? Em um nível individual, quais são seus objetivos, interesses, forças e fraquezas relativas?

b) **Manifestação das pessoas envolvidas no conflito**: expressão e exposição de suas opiniões pessoais acerca do problema que vivenciam.
c) **Equilíbrio de participação:** todos devem ter oportunidade se manifestar, bem como deve estar garantida a compreensão das ações que forem sendo desenvolvidas ao longo do procedimento.
d) **Compreensão recíproca:** é através da linguagem e do diálogo que os envolvidos conseguirão superar a dificuldade emocional para somente, então, delinear a compreensão recíproca dos participantes do procedimento, o que é pré-requisito ao entendimento[109].
e) **Liberdade das partes**: consiste em dizer que as partes envolvidas no litígio não podem estar sob ameaça ou coação, devendo ter consciência do significado deste meio de pacificação e de que não são obrigadas a aceitar qualquer acordo que não julgue eficaz[110].
f) **Cooperação:** através do diálogo e das discussões, deve-se alcançar uma solução que seja mutuamente satisfatória. Não se incentiva a competição, mas a cooperação[111]. O conflito é dissenso. Decorre de expectativas, valores e interesses contrariados. Embora seja contingência da condição humana, e, portanto, algo natural, numa disputa conflituosa costuma-se tratar a outra parte como adversaria, infiel ou inimiga. Cada uma das partes da disputa tende a concentrar todo o raciocínio e elementos de prova na busca de novos fundamentos para reforçar sua posição unilateral, na tentativa de enfraquecer ou destruir os elementos da outra parte. Esse estado

[109] Pereira, D. T. Mediação: um novo olhar para o tratamento de conflitos no Brasil. Âmbito Jurídico, Rio Grande, v. 14, n. 95, dez. 2011. Disponível em: Acesso em: 18 dez. 2013.
[110] Sales, L. M. M. Justiça e mediação de conflitos. Belo Horizonte: Del Rey, 2007.
[111] Sales, L. M. M. Justiça e mediação de conflitos. Belo Horizonte: Del Rey, 2007.

emocional estimula as polaridades e dificulta a percepção do interesse comum[112].

g) **Eficácia:** devem ser usados a diligência, a prudência, o cuidado, assegurando que o processo bem como o resultado seja de qualidade.

4. Acesso à justiça

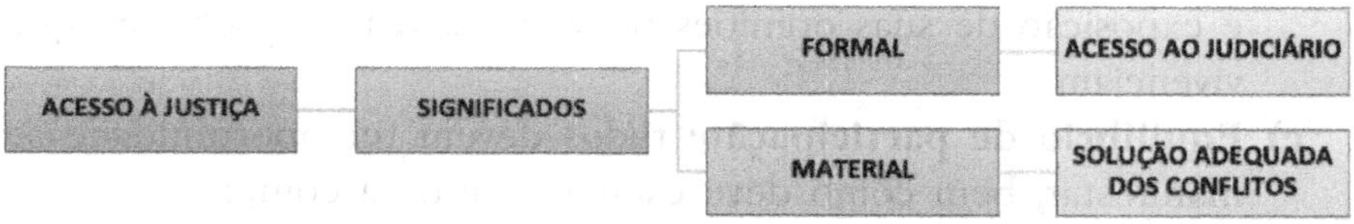

O acesso à justiça[113], enquanto direito previsto na Constituição Federal de 1988[114], pode ser entendida como possibilidade de ingresso em juízo para obtenção de solução adjudicada, por meio da sentença, ou então como a utilização de outros métodos de solução de conflitos não adjudicados adequada à natureza dos conflitos e às peculiaridades e especificidades dos conflitantes[115].

[112] Vasconcelos, Carlos Eduardo de. Mediação de conflitos e práticas restaurativas. São Paulo: Método, 2008.

[113] O acesso à justiça serve para determinar duas finalidades básicas do sistema jurídico: ser igualmente acessível a todos e produzir resultados que sejam individual e socialmente justos (Cappelletti, Mauro; Garth, Bryant. *Acesso à justiça*. Tradução de Ellen Gracie Northfleet. Porto Alegre: Fabris, 1988).

[114] Inserido no rol de direitos e garantias fundamentais, no inciso XXXV, do artigo 5º, da Constituição Federal, que prevê que "a lei não excluirá da apreciação do Poder Judiciário lesão ou ameaça a direito".

[115] Luchiari, Valeria Ferioli Lagrasta. A resolução n. 125 do Conselho Nacional de Justiça: origem, objetivos, parâmetros e diretrizes para a implantação concreta. In: Peluso, Antonio Cezar; Richa, Morgana de Almeida. Conciliação e mediação: estruturação da política judiciária nacional. Rio de Janeiro: Forense, 2011; "nesta nova perspectiva, o movimento de acesso à justiça é tratado como um problema político, social, econômico e cultural e não apenas como um problema pontual do Poder Judiciário. Ou seja, busca-se atingir os diversos escopos da jurisdição para consecução desta nova visão do processo civil (Moralles, Luciana Camponez Pereira. Acesso à Justiça e Princípio da igualdade. Porto Alegre: Sérgio Antonio Fabriz Editor, 2006).

No primeiro sentido, privilegia-se o aspecto formal do acesso à justiça, sendo uma acepção restrita. Fala-se em acesso à justiça formal. É o sentido original ou clássico do acesso à justiça como significado do acesso ao Judiciário. O segundo sentido revela um conceito mais abrangente que o do ingresso ao Judiciário; é uma acepção ampla. Fala-se em acesso à justiça material ou adequado.

O "acesso à justiça", na acepção jurídica formal, é a mera garantia formal de postulação jurisdicional, de acesso ao Poder Judiciário. Na acepção jurídica material, é o acesso a todo e qualquer órgão, poder, informação e serviço, especialmente, mas não apenas os públicos, e aos direitos fundamentais e humanos[116].

No acesso à justiça material, dá-se relevo a uma expansão no significado clássico ou original, em que o acesso à justiça projeta-se na realidade jurídica, para além do ingresso no Judiciário, em que a atuação da função jurisdicional seria o refúgio natural para a pacificação das relações conflituosas[117], e passa a incluir um conjunto de métodos com princípios e práticas que possibilitam uma solução adequada do conflito. Essa expansão implica em que o acesso à justiça material assume uma natureza complexa, já que se manifesta por uma série de métodos alternativos que possibilitem a solução adequada dos conflitos[118].

Neste quadro, o acesso à justiça deve ser entendido, no significado material, ou seja, numa acepção mais abrangente que o do acesso ao Judiciário, pois além de não excluir a dimensão formal do acesso à justiça vinculada ao ingresso no Judiciário, é uma atualização no significado do

[116] MARTINS, Leonardo Pereira. "Da negação do acesso à justiça – identificando as matrizes dos mecanismos pelos quais se opera o fenômeno." RT Fascículos Civil, São Paulo: Revista dos Tribunais, ano 93, v. 827, set./2004, p. 732-733.

[117] BRITO, Alessandra Mizuta de. *Meios Adequados para o tratamento dos conflitos: a conciliação e a mediação no CPC/2015 e o tratamento pelo Estado do Rio Grande do Sul.* In: Sistemas Multiportas e métodos integrados de resolução de conflitos. MACEO, Elaine Harzheim; DAMASCENO, Marina (orgs). Porto Alegre: EdiPUCRS, 2018.

[118] "...abarca todo um conjunto de providências que devem estar à disposição dos indivíduos que vai muito além da existência de uma estrutura do Estado destinada ao exercício da atividade jurisdicional" (REICHELT, Luis Alberto. *O direito fundamental à inafastabilidade do controle jurisdicional e sua densificação no novo CPC.* In: Revista de Processo, São Paulo, v. 258, ago. 2016, p. 41-58).

acesso à justiça, justificada pela mutação constitucional fundamentada no alcance da paz social, em que se busca assegurar a todos o direito à solução dos conflitos por meios adequados à sua natureza e peculiaridade[119].

Desta forma, não se pode, no contexto do modelo jurídico atual, entender que o ingresso ao Poder Judiciário seria o único caminho de alcance da justa solução das lides[120], uma vez que existem formas extrajudiciais de resolução de conflitos. Acesso à justiça é a possibilidade de todos, independentemente da sua situação económica ou de outra forma, de ir para o sistema previsto na resolução de conflitos e defesa dos direitos protegidos[121].

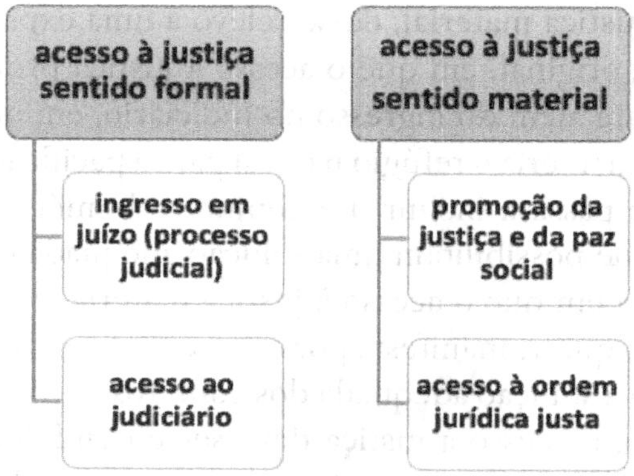

Na preciosa lição de Cappellett & Garth[122], há três ondas de acesso à justiça: **a) econômica:** a pobreza de muitas pessoas que pouco acesso

[119] Artigo 1º da Resolução 125, de 29 de novembro de 2010 o Conselho Nacional de Justiça dispôs sobre a Política Judiciária Nacional de tratamento adequado dos conflitos de interesses no âmbito do Poder Judiciário.

[120] "Uma coisa é negar, o que é absolutamente correto, que nenhuma lesão ou ameaça de a direito possa ser afastada do Poder Judiciário. Outra, absolutamente incorreta, é entender que somente o Judiciário e o exercício da função jurisdicional podem resolver conflitos, como se fosse uma competência exclusiva sua" (Bueno, Cassio Scarpinella. *Manual de Direito Processual Civil.* São Paulo: Saraiva, 2015).

[121] Instituto Nacional De Derechos Humanos. Acceso a la Justicia "Reformas Judiciales y acceso a la Justicia". p.63

[122] Cappelletti, Mauro; Garth, Bryant. *Acesso à justiça.* Tradução de Ellen Gracie Northfleet. Porto Alegre: Fabris, 1988.

têm à informação e a representação adequada; **b) organizacional:** se expressam nos chamados direitos e interesses (de grupo) difusos ou coletivos, nos quais o litigante individual seria o titular de insignificante fragmento do dano em questão; **c) processual:** o processo litigioso no Judiciário pode não ser o melhor caminho para ensejar a vindicação efetiva de direitos, de maneira centra sua atenção no conjunto geral de instituições e mecanismos, pessoas e procedimentos utilizados para processar e mesmo prevenir disputas nas sociedades modernas.

4. Cultura da sentença e cultura da pacificação

Na cultura da sentença a resolução dos conflitos somente pode ser obtida pelo Judiciário, já que somente pelo processo judicial cercado de direitos e garantias tem-se um meio capaz de oferecer uma resposta adequada aos conflitos. É a solução adjudicada dos conflitos que ocorre por meio de sentença do juiz[123].

Na cultura da pacificação[124] a resolução dos conflitos deve ser obtida sem a interferência estatal, através dos Métodos Extrajudiciais de Solução de Conflitos (arbitragem, mediação e conciliação)[125], que podem ser autocompositivos (mediação[126] e conciliação: há interferência de ter-

[123] E a predominância desse critério vem gerando a chamada "cultura da sentença", que traz como consequência o aumento cada vez maior da quantidade de recursos, o que explica o congestionamento não somente das instâncias ordinárias, como também dos Tribunais Superiores e até mesmo da Suprema Corte (WATANABE, K. Da cognição no processo civil. São Paulo: DPJ, 2008).

[124] "Promover as transformações necessárias e indispensáveis para que a paz seja o princípio governante de todas as relações humanas e sociais. São transformações que vão desde a dimensão dos valores, atitudes e estilos de vida até a estrutura econômica e jurídica, as relações políticas internacionais e a participação cidadã" (MILANI, Feizi M. JESUS, Rita de Cássia Dias P.(org). Cultura de paz: Estratégias, Mapas e Bússolas. Salvador: Edições INPAZ, 2003).

[125] A finalidade dos MESCs é possibilitar que os interessados na solução dos litígios não dependam da decisão da Justiça Estatal. Há um incentivo para que as partes litigantes encontrem soluções com maior liberdade, por si próprias, ainda que ajudadas por um terceiro, independente (BUITONI, A. Mediar e conciliar: as diferenças básicas. 2010. Disponível em: Acesso em: 15/06/2014).

[126] Mediação é um método extrajudicial, não-adversarial, de solução de conflitos através do diálogo. É um processo autocompositivo, isto é, as partes, com o auxílio do mediador, supe-

ceiro apenas a cooperação) e heterocompositivos (arbitragem: o poder de decisão é atribuído a um terceiro)[127].

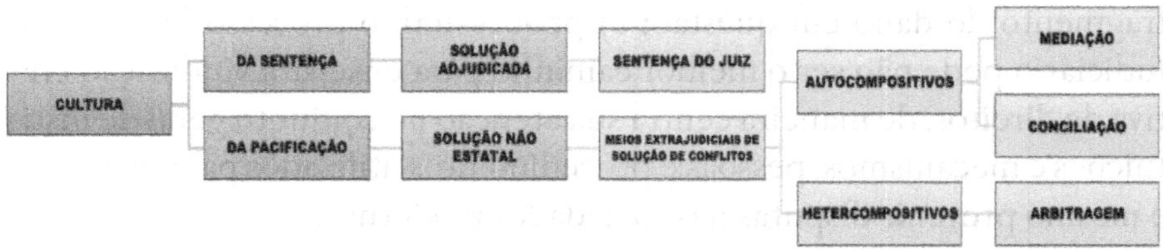

6. Sistema multiportas de solução dos conflitos

É um sistema que busca alternativas e novos meios de resolução ou superação de conflitos, reconhecendo que a jurisdição estatal não é a única forma de solução de litígios[128]. Trata-se de um sistema que engloba meios para a solução de conflitos, visando à pacificação social, bem como ao descongestionamento do Poder Judiciário de demandas judiciais, de forma a garantir efetividade e celeridade do processo.

Conexo com o acesso à ordem jurídica justa, um dos alicerces da efetiva promoção e distribuição de justiça aponta para existência do sistema pluriprocessual com a existência de mecanismos adequados de enfrentamento de disputas e solução dos conflitos.

ram o conflito sem a necessidade de uma decisão externa, proferida por outrem que não as partes envolvidas na controvérsia... A mediação consegue, na maioria das vezes, restaurar a harmonia e a paz entre as partes envolvidas, pois o mediador trabalha especialmente nas inter-relações. Na mediação, as soluções surgem espontaneamente, reconhecendo-se que a melhor sentença é a vontade das partes. (Egger, I. Cultura da paz e mediação: uma experiência com adolescentes. Florianópolis: Fundação Boiteux, 2008).

[127] Fiorelli, J.O.; Fiorelli, M. R.; Malhadas Júnior, M. J. Mediação e solução de conflitos: teoria e prática. São Paulo: Atlas, 2008.

[128] "Trata-se da exigência de garantias e meios concretos rumo à democratização do acesso à Justiça – à solução de conflitos –, princípio basilar do Estado Democrático de Direito e, consequentemente, de um repensar os modos de tratamento dos conflitos, com o objetivo de implementar mecanismos de pacificação social mais eficientes, que não desvirtuem os ideais de verdade e justiça social do processo, proporcionem a desobstrução da Justiça e assegurem as garantias sociais conquistadas." (Moraes, José Luiz Bolzan de. Mediação e Arbitragem – alternativas à jurisdição. Porto Alegre: Livraria do Advogado, 1999).

É a busca da solução adequada para o conflito[129]. Ao invés de uma só porta que permite o acesso de todos e a qualquer tempo, sem distinções subjetivas, objetivas ou teleológicas, a justiça passa a apresentar muitas alternativas de acesso, diversas portas, diversas justiças, para uma só finalidade, qual seja, a pacificação social.

É um modelo adotado no sistema processual civil brasileiro, nos termos do CPC/15 (é evidenciada pela disposição constante do artigo 3º do Código de Processo Civil, preceituando que "é permitida a arbitragem na forma da lei", e que: "o Estado promoverá, sempre que possível, a solução consensual dos conflitos" e, ainda, que: "a conciliação, mediação e outros métodos de solução consensual de conflitos deverão ser estimulados por juízes, advogados, defensores públicos e membros do Ministério Público, inclusive no curso do processo judicial").

[129] "A busca pela tutela dos direitos adequada, tempestiva e efetiva, exige a adequação do acesso à tutela, ocorrendo uma passagem necessária da justiça estatal imperativa, com a aplicação do direito objetivo como única finalidade do modelo de justiça, para a aplicação da justiça coexistencial, uma 'meding justice' (uma justiça capaz de remediar o tecido social), focada na pacificação e na continuidade da convivência das pessoas, na condução dos indivíduos, comunidade ou grupos envolvidos" (Zaneti Júnior, Hermes; Didier Júnior, Fredie. Justiça multiportas e tutela constitucional adequada: autocomposição em Direitos Coletivos. In: Zaneti Júnior, Hermes; CABRAL, Trícia Navarro Xavier (Coord). Justiça Multiportas: mediação, conciliação, arbitragem e outros meios de solução adequada de conflitos. Salvador: Juspodivum, 2017, p. 35-66.).

Capítulo 3
Meios Alternativos de Resolução dos Conflitos

1. Mudança paradigmática na resolução dos conflitos

Perante o universo da resolução judicial dos litígios, o jurista dedicado ao exercício da liberdade com responsabilidade[130] no contexto do Estado Democrático de direito não pode deixar de sentir a exigência premente de compreender os métodos de solução de conflitos sem a presença estatal, de lhes descobrir o verdadeiro sentido para uma mudança de paradigmas até como forma de propiciar o acesso à justiça[131].

130 "Urge, pois, repensar o modelo, procurando claramente evoluir em dois eixos: de um lado devolvendo ao cidadão as suas próprias responsabilidades pessoais na gestão dos seus mais diretos e pessoais interesses e, por outro, fornece uma provisão pública que, partindo deste postulado inicial de responsabilidade seja capaz de promover a sua qualificação, lhe devolva a capacidade para decidir e, ao mesmo tempo, prestando toda a ajuda necessária a uma existência condigna, enquanto o sujeito dele carecer" (Catarino, João Ricardo. O liberalismo em questão. Justiça, valores e distribuição social. Lisboa: Instituto Superior de Ciências Sociais e Políticas, 2009); "A liberdade só é possível na ordem, mas a única ordem que possibilita a liberdade é aquela que eu construo. Uma sociedade começa a ser livre quando é capaz de dar ordem a si mesma, de se autocontrolar e de gerar normas e regras para a própria dignidade" (Toro, José Bernardo. A construção do público: cidadania, democracia e participação. Rio de Janeiro: SENAC Rio e (X) Brasil, 2005).

131 "Ou seja, ao princípio da inafastabilidade são agregados determinados valores que o transformam no princípio do acesso à justiça, mais preocupado com a solução dos conflitos com justiça do que com o desenvolvimento técnico do processo judicial ou a preservação de algum pretenso monopólio das soluções jurisdicionais ou dos processos judiciais" (Galdino, Flávio. A evolução das ideias de acesso à justiça. In Sarmento, Daniel; GALDINO, Flávio (Orgs.) Direitos Fundamentais: estudos em homenagem ao professor Ricardo Lobo Torres. Rio de Janeiro: Renovar, 2006, p. 431-472); "A acepção hoje amplamente aceita de que o processo é instrumento de realização do direito material nos leva à necessária

O ambiente de mudança paradigmática é caracterizado pela reconsideração de pressupostos fundacionais em que se acha ancorado a solução de conflitos pela ação estatal, a fim de garantir uma revalorização do cidadão e sua autonomia de vontade na gestão de seus interesses, assume relevo decisivo na promoção da cidadania para alcançar uma sociedade de melhor.

Gray já alertava que a história não é progresso ou declínio, mas ganhos ou perdas recorrentes[132]. O avanço do conhecimento ao nos guiar no mundo da vida, possibilitando o debate em torno dos seus problemas reais, gera novas perspectivas para a compreensão e explicação de certos aspectos da realidade.

A evolução nas ciências é um processo contraditório marcado pelas revoluções do pensamento científico, e pela construção de paradigmas, processo complexo e multifacetado, que, como modelos explicativos, consideram problemas, elege métodos e permite o foco da pesquisa. Essa diversidade de mudanças paradigmáticas da ciência é uma característica relevante da evolução do pensamento científico e corresponde à própria necessidade de referenciais teóricos que acompanhem as transformações dos valores, das crenças, dos conceitos e das ideias acerca da realidade.

O paradigma como modelo de conceitos e valores, prevalece num certo momento histórico, através de teorias que o fundamentam e que influenciam nas atividades desenvolvidas. À medida que a história avança, sucessivas descobertas e mudanças acabam por mostrar um mundo diferente e/ou complementar do universo anterior.

ponderação de que também plural deva ser o sistema de solução de controvérsias. Seria assim possível falar em tutelas jurídicas diferenciadas ou em que, para tutelar direitos substancialmente diversos, deva o processo amoldar-se aos inúmeros tipos de demandas existentes no tecido social. As crises, conflitos, litígios e controvérsias que acontecem na sociedade não são todas idênticas e uniformes, não sendo possível que exista um único método de resolver a tantos e tão diversos dramas que antes de serem jurídicos foram (e continuam sendo) sociais" (Silva, Eduardo Silva da. Meios alternativos de acesso à justiça: fundamentos para uma teoria geral. Revista Processo e Constituição: Cadernos Galeno Lacerda de Estudos de Direito Processual Constitucional, n. 0 I, p. 163-192. Porto Alegre: Faculdade de Direito da UFRGS, 2004).

132 Gray, John. *Cachorros de palha: reflexões sobre humanos e outros animais.* Tradução Maria Lucia de Oliveira. Rio de Janeiro: Record, 2005, p. 169.

Com o passar dos tempos, surgem novos problemas que escapam às explicações dos paradigmas vigentes (anomalia) gerando a necessidade de novas respostas. Detecta-se, neste caso, a crise do paradigma. E quando a solução da crise é encontrada em novos paradigmas ocorre a ruptura (revolução científica), seja por complementação ou substituição.

Assim, aparece no mundo das ciências a mudança de paradigmas[133]. Trata-se de uma nova maneira de pensar, de se relacionar e de agir para integração na nova realidade. Os novos paradigmas podem surgir baseados em rupturas totais ou não, sendo possível a existência simultânea e/ou interdependente entre paradigmas divergentes, e também, a continuidade de um paradigma a partir da aparição de outros novos paradigmas[134].

Este processo de mudança paradigmática, como um processo difícil e lento de renovação da concepção anterior de toda uma estrutura de ideias[135], envolve algumas análises no sentido de colaborar para a reconstrução do conhecimento sob novas perspectivas e em novas épocas his-

[133] A palavra paradigma tem sua origem do grego *parádeima* que significa modelo ou padrão (VASCONCELLOS, Maria José Esteves. *Pensamento sistêmico: novo paradigma da ciência.* Campinas: Papirus, 2002). No mundo das ciências, paradigma são realizações científicas universalmente reconhecidas que por um certo tempo fornecem problemas e soluções para uma comunidade de profissionais (KUHN, Tomas Samuel. *A estrutura das revoluções científicas.* São Paulo: Perspectiva, 1994); "(....) o princípio, o modelo ou a regra geral, seja o conjunto das representações, crenças, ideias que se ilustram de maneira exemplar ou que ilustram casos exemplares" (MORIN, Edgar. MORIN, Edgar. *Ciência com consciência.* Tradução de Maria D. Alexandre e Maria Alice Sampaio Dória. Rio de Janeiro: Bertrand Brasil, 2001, p. 258-259).

[134] "[...] o superado não deixa de existir, não recai no puro e simples nada; ao contrário, o superado é elevado a nível superior. E isso porque ele serviu de etapa, de mediação para a obtenção do – resultado superior; certamente, a etapa atravessada não mais existe em si mesma, isoladamente como ocorria num estágio anterior; mas persiste no resultado, através de sua negação" (LEFEBVRE, Henri. *Lógica concreta (Dialética): a superação.* In: Lógica formal/lógica dialética. Tradução: Carlos Nelson Coutinho. Rio de Janeiro: Civilização brasileira, 1991. p. 228-233); "Conhecer significa voltar-se para a realidade, e 'deixar falar' o nosso objeto, mas conhecer significa também apreender o mundo através de esquemas já conhecidos, identificar no novo a permanência de algo já existente ou reconhecível" (FRANÇA, V.R.V. *Teorias da Comunicação: busca de identidade e dos caminhos.* Rev. Esc. Biblioteconomia, UFMG, 23, 138-153).

[135] Há coexistência de paradigmas, sendo que o antecessor apenas perde sua centralidade,

tóricas[136]. Assim, quando surge um novo paradigma, temos um processo desenvolvido nos seguintes termos:

a) **uma nova perspectiva**: uma nova estrutura de pensamento na compreensão do mundo, dos homens e das coisas, visando solução de velhos e novos problemas. O surgimento de novas descobertas com mudanças nas crenças e valores subjacentes à prática científica. Em relação às teorias aceitas no passado, pode-se dizer que os problemas ali surgidos receberam soluções possíveis. Acontece que, as mudanças nas circunstâncias históricas e sociais, tornam as teorias aceitas no passado, falsas e/ou insuficientes, pois já não conseguem responder novas perguntas e dar contas dos novos fenômenos.
b) **falta de tipicidade**: os velhos paradigmas são insuficientes como modelo explicativo. Nesta esteira, para KUHN, as referências teóricas que fornecem respostas são chamadas de paradigmas, que por sua vez, sofrem rupturas e superações na dinâmica evolutiva, surgindo revoluções científicas[137]. Fala-se em *crise paradigmática*, com o reconhecimento de que os acontecimentos e problemas da realidade não se encaixam dentro do padrão de soluções modulares, provocando um mal-estar na comunidade científica;

mas continua atuante na sociedade. (DE MASI, Domenico (Org.). *A sociedade pós-industrial*. Tradução de Anna Maria Capovilla e outros. São Paulo: Senac, 2000, p. 29).

136 "A ciência segue o seguinte modelo de desenvolvimento: uma sequência de períodos de ciência normal, nos quais a comunidade de pesquisadores adere a um paradigma, interrompidos por revoluções científicas (ciência extraordinária). Os episódios extraordinários são marcados por anomalias/crises no paradigma dominante, culminando com sua ruptura." (ORTERMANN, F. A *Epistemologia de Kuhn*. In: Caderno Catarinense de Ensino de Física, v.13, n.3, p.185, 1996)

137 "[...] as crises são uma pré-condição necessária para a emergência de novas teorias [...]: uma teoria científica, após ter atingido o status de paradigma, somente é considerada inválida quando existe uma alternativa disponível para substituí-la. [...]. Decidir rejeitar um paradigma é sempre decidir simultaneamente aceitar outro e o juízo que conduz a essa decisão envolvem a comparação de ambos os paradigmas com a natureza, bem como sua comparação mútua". (KUHN, Tomas Samuel. *A estrutura das revoluções científicas*. São Paulo: Perspectiva, 1994. p. 107-108).

c) **amplitude:** o novo paradigma pode introduzir uma nova percepção, uma visão mais ampla do conhecimento tradicional, conciliando aparentes contradições[138].
d) **mudança de postura**: a adesão à nova ideia deve ser percebida de forma imediata resultando numa ampliação de conhecimentos. A conscientização da comunidade científica é sinal de maturidade científica no entendimento de ser momento oportuno para uma melhor compreensão do conhecimento. Os problemas da realidade social podem ser compartilhados por diferentes paradigmas de forma complementar. Nem sempre os paradigmas são progressivos, podendo falar-se, inclusive, em progresso cumulativo[139].

2. Resolução alternativa de conflitos[140]

A conjugação da crua realidade dos déficits no papel institucional do Poder Judiciário com a ideologia do consenso, a qual vem sublinhando a contraposição ao modelo adversarial clássico e à centralidade dos tribu-

138 "(...) muitas observações intrigantes acumulam-se fora do antigo modelo explicativo, forçando-o a modificar-se...Uma nova e poderosa percepção explica as aparentes contradições. É introduzido um novo princípio...uma nova perspectiva. Forçando uma teoria mais ampla, a crise não é destrutiva, e sim instrutiva...Por sua perspectiva mais ampla, transforma o conhecimento tradicional e as novas e persistentes observações, conciliando as aparentes contradições. O novo paradigma é mais produtivo que o antigo. Prevê com mais precisão. E, além do mais, escancara portas e janelas a novas explorações" (FERGUSON, Marilyn. *A conspiração aquariana*. Tradução de Carlos Evaristo M. Costa. Rio de Janeiro: Record: Nova Era, 2000, p. 1-42).

139 LAUDAN, Larry, *O progresso e seus problemas: rumo a uma teoria do crescimento científico*. Tradução Roberto Leal Ferreira. São Paulo: Editora Unesp, 2011.

140 "Nesse contexto é importante desapegar-se da visão de que só é possível a resolução de um conflito por um caminho exclusivo ou quando houver intervenção estatal e passar a construir a ideia de que um sistema de resolução de conflitos é eficiente quando conta com instituições e procedimentos que procuram prevenir e resolver controvérsias a partir das necessidades e dos interesses das partes. [...] Esses mecanismos possíveis, entre os quais citam-se a negociação, a conciliação, a mediação e a arbitragem, colocam-se ao lado da tradicional jurisdição como uma opção que visa vincular o tipo de conflito ao meio de solução apropriado, apresentando-se também como mecanismos de inclusão social, na medida em que as partes se tornam corresponsáveis pela construção de uma resolução mais adequada para suas contendas, e, ainda, de pacificação social, já que um dos objetivos dos mesmos é que as partes aprendam a administrar seus conflitos por meio do diálogo"

nais na resolução de conflitos[141], faz emergir a necessidade de mecanismos de composição dos conflitos, oferecendo respostas diferenciadas a situações diversas[142].

A ideia e a lógica da garantia substancial do acesso à justiça baseiam-se na busca da prestação da justiça com isonomia material[143] e em soluções de continuidade interpessoal compatíveis à disseminação da cultura de pacificação social. Neste sentido, diz-se, com razão, que os mecanismos

(Sales, Lilia Maria de Morais; Rabelo, Cilana de Morais Soares. Meios consensuais de solução de conflitos – instrumentos de democracia. Revista de Informação Legislativa, ano 46, n. 0 182, p. 75-88. Brasília, 2009).

141 "Uma justiça tardia gera problemas insanáveis, atingindo o âmago da pessoa. Por isso as afirmativas de que não ter acesso ao Poder Judiciário ou tê-lo e não conseguir obter com a presteza desejada a reposição do direito no seu devido lugar e no tempo exigido, representa a própria negação da justiça. [...] É compreensível o fato de muitas pessoas não recorrerem ao Judiciário, pois se toma algo dispendioso, e nem todos têm condições econômico-financeiras para contratar um advogado e suportar o custo de uma demanda" (Torres, Jasson Ayres. O acesso à justiça e soluções alternativas. Porto Alegre: Livraria do Advogado Editora, 2005); Embora hoje se vá gradualmente reconhecendo o anacronismo de qualquer ideia de "monopólio estatal" na distribuição da justiça, não há negar que ainda assim a cultura demandista ou judiciarista ainda grassa entre nós, fazendo com que o serviço judiciário estatal seja ainda muito procurado, num crescente e incessante aumento da demanda, a que se tem tentado (equivocadamente) responder com o crescimento desmensurado do Judiciário, tudo ao final resultando na oferta de uma justiça de massa, prenhe de carências e deficiências diversas. [...) Num contexto que tem num polo o estímulo à judicialização dos conflitos, e, noutro, a desinformação quanto às outras possibilidades de resolvê-los, não é de estranhar a formação de imensa sobrecarga de processos judiciais, a evidenciar o claro equívoco da política que aposta no crescimento físico do Judiciário, descurando que o aumento da oferta acaba por retroalimentar a demanda, criando, adernais, uma expectativa que o Estado não consegue atender (Mancuso, Rodolfo de Camargo. A resolução dos conflitos e a funçãojudicialno contemporâneo Estado de Direito (nota introdutória). Revista dos Tribunais, ano 98, vol. 888, p. 9-36. São Paulo, 2009).

142 "O objectivo deveria ser a criação de uma cultura jurídica que levasse os cidadãos a sentirem-se mais próximos da justiça. Mas não haverá justiça mais próxima dos cidadãos, se os cidadãos não se sentirem mais próximos da justiça" (Santos, Boaventura de Sousa. Para uma revolução democrática da justiça. Coimbra: Almedina, 2014).

143 "O movimento para acesso à justiça é um movimento para a efetividade dos direitos sociais, ou seja, para a efetividade da igualdade" (Cappeletti, Mauro; Garth, Bryant. Acesso à Justiça. Traduzido por Ellen Gracie Northfleet. Porto Alegre: Sergio Antonio Fabris Editor, 1988).

alternativos de solução de conflitos têm sido motivados pelo acesso à ordem jurídica justa[144].

A resolução alternativa de conflitos pode ser analisada numa perspectiva internacional desenvolvida de forma significada nos Estados Unidos[145] desde 1970[146], com favorável disseminação no contexto europeu a partir da crise do direito e da justiça oficial e do crescente desejo do cidadão de participar na resolução dos seus conflitos[147]. Numa perspectiva interna, no Brasil, o acesso à ordem jurídica justa valoriza e fomenta o uso dos mecanismos alternativos de resolução de contendas na busca da solução adequada.

[144] MANCUSO, Rodolfo de Camargo. Acesso à justiça: condicionantes legítimas e ilegítimas. 2.ed. São Paulo: Revista dos Tribunais, 2015.

[145] FACCHINI NETO, Eugênio. A outra justiça – ensaio de direito comparado sobre os meios alternativos de resolução de conflitos. Revista da Associação dos Juízes do Rio Grande do Sul, ano 36, n. 115, p. 85-117, 2009.

[146] "Além disso, em 1975, quando os clamores pelos meios alternativos eclodiram, inexistia prova empírica de que sua efetivação serviria para uma melhor equalização no tempo do Judiciário. Afinal, como isto seria possível tendo em conta que eles sequer teriam sido devidamente testados? Realmente, estudos posteriores relacionados aos efeitos dos ADR levam a conclusões intrigantes, expondo que a crença na sua efetividade como ferramenta de gerenciamento processual é muito superior ao seu impacto concreto nesta frente. Advogados e juízes compartilham amplamente a ideia de que a nova estrutura dos Tribunais reduziria custos e permitiria uma economia de tempo, enquanto os dados empíricos indicam exatamente o contrário (o que não significa que não possam ter havido êxitos pontuais, mas demonstra que os benefícios não ocorreram em uma escala global). Essas constatações não apenas enfraquecem a relação entre o avanço dos meios alternativos e a crise jurisdicional, como ainda indicam a necessidade de investigar as origens de uma crença ao mesmo tempo tão inconsistente e tão inabalável" (CHASE, Oscar. G. Direito, cultura e ritual. Sistemas de resolução de conflitos no contexto da cultura comparada. Tradução de Sérgio Arenhart e Gustavo Osna. São Paulo: Marcial Pons, 2014); GARCEZ, José Maria Rossani. ADR's. Métodos alternativos de resolução de conflitos. Análise estrutural dos tipos, fundamentos e exemplos. Prática nacional e internacional. Rio de Janeiro: Lumen Juris, 2013; SOUSA, Jorge Lopes de. Comentários ao Regime Jurídico da Arbitragem Tributária. In Guia da Arbitragem Tributária. VILLA-LOBOS, Nuno; VIEIRA, Mónica Brito (Coord.) Coimbra: Almedina, 2013.

[147] GOUVEIA, Mariana França. Curso de resolução alternativa de litígios. 3.ed. Coimbra: Almedina, 2014; FIGUEIRAS, Cláudia Sofia Melo. Arbitragem: a descoberta de um novo paradigma de justiça tributária? In FONSECA, Isabel Celeste M. (Coord.). A Arbitragem Administrativa e Tributária. Problemas e desafios. 2.ed. Coimbra: Almedina, 2013;

A conjugação da inadequação e ineficiência estruturais do Judiciário na distribuição da justiça, com os elevados custos do tradicional processo judicial contribuem para o surgimento do movimento alternativo de resolução de conflitos que traz mecanismos mais acessíveis, rápidos e menos dispendiosos, contribuindo na valorização da autonomia e da cidadania[148].

Além do meio normal, usual, que é a solução pelo Poder Judiciário, pela autoridade do Estado, temos os meios alternativos, que embora ainda estejam em fase de organização[149], são um conjunto de mecanismos de resolução de conflitos à margem da via jurisdicional que visam solução adequada a partir das necessidades e dos interesses das partes, que possuem as seguintes características:

a) **Cooperação:** as partes atuam em conjunto e em cooperação para chegar a uma solução
b) **Autonomia de vontade:** as partes têm controle do processo e sua decisão prevalece

[148] "Aprendem a negociar, a transigir, a assumir sua parcela cidadã de maturidade que o imediato endereçamento dos conflitos a juízo não deixa desabrochar. Uma sociedade que precisa do Estado-Juiz para resolver até questiúnculas se infantiliza, torna-se imatura, desaprende os métodos naturais que devem nortear o relacionamento entre os conviventes. Esse é um subproduto cruel da judicialização de todos os conflitos" (NALINI, José Renato. Duração razoável do processo e a dignidade da pessoa humana. In: MIRANDA, Jorge; SILVA, Marco Antonio Marques da (Coord.). Tratado luso-brasileiro da dignidade humana. São Paulo: Quartir Latin, 2008. p. 191-202); "Com efeito, enquanto os meios alternativos de resolução de conflitos (mediação, conciliação, arbitragem, avaliação neutra de terceiro e suas combinações) revelam atributos atraentes – informalidade, celeridade, confidencialidade, perfil prospectivo, tendencial adesão à decisão alcançada –, já o comando judicial, mormente o condenatório, ressente-se de deficiências que o vão desprestigiando aos olhos da população: perfil retrospectivo, reportado a acontecimentos pretéritos, não raro irreversíveis; lentidão, em virtude mesmo do excesso da demanda e do formalismo procedimental; imprevisibilidade, assim quanto à duração do processo como quanto ao seu desfecho final; onerosidade, que desequilibra o custo-benefício (CABRAL, Marcelo Malizia. Os meios alternativos de resolução de conflitos: instrumentos de ampliação do acesso à justiça e de racionalização do acesso aos tribunais. In: Revista do Ministério Público do RS, Porto Alegre, n. 73, jan. 2013 – abr. 2013, p. 125-155).

[149] WATANABE, Kazuo. Modalidade de Mediação. In Mediação: um projeto inovador I José Delgado et al. Brasília: Centro de Estudos Judiciários, CJF, 2003.

c) **Utilidade:** todas as partes se vem beneficiadas. A decisão que cheguem as partes, terminara com sua disputa seguem seus próprios interesses[150].
d) **Resolução produtiva**: o objetivo é fortalecer a relação social na qual estão envolvidas as partes da disputa, a partir de valores, técnicas e habilidades específicas. Isso significa estimular as partes a desenvolver soluções criativas que permitam a compatibilização de interesses aparentemente contrapostos.
e) **Inclusão social**: na medida em que as partes se tornam responsáveis pela construção de uma resolução mais adequada para suas contendas[151].
f) **Pacificação social:** já que um dos objetivos dos mesmos é que as partes aprendam a administrar seus conflitos por meio do diálogo[152].

3. Espécies

É importante ressaltar que não existe uniformidade na especificação dos mecanismos de resolução de conflitos. Neste contexto, com o objetivo de adotar soluções que visam proporcionar paz e segurança na sociedade (superar conflito de interesses é a composição), interessa-nos destacar as seguintes tipologias:

3.1. Meios jurisdicionais e não jurisdicionais: os meios jurisdicionais envolvem a intervenção de tribunais na resolução do litígio e a respectiva decisão tem força de caso julgado, sendo esta modalidade integrada por tribunais judiciais e tribunais arbitrais. Os meios não jurisdicionais não envolvem a intervenção de tribunais e não gozam da estabilidade das sen-

150 PÉREZ, JOSÉ BENITO. "Métodos alternativos de resolucion de conflictos, justicia alternativa y restaurativa para uma cultura de paz" Cd Universitaria 2011.

151 SALES, Lilia Maria de Morais; RABELO, Cilana de Morais Soares. Meios consensuais de solução de conflitos – instrumentos de democracia. Revista de Informação Legislativa, Brasília, ano 46, n. 182, p. 75-88, 2009.

152 SALES, Lilia Maria de Morais; RABELO, Cilana de Morais Soares. Meios consensuais de solução de conflitos – instrumentos de democracia. Revista de Informação Legislativa, Brasília, ano 46, n. 182, p. 75-88, 2009.

tenças, podendo consistir em negociações diretas, bons ofícios, mediação e conciliação[153].

3.2. No caso de decisão impositiva: 1) arbitragem: a jurisdição é exercida por terceiro que recebe os poderes de resolução de controvérsias da convenção privada; há órgão privado escolhido pelas partes para solução da questão; a instauração de processo arbitral por uma das partes não exclui a solução consensual, nos termos do CPC, e do artigo 28 da Lei de Arbitragem[154]. As partes litigantes outorgam poderes a um árbitro ou tribunal arbitral para decidir o conflito de forma imperativa; **2) jurisdição**: a jurisdição é exercida por juiz, que recebe os poderes de resolução de controvérsias da Constituição Federal e das leis; há órgão estatal responsável pela solução do litígio. A instauração de processo estatal por uma das partes não exclui a solução consensual, nos termos do CPC, e do artigo 28 da Lei de Arbitragem[155]. O processo é conduzido por juiz togado pertencente à estrutura do Poder judiciário.

3.3. Há intervenção de um terceiro interessado para auxiliar na solução do litígio: 1) mediação: o terceiro visa aperfeiçoar a comunicação e transformação no relacionamento entre os envolvidos no conflito; a ideia é construir um consenso em comunhão, com empoderamento dos envolvidos, sem situações de dominação[156]; **2) conciliação:** a interferência do terceiro imparcial é para facilitar a obtenção da solução; o

[153] OTERO, Paulo. Lições de introdução do estudo do direito. Lisboa: Pedro Ferreira Artes Gráficas, 1998. v. 1, tomo 1

[154] Artigo 28 da Lei 9307/96: Art. 28. Se, no decurso da arbitragem, as partes chegarem a acordo quanto ao litígio, o árbitro ou o tribunal arbitral poderá, a pedido das partes, declarar tal fato mediante sentença arbitral, que conterá os requisitos do art. 26 desta Lei.

[155] Artigo 28 da Lei 9307/96: Art. 28. Se, no decurso da arbitragem, as partes chegarem a acordo quanto ao litígio, o árbitro ou o tribunal arbitral poderá, a pedido das partes, declarar tal fato mediante sentença arbitral, que conterá os requisitos do art. 26 desta Lei.

[156] Artigo 165, §3º do CPC: O mediador, que atuará preferencialmente nos casos em que houver vínculo anterior entre as partes, auxiliará aos interessados a compreender as questões e os interesses em conflito, de modo que eles possam, pelo restabelecimento da comunicação, identificar, por si próprios, soluções consensuais que gerem benefícios mútuos.

conciliador estimula as partes para concessões recíprocas para chegar num consenso para resolução do conflito[157]. O auxílio de terceiro é por meio da sugestão de soluções possíveis, que podem ou não ser aceitas pelas partes.

3.4. Autocomposição e Heterocomposição: na autocomposição, a solução é realizada por meio do diálogo e do consenso. Nesta forma de resolução de conflito, as próprias partes envolvidas no litígio conseguem chegar a uma solução, exercendo a autonomia da vontade. Na heterocomposição[158] o conflito é solucionado com a intervenção de um terceiro diferente das partes em relação conflitual:

1) **Conciliação:** a autocomposição é facilitada pela atuação do conciliador que presta auxílio ativo na formulação do acordo. As partes litigantes buscam, por meio de do conciliador, obter um acordo que seja benéfico aos dois lados;
2) **Mediação**: o terceiro imparcial não interfere em uma possível saída, apenas ajuda as partes a restabelecerem a comunicação entre elas. A atuação do terceiro é menos ativa na medida em que ela se foca em auxiliá-las a encontrar uma solução conjunta, respeitando

[157] Artigo 165, §2º do CPC: O conciliador, que atuará preferencialmente nos casos em que não houver vínculo anterior entre as partes, poderá sugerir soluções para o litígio, sendo vedada a utilização de qualquer tipo de constrangimento ou intimidação para que as partes conciliem

[158] "(.......) nas sociedades primitivas, quando se perceberam os riscos e danos da autotutela, atribuiu-se a solução dos conflitos a terceiros, que atuavam como árbitros ou como facilitadores, para que se atingisse o consenso. Incumbia-se dessa função uma pessoa respeitável da comunidade – sacerdote, ancião, cacique, o próprio rei (como Salomão) – e se obtinha a pacificação, sem necessidade de recorrer à justiça pelas próprias mãos. Assim, os métodos consensuais de solução de conflitos precederam, historicamente, a jurisdição estatal. Só mais tarde, quando o Estado assumiu todo seu poder (ou *potestà*, na denominação italiana), nasceu o processo judicial, que foi orgulhosamente considerado monopólio estatal. Entretanto, esse processo mostrou todas as suas fraquezas" (GRINOVER, Ada Pellegrini. *Os métodos consensuais de solução dos conflitos no novo Código de Processo Civil.* Disponível em: https://www.migalhas.com.br/arquivos/2016/1/art20160105-01.pdf. Acesso em: 09/10/2019).

a autonomia de cada uma delas[159]. A missão do mediador, portanto, é facilitar o diálogo das partes em conflito, mediante técnicas específicas. O ambiente da mediação, como processo autocompositivo, caracterizado por uma negociação facilitada por um ou mais colaboradores neutros ao conflito, apresenta-nos uma intervenção do terceiro imparcial, apontando fundamentalmente para uma facilitação da negociação entre as pessoas em conflito. Envolvido nesse processo está, a reordenação dos papéis e, por conseguinte, uma alteração que se repercute no plano da composição, já que embora haja atuação do mediador que busca fazer com que as pessoas em conflito consigam melhor compreender suas posições e a encontrar soluções que se compatibilizam aos seus interesses e necessidades[160], existe a manutenção do controle sobre o resultado pelas partes;

3) **Arbitragem**: as partes litigantes estabelecem que o conflito será decidido de forma impositiva por um terceiro, que será um árbitro.

[159] "A mediação é uma forma ecológica de resolução dos conflitos sociais e jurídicos; uma forma na qual o intuito de satisfação do desejo substitui a aplicação coercitiva e terceirizada de uma sanção legal. A mediação como uma forma ecológica de negociação ou acordo transformador das diferenças" (Warat, Luís Alberto. Ecologia, psicanálise e mediação. Trad. de Julieta Rodrigues, Porto Alegre: Sérgio Antônio Fabris, 1995, citado por Marcelo Paes Menezes, A crise da Justiça e a mediação, Revista do Tribunal Regional do Trabalho da 3ª Região, Belo Horizonte, 33 (63): 23-31, jan./jun. 2001).

[160] TRIBUNAL DO JUSTIÇA DO DISTRITO FEDERAL E DOS TERRITORIOS. "Manual de Mediação Judicial" p.372

RESOLUÇÃO DE CONFLITOS
AUTOTUTELA
AUTOCOMPOSIÇÃO
HETEROCOMPOSIÇÃO
RENÚNCIA
SUBMISSÃO
TRANSAÇÃO
RESOLUÇÃO COLABORATIVA
PAPEL DO TERCEIRO NA RESOLUÇÃO DO LITÍGIO
DECISÃO IMPOSITIVA
FACILITADOR
ARBITRAGEM
JURISDIÇÃO
MEDIAÇÃO
CONCILIAÇÃO

Capítulo 4
Noções gerais da arbitragem

1. Conceito de arbitragem

A caracterização e consequente definição dos contornos da arbitragem, enquanto método alternativo de solução dos litígios[161] passa pela pesquisa etimológica, que permite compreensão, ainda que parcial, do seu sentido, de forma a facilitar a precisão do seu conteúdo e do uso na linguagem. O termo arbitragem derivado do latim "*arbiter*" indica a solução de um litígio por um árbitro[162]. Forma-se por AD, "a", mais BAETERE, "ir/vir". No século XVI assumiu o sentido de "pessoa escolhida pelas partes para decidir sobre uma questão[163].

161 "[...] a terminologia tradicional, que se reporta a – "meios alternativos" parece estar sob ataque, na medida em que uma visão mais moderna do tema aponta para meios adequados (ou mais adequados) de solução de litígios, não necessariamente alternativos" (CARMONA, Carlos Alberto, *Arbitragem e processo: um comentário à Lei 9.307/96*. São Paulo: Atlas, 2009)

162 D'Oliveira, H. M. et al. Dicionário brasileiro ilustrado EDIGRAF. São Paulo: Gráfica e Editora EDIGRAF S. A, 1971; HOUAISS, A. Dicionário Houaiss de língua portuguesa. Rio de Janeiro: Objetiva, 2001. AULETE, C. Dicionário contemporâneo de língua portuguesa. Rio de Janeiro: Delta, 1964; Dicionário brasileiro da língua portuguesa da Encyclopaedia Britannica do Brasil, 1987; "A etimologia da palavra arbitragem é derivada do latim arbiter, que significa juiz, jurado e remonta à origem do instituto, no processo romano, em que o arbiter ou iudex correspondia a um sujeito idôneo que não pertencia ao quadro funcional do Império e julgava a lide após o pretor preparar a ação" (QUEIROZ JUNIOR, Antonio Raimundo de Castro e NASCIMENTO, Eliane do Carmo. *Arbitragem como forma de solução de conflitos: conceito e aplicabilidade*. Disponível em http://livros-e-revistas.vlex.com.br/vid/arbitragem-conflitosaplicabilidade-536427162. Acesso em 04.10.2015).

163 DA CUNHA, Antônio Geraldo. *Dicionário Etimológico: da língua portuguesa*. 4ª ed. Rio de Janeiro/RJ: Lexikon, 2011; FARIA, Ernesto. *Dicionário Latino-Português*. 17ª ed. Belo Horizonte/MG: Livraria Garnier, 2002.

Trata-se de um termo com uso em diversos tipos de discurso[164], mas com significado próprio quando se busca um conceito que contenha uma compreensão precisa e abrangente para a clarificação do seu conteúdo no âmbito do Direito consistindo num método heterocompositivo[165], extrajudicial[166] (forma de resolução alternativa de conflitos paralela à jurisdição estatal) pelo qual um terceiro neutro e imparcial indicado pelas partes litigantes[167], sem intervenção estatal, resolve o conflito[168] com uma sentença determinativa e vinculativa às partes[169].

[164] No âmbito do Desporto significa atuação de quem dirige um desafio desportivo, zelando pelo cumprimento das leis e as regras estabelecidas para o esporte em prática. No âmbito da economia significa operação de compra e venda de divisas com o objetivo de restabelecer o equilíbrio entre as diferentes taxas de câmbio.

[165] Na arbitragem há interferência de um terceiro imparcial que impõe a solução do conflito por meio de uma decisão que tem natureza jurídica de título executivo judicial; "[...] é um procedimento em que as partes escolhem uma pessoa capaz e de sua confiança (árbitro) para solucionar os conflitos. Na arbitragem, ao contrário da conciliação e da mediação, as partes não possuem a poder de decisão. O árbitro é quem decide a questão" (Sales, Lília Maia de Morais. Mediação de Conflitos: Família, Escola e Comunidade. Florianópolis: Conceito Editorial, 2007).

[166] "[...] trata do modo, meio e forma de pessoas, empresas ou instituições particulares poderem (e deverem) dirimir, resolver e, assim, dar fim aos eventuais conflitos oriundos do relacionamento entre elas, sejam pessoais ou negociais, fora do Poder Judiciário" (Caetano, Luiz Antunes. Arbitragem e Mediação: rudimentos. São Paulo: Atlas, 2002).

[167] A arbitragem é uma técnica de solução de conflitos por meio da qual as pessoas envolvidas na dinâmica do conflito aceitam que a solução de seu litígio seja decidida por uma terceira pessoa, de sua confiança.

[168] Na arbitragem um árbitro privado escolhido pelas partes promove julgamento de direito ou de equidade (a critério das partes), impondo uma decisão para resolver o conflito de direitos patrimoniais disponíveis

[169] A sentença arbitral vale o mesmo que uma sentença judicial transitada em julgado e é irrecorrível; "Arbitragem é um procedimento em que as partes em litígio, voluntariamente, pedem a um terceiro imparcial e neutro que tome uma decisão em seu lugar; a arbitragem não favorece o diálogo direto entre as partes, vez que, o árbitro tem o mesmo papel decisório do juiz estatal" (Egger, Ildemar. Mediação Comunitária Popular: uma proposta para além da conflitologia. Florianópolis, 2008. Tese (Doutorado). Universidade Federal de Santa Catarina, Centro de Ciências Jurídicas, Programa de Pós-graduação em Direito, área de concentração em Direito das Relações Sociais, 2008).

Destaca-se no âmbito do Direito ser a arbitragem um "tema transversal", já que, na sua estruturação, busca elementos em todos os ramos do Direito, para a solução adequada das controvérsias.

A arbitragem, fenômeno relevante para a pacificação dos conflitos sociais, que hoje se encontra na agenda de um conjunto expressivo de países ao redor do mundo, incluindo o Brasil, consiste num método alternativo de solução de controvérsias[170], por meio do qual as partes de comum acordo escolhem um ou mais árbitros[171], responsáveis em proferir decisão final e vinculante sobre os seus respectivos direitos e obrigações[172].

Como fato, a arbitragem pode ser historicamente considerada como uma forma de solução de litígios mediante sentença proferida por árbitros indicados pelas partes, o que, afinal, não é fenômeno novo[173]. No Brasil, por exemplo, desde 1850 já era utilizada a arbitragem em causas de sócios de sociedades comerciais.

Nesta perspectiva o fenômeno se tem manifestado pela vontade das partes que decidem de comum acordo submeter o conflito de interesses sobre direitos disponíveis a um terceiro, o qual pode por sentença

[170] A resolução dos conflitos por via alternativa à judicial justifica-se pelo próprio contexto da sociedade contemporânea marcada pela complexidade das relações humanas e a crise no Poder Judiciário.

[171] Trata-se de um mecanismo de solução de litígios enaltecido pelo fato do árbitro ser técnico, especializado na área do conflito, neutro, imparcial e de confiança dos litigantes.

[172] "A arbitragem consiste em mecanismo extrajudicial de solução de controvérsias, segundo o qual as partes litigantes investem, por meio de uma convenção arbitral (cláusula compromissória e compromisso arbitral), uma ou mais pessoas de poderes decisórios para resolver seus conflitos relativos a direitos patrimoniais disponíveis, decisão esta que possui eficácia de sentença judicial, portanto não sujeita a posterior homologação pelo Poder Judiciário" (Mendes, Gilmar; Coelho, Inocêncio Martins; Branco, Paulo Gustavo Gonet. *Curso de Direito Constitucional.* São Paulo: Saraiva, 2017).

[173] Apesar da arbitragem ser um instituto jurídico conhecido desde a Constituição do Império, em 1824, a sua implementação e consolidação no Brasil não andou no mesmo passo da Europa ou mesmo da América do Norte, especialmente nos Estados Unidos e no Canadá. Podemos mesmo compreender que a nossa herança cultural ibérica e o processo de colonização brasileiro contribuíram para que a arbitragem fosse vista com desconfiança e até desprezo pelas partes que poderiam fazer uso deste meio de solução de conflitos que dispensa a presença do Estado-Juiz (Oliveira, José Anselmo de. *A arbitragem e o poder judicial.* In: REVISTA DA EJUSE, Nº 18, 2013 – DOUTRINA – 15).

ou laudo arbitral, de forma vinculante, extinguir, modificar ou criar direito[174].

A base do meio alternativo de solução de controvérsias relativas a direitos disponíveis através da intervenção do árbitro é uma convenção privada que possibilita convergência dos esforços dos litigantes para composição amigável[175]. Essa convenção é traduzida por um compromisso firmado pelas partes, com a indicação da possibilidade de resolução da controvérsia, por meio da arbitragem.

Enquanto valor, a arbitragem é inserida no âmbito do acesso à justiça. Em razão do princípio da inafastabilidade do controle jurisdicional, o acesso à justiça não determina que os interessados deverão sempre levar ao Judiciário suas demandas. Como se observa, a arbitragem deixa a cargo das partes terem sua lide julgada por juiz estatal ou juiz privado[176].

[174] "O sistema especial de julgamento, com procedimento, técnica e princípios informativos próprios e com força executória reconhecida pelo direito comum, mas a este subtraído, mediante o qual duas ou mais pessoas físicas, ou jurídicas, de direito privado ou de direito público, em conflitos de interesses, escolhem de comum acordo, contratualmente, uma terceira pessoa, o árbitro, a quem confiam o papel de resolver-lhes a pendência, anuindo os litigantes em aceitar a decisão proferida" (CRETELLA JÚNIOR, José. *Da arbitragem e seu conceito categorial.* In: Revista de Informação Legislativa, v. 25, n. 98, p. 127-138, abr./jun. 1988); "Arbitragem é o mecanismo de solução pacífica de conflitos pelo qual as partes envolvidas numa disputa qualquer escolhem, de comum acordo, um ou mais árbitros, para conhecer das razões controvertidas e lhes atribuir uma decisão, que deverá ser acolhida como obrigatória" (NOHMI, Antônio Marcos. *Arbitragem internacional: mecanismos de solução de conflitos entre Estados.* Belo Horizonte: Del Rey, FHC-FUMEC, 2005).

[175] SILVA, João Roberto da. *Arbitragem: aspectos gerais da Lei nº 9.307/96.* São Paulo: J.H.Mizuno, 2004, página 30; CARMONA, Carlos Alberto. *Arbitragem e Processo: um comentário à Lei 9.307/96.* São Paulo: Atlas, 2004, p. 51; CACHAPUZ, Rozane da Rosa. *Arbitragem: alguns aspectos do processo e do procedimento na Lei 9.307/96.* São Paulo: Editora de Direito, 2000, p. 23; MARTINS, Pedro Antonio Batista. *Aspectos jurídicos da arbitragem comercial no Brasil.* Rio de Janeiro: Lúmen Júris, 1990; SOARES, Guido. *Arbitragens comerciais internacionais no Brasil – vicissitudes.* Revista dos Tribunais 641/30.

[176] "Arbitragem é juízo jurisdicional e extrajudicial, no qual pessoas capazes de contratar escolhem livremente árbitros para dirimir litígio determinado (presente) ou determinável (futuro e incerto) de natureza patrimonial disponível" (RIBEIRO, Gustavo Pereira Leite. *Arbitragem nas relações de consumo.* Curitiba: Juruá, 2009).

Nesta perspectiva axiológica, a arbitragem representa instrumento de democratização da justiça em adequação às tendências do processo civil contemporâneo na busca de formas alternativas de solução de litígios.

A arbitragem é um mecanismo que deve ser considerado como apto à ampliação do acesso à ordem jurídica justa, não por ser mais simples e mais ágil do que o método tradicional de solução de litígios pelo Judiciário, mas por ser mais adequada[177], por ser mais objetiva, com julgadores imparciais e técnicos especializados na área científica sobre a qual recai objeto litigioso[178].

A arbitragem pode ser definida como método consensual de disputas orientado pela autonomia de vontade, seja na escolha dos julgadores desvinculados da tutela do Estado, seja na apresentação de suas respectivas posições acerca da controvérsia.

A autonomia privada rege a arbitragem, vale dizer: a) a fonte que serve de base para uso deste método alternativo de solução de litígios, tanto na estipulação, como na redação da convenção de arbitragem; b) o conteúdo com livre manifestação de vontade na escolha dos árbitros, no procedimento, no direito aplicável e na modalidade, se institucional ou *ad hoc*[179].

Na arbitragem, instituída para solução de controvérsias relativos a direitos patrimoniais disponíveis, possui natureza híbrida, já que tem origem contratual (as partes de comum acordo submetem suas disputas ao árbitro), mas um procedimento estruturado com natureza processual que sofre influxos dos princípios gerais do processo.

[177] "Essa nova forma de prestar a jurisdição – desta feita privada, significa antes de tudo um avanço legislativo que vem refletir uma nova mentalidade que, por sua vez, procura-se adequar às tendências do processo civil contemporâneo na busca de formas alternativas de solução dos conflitos de interesses. [...] Em outros termos, trata-se, em última análise, de mecanismos hábeis à ampliação do acesso à ordem jurídica justa, como novo instrumento de democratização da justiça, colocado à disposição dos jurisdicionados. [...]" (FIGUEIRA JÚNIOR, Joel Dias. *Manual da Arbitragem*. São Paulo: Editora Revista dos Tribunais, *1997); "o principal motivo determinante do uso da arbitragem, em qualquer parte do mundo, é a morosidade dos feitos judiciais"* (BERMUDES, Sérgio. Arbitragem: um instituto florescente. In: Revista de Arbitragem e Mediação, v. 50, set. 2016, p. 387).

[178] CACHAPUZ, Rozane da Rosa. *Arbitragem: alguns aspectos do processo e do procedimento na Lei 9.307/96*. São Paulo: Editora de Direito, 2000, p. 22

[179] É a característica da informalidade do procedimento arbitral.

Essa conjugação mista, em aplicação na condução da arbitragem, vem a ser a justificativa apropriada na afirmação de que a arbitragem possui duas fases: *a) convencional:* opção pela via resolutiva arbitral, com possibilidade de escolha dos árbitros e das regras aplicáveis à solução da controvérsia; *b) contenciosa*: submissão ao processo arbitral com regramento próprio de acordo com os princípios legais, aos princípios basilares do desenvolvimento do processo e à sentença arbitral.

Esse mecanismo privado de resolução de controvérsias, alternativo ao Poder Judiciário (cortes estatais) é objeto da Convenção Interamericana sobre Arbitragem Comercial Internacional, que o define como "*acordo das partes em virtude do qual se obrigam a submeter a decisão arbitral as divergências que possam surgir ou que hajam surgido entre elas com relação a um negócio de natureza mercantil.*"

Em matéria de arbitragem, o Brasil ocupa uma posição de destaque, na medida em que foi considerado o 5º país ou território com maior número de partes envolvidas em arbitragem, além de seu uso efetivo estar em crescimento a uma média anual de 10% no país[180].

Com o advento da Lei nº 9.307/96[181] reforçada pela decisão do Supremo Tribunal Federal que reconheceu sua constitucionalidade[182],

[180] Disponível em: https://www.jota.info/paywall?redirect_to=//www.jota.info/justica/brasil-e-o-5o-pais-que-mais-utiliza-arbitragem-no-mundo-19092017. Acesso em: 20/03/2018.

[181] Não se aplica a Lei n. 9.307/1996, que dispõe sobre arbitragem, aos contratos celebrados antes de sua vigência em 21/11/1996. Tanto seus dispositivos de direito material, quanto seus dispositivos de direito processual não podem retroagir para atingir os efeitos do negócio jurídico perfeito (STJ – SP, Rel. Min. Antônio de Pádua Ribeiro, julgado em 6/5/2003); "Até o advento da Lei n. 9.307/1996, prevalecia, na jurisprudência e na doutrina, o entendimento de que essa cláusula era mero contrato preliminar ao compromisso arbitral, por si só incapaz de originar o procedimento de arbitragem. Dessa forma, seu descumprimento resolvia-se em perdas e danos. Contudo, com o advento daquela lei, o STJ firmou o entendimento de que ela tem incidência imediata nos contratos celebrados, mesmo que em data anterior à sua vigência, desde que neles esteja inserida a cláusula arbitral, instituto de natureza processual' (STJ – REsp 934.771-SP, Rel. Min. Luis Felipe Salomão, julgado em 25/5/2010).

[182] STF, Pleno, AgReg na Sentença Estrangeira n. 5.206-7 – Reino da Espanha, rel. Min. Sepúlveda Pertence, m.v., j. 12.12.2001, DJ 30.4.2004; SE 5206 AgR, Relator Ministro Sepúlveda Pertence, Tribunal Pleno, julgado em 12/12/2001.

a arbitragem passou a ter um uso efetivo para resolução de controvérsias fora da esfera do Poder Judiciário, justificado por duas diretrizes no desenvolvimento de uma cultura arbitral. A primeira diretriz vem a ser a afirmação da autonomia da solução arbitral, em relação ao Estado, como o consequente reconhecimento da não necessidade de homologação da sentença arbitral, salvo se estrangeira. A segunda diretriz se constata na obrigatoriedade do compromisso assumido entre as partes na escolha do juízo arbitral (convenção de arbitragem).

A Lei nº 9.307/96 é um fenômeno legislativo de avanço no cenário jurídico nacional. Consiste num microssistema jurídico regulador da arbitragem como meio alternativo de resolução dos conflitos. Como tal, pode ser visto como uma regulação jurídica de utilidade prática, já que concedeu à solução arbitral força vinculante, de forma que as partes que optam pelo juízo arbitral não necessitam mais de homologação judicial[183].

Como efeito, o conceito de uma arbitragem eficiente não pode ser mais aquela dependente de reconhecimento do Estado pela homologação judicial, que se distancia da realidade de sua aplicação autônoma e efetiva, a ponto de desgastar-se e de comprometer a própria utilidade prática. Essa arbitragem eficiente, com a lei da arbitragem (Lei 9.307/96), é, assim o que facilmente se identifica como forma rápida, adequada e menos custosa de solução dos conflitos de interesses na sociedade e sua consequente aptidão para evitar delonga na solução dos litígios pelo Poder Judiciário[184].

183 Antes da lei 9307/96, a arbitragem era um método alternativo de solução de litígios pouco utilizado em razão da necessidade de a sentença arbitral só ser executada depois de homologada pelo Judiciário (art. 1.045 do Código Civil de 1916). O Código de Processo Civil de 1939 tornou obrigatória a homologação para a executoriedade da decisão. O Código de Processo Civil de 1973, em seu art. 1.098, fez previsão da regra de competência para homologação judicial da sentença arbitral, dispondo que o juiz a que couber originariamente o julgamento da causa é o competente para a homologação.

184 A arbitragem revela-se como meio adequado de resolução de disputa em razão da celeridade na obtenção da tutela jurisdicional arbitral: de acordo com a lei 9307/96, a sentença arbitral (a) não está sujeita a recurso ou a homologação pelo Poder Judiciário (artigo 18); (b) dá termo à arbitragem (artigo 29); e (c) é equiparada, quanto à produção dos seus efeitos, à sentença judicial (artigo 31). É possível, contudo, que as partes optem por submeter a sentença arbitral à revisão por um painel arbitral, desde que o regulamento da câmara de arbitragem assim permita.

Neste contexto, a Lei 9.307/96, objeto do projeto apresentado pelo ex-Senador Marcos Maciel, que entrou em vigor em 24 de novembro de 1996[185], representa importante marco na utilização da via arbitral no campo dos métodos alternativos de solução das controvérsias. Inspirada em diretrizes internacionais, a Lei 9.307/96 trouxe alterações estruturais que possibilitaram a utilização mais efetiva da arbitragem. Por meio de um quadro comparativo, serão reveladas as importantes modificações na estrutura anteriormente adotada no Brasil:

ITENS	ANTES DA LEI 9307/96	APÓS A LEI 9307/96
Eficácia Executiva da Convenção de Arbitragem	Não tem eficácia executiva	Tem eficácia executiva
Descumprimento da Convenção de Arbitragem	Dever de indenizar por perdas e danos	Exigência judicial para julgamento pela via arbitral, nos termos do artigo 7º da lei de arbitragem[186]
Natureza da Convenção de Arbitragem	*Pacto de contrahendo*	Convenção privada
Homologação Judicial da sentença arbitral	Necessária	Necessária apenas quando a sentença arbitral for proferida no exterior
Cláusula arbitral ou compromissória	Sem previsão normativa	Com previsão normativa[187]

185 Art. 43. Esta Lei entrará em vigor sessenta dias após a data de sua publicação (24/9/96).

186 Vide Art. 7º da Lei 9.307/96: Existindo cláusula compromissória e havendo resistência quanto à instituição da arbitragem, poderá a parte interessada requerer a citação da outra parte para comparecer em juízo a fim de lavrar-se o compromisso, designando o juiz audiência especial para tal fim.

187 Lei 9.307/96: Art. 3º As partes interessadas podem submeter a solução de seus litígios ao juízo arbitral mediante convenção de arbitragem, assim entendida a cláusula compromissória e o compromisso arbitral. Art. 4º A cláusula compromissória é a convenção através da qual as partes em um contrato comprometem-se a submeter à arbitragem os litígios que possam vir a surgir, relativamente a tal contrato.

ITENS	ANTES DA LEI 9307/96	APÓS A LEI 9307/96
Cláusula arbitral ou compromissória no Código Civil	Não previsão no Código Civil de 1916	Previsão no Código Civil de 2002[188]
Afastamento da jurisdição estatal	Pelo compromisso arbitral (artigo 301, IX do CPC/73[189])	Pela cláusula arbitral ou compromisso arbitral
Força jurídica do laudo arbitral	Dependente de homologação judicial	Mesmos efeitos da sentença judicial[190]
Extinção terminativa do processo judicial	Artigo 267 do CPC/73: Extingue-se o processo, sem resolução de mérito: VII – pela convenção de arbitragem;	Artigo 485 do CPC/15: O juiz não resolverá o mérito quando: VII – acolher a alegação de existência de convenção de arbitragem ou quando o juízo arbitral reconhecer sua competência.
Sentença Arbitral como título Executivo	Não	Sim, nos termos do artigo 515 do CPC/15 [191]

O conceito de arbitragem revela um processo de solução extrajudicial de conflitos, cuja eleição dos árbitros não estatais e o controle no poder de decisão da lide sobre direitos disponíveis, é feito pelas partes, por meio de um pacto privado.

Há ainda que mencionar a existência de um componente de autonomia na decisão arbitral, já que é destinada a produzir os mesmos efeitos

[188] Vide Código Civil de 2002: Art. 851. É admitido compromisso, judicial ou extrajudicial, para resolver litígios entre pessoas que podem contratar. Art. 853. Admite-se nos contratos a cláusula compromissória, para resolver divergências mediante juízo arbitral, na forma estabelecida em lei especial.

[189] Art. 301. Compete-lhe, porém, antes de discutir o mérito, alegar: IX – convenção de arbitragem; § 4 º Com exceção do compromisso arbitral, o juiz conhecerá de ofício da matéria enumerada neste artigo.

[190] Vide art. 31 da Lei 9.307/96: "A sentença arbitral produz, entre as partes e seus sucessores, os mesmos efeitos da sentença proferida pelos órgãos do Poder Judiciário e, sendo condenatória, constitui título executivo".

[191] Vide artigo 515 do CPC: São títulos executivos judiciais, cujo cumprimento dar-se-á de acordo com os artigos previstos neste Título (Do cumprimento de sentença): VII – a sentença arbitral.

da sentença judicial. As soluções arbitrais são igualmente obrigatórias e vinculantes para as partes envolvidas na controvérsia[192]. A decisão arbitral é imposta pelos árbitros e vincula às partes na resolução do conflito. Não é estranho, neste contexto, falar-se que a arbitragem, de longa tradição, ao lado da jurisdição estatal, representa uma forma heterocompositiva de solução dos conflitos[193], sendo considerado, desta forma, meio adjudicatório de solução das controvérsias.

2. Natureza jurídica da arbitragem[194]

O problema da natureza jurídica[195] da arbitragem é o de descobrir sua essência através do seu enquadramento em uma das categorias gerais do direito, de forma a possibilitar sua compreensão para sistematizar seu alcance e significado dentre vários institutos[196] no Direito.

Na busca de uma compreensão estrutural da arbitragem, marcada pela necessidade de determinar sua expressão ontológica[197], levando-se em consideração seus elementos constitutivos, existem quatro correntes

192 Beraldo. Leonardo de Faria. *Curso de Arbitragem – nos termos da lei 9307/96*. São Paulo: Atlas, 2014; Born, Gary B. International Arbitration. Law and Practice. Kluwer Law International, 2016.

193 Cahali, José Francisco. *Curso de Arbitragem*. São Paulo: Revista dos Tribunais, 2015.

194 Lemes, Selma. Arbitragem: princípios jurídicos fundamentais. Direito brasileiro e comparado. Revista de Informação Legislativa, v. 29, n. 115, p. 441-468, jul/set. 1992. Disponível em < http://www2.senado.leg.br/bdsf/bitstream/handle/id/176007/000469652.pdf?sequenc e=1 > Acesso em 2 de outubro de 2018; Gouveia, Mariana França. Curso de resolução alternativa de litígios. 3.ed. Coimbra: Almedina, 2014.

195 "[...] é o significado último dos institutos jurídicos, podendo ser tida como a afinidade que um instituto jurídico tem em diversos pontos, com uma grande categoria jurídica, podendo nela ser incluído a título de classificação" (DINIZ, M. H. Dicionário jurídico. v. 3. São Paulo: Saraiva, 1998, p. 337).

196 Instituto – (Lat. institutu.) S.m. O mesmo que instituído; o que está regulamentado; corporação ou organização jurídica, científica, econômica, administrativa etc., regulamentada por um conjunto orgânico de normas de Direito Público ou Privado. (Santos, W. Dicionário jurídico brasileiro. Belo Horizonte: Del Rey, 2001).

197 Vide Código Civil de 2002: Art. 851. É admitido compromisso, judicial ou extrajudicial, para resolver litígios entre pessoas que podem contratar. Art. 853. Admite-se nos contratos a cláusula compromissória, para resolver divergências mediante juízo arbitral, na forma estabelecida em lei especial.

na doutrina em torno da sua natureza jurídica: a) jurisdicional; b) contratual; c) processualista; d) híbrida.

A primeira corrente sustente que a arbitragem tem natureza jurisdicional[198]. A jurisdição[199], entendida como poder de declarar o Direito no caso concreto, além de judicial, pode ser *anômala*, exercida por órgãos alheios ao Poder Judiciário[200]. Fala-se em *equivalentes jurisdicionais ou substitutivos da jurisdição*[201], para os atos não praticados por autoridades judiciárias, mas que possibilitam o alcance do mesmo resultado da jurisdição, que é a composição da lei, mediante aplicação do direito no caso concreto[202].

A visão publicista de arbitragem reforça a tese da natureza equiparada à jurisdição estatal, não apenas pela desnecessidade de homologa-

198 Em relação à sua natureza, a jurisdição pode ser entendida como: (a) como poder: emanação ou parcela da soberania nacional; (b) como função: a incumbência do juiz de aplicar por meio do processo lei aos casos concretos; (c) como atividade: a diligência do juiz de dar a cada o que é seu; (d) como dever: já que o juiz é obrigado a agir diante de um caso concreto que lhe for apresentado. O juiz não pode se eximir de julgar alegando que a matéria é complexa ou obscura. Quando a lei for omissa o juiz decidirá de acordo com a analogia, os costumes e os princípios gerais do direito.

199 Jurisdição é o poder de julgar; é a possibilidade de aplicar a lei aos casos concretos apresentados; o poder de solucionar lides. No sentido etimológico, jurisdição vem do latim *jurisdictio* (*juris* – direito; *dictio* – dizer), que significa dizer o direito. Em sentido amplo, jurisdição é poder de conhecer e decidir com autoridade os conflitos existentes na sociedade. Em sentido restrito, jurisdição é o poder-dever de julgar um caso concreto de acordo com o ordenamento jurídico, por meio de um processo. É uma função soberana estatal necessária para manter a ordem social. No sentido teleológico, a jurisdição visa aplicar as normas do direito objetivo público ou privado em relação a uma pretensão.

200 "Trata-se de uma função jurisdicional de gênese privada (deriva da convenção de arbitragem) e natureza privada (árbitros são agentes privados)" (Gonçalves, Pedro António Pimenta da Costa. *Entidades privadas com poderes públicos: o exercício de poderes públicos de autoridade por entidades privadas com funções administrativas.* Coimbra: Almedina, 2008); "a atividade jurisdicional é típica, mas não exclusiva do Poder Judiciário" (Nery Júnior, Nelson; Nery, Rosa Maria de Andrade. *Código de Processo Civil Comentado.* São Paulo: Revista dos Tribunais, 1999).

201 ".... A opção do legislador foi pela atribuição do caráter publicístico ao juízo arbitral, tornando-o um completo equivalente jurisdicional, por escolha das partes" (Theodoro Júnior, Humberto. *Curso de Direito Processual Civil.* Vol. III. Rio de Janeiro: Forense, 2009).

202 Caivano, Roque J. *Arbitraje.* Buenos Aires: Ad-Hoc, 2000; Magalhães, José Carlos de; Baptista, Luis Olavo. *Arbitragem Comercial.* Rio de Janeiro: Freitas Bastos, 1986.

ção judicial para atribuir eficácia à sentença arbitral, mas também com a previsão de certos dispositivos na lei de arbitragem[203].

Uma das espécies de jurisdição anômala[204] é a jurisdição arbitral[205] caracterizada pela intervenção de terceiro imparcial, escolhido de comum acordo pelas partes, que profere, com autoridade para resolução do litígio, sentença arbitral. Em relação às diferenças entre a jurisdição estatal e a arbitral[206] podemos apontar as seguintes, conforme quadro comparativo[207]:

[203] Art. 17. Os árbitros, quando no exercício de suas funções ou em razão delas, ficam equiparados aos funcionários públicos, para os efeitos da legislação penal; Art. 18. O árbitro é juiz de fato e de direito, e a sentença que proferir não fica sujeita a recurso ou a homologação pelo Poder Judiciário; Art. 31. A sentença arbitral produz, entre as partes e seus sucessores, os mesmos efeitos da sentença proferida pelos órgãos do Poder Judiciário e, sendo condenatória, constitui título executivo.

[204] "a visão errônea e totalitária da jurisdição como atividade exclusiva do Estado sedimentou-se entre nós, a partir do ordenamento jurídico fascista italiano na formação do nosso Direito Processual Civil moderno" (Valença Filho, Clavio de Melo. *Poder Judiciário e Sentença Arbitral – de acordo com a nova jurisprudência constitucional. Vol. 2.* Curitiba: Juruá, 2008).

[205] "Há muito, a ideia de jurisdição não pode mais ser compreendida como a atividade exclusivamente estatal, seja em razão do caráter jurisdicional da arbitragem (arts. 3º, § 1º, e 42 do CPC/15), seja pela notória evolução dos métodos adequados de resolução de conflitos, especialmente a mediação e a conciliação, considerados verdadeiros equivalentes jurisdicionais" (PINHO, Humberto Dalla Bernardina; Mazzola, Marcelo. *A convenção de arbitragem no sistema brasileiro – uma releitura a partir da obra Sergio La China.* Disponível em: https://www.cidp.pt/revistas/rjlb/2020/2/2020_02_0559_0586.pdf. Acesso em 05/01/21.

[206] A via arbitral convive com a jurisdição estatal, cada qual ocupando seu espaço, mas relacionando-se quando necessário, fazendo parte de um sistema de prestação jurisdicional que se relaciona e interage para atender a perspectiva da sociedade. A via arbitral funciona como um meio adequado de solução de conflitos ágil, justo, menos formalista e adequado à complexidade da sociedade contemporânea (Rodovalho, Thiago. *Os impactos do NCPC na Arbitragem.* Disponível em: https://revista.jfpe.jus.br/index.php/RJSJPE/article/viewFile/136/129. Acesso em: 20/04/2018.

[207] Gonçalves, Eduardo Damião. "Breves considerações sobre as relações do Poder Judiciário com a arbitragem". In: Martins. Pedro A. Baptista; Garcez, José Maria Rossani (coord). *Reflexões sobre a arbitragem.* São Paulo: LTR, 2002.

ITENS	JURISDIÇÃO JUDICIAL	JURISDIÇÃO ARBITRAL
Pronúncia da decisão	Em nome do Estado: juiz decide nas democracias constitucionais em nome do povo (soberania popular)	Em nome das partes litigantes: árbitro recebe o poder de decidir das partes
Fonte do Poder Jurisdicional	Constituição federal e as leis	Contrato (convenção da Arbitragem)
Exercício	Autoridades judiciárias (agentes públicos)	Agentes privados
Duplo Grau de Jurisdição	Em regra existe	Não há; é única

A segunda corrente defende a *natureza contratual* em razão da origem da arbitragem derivada de um contrato (convenção da arbitragem). Com efeito, o árbitro é visto como um "mandatário comum das partes". Nesta perspectiva privatística a arbitragem é ato negocial que decorre da autonomia privada das partes. Sustenta-se que jurisdição é monopólio do Estado, não podendo ser exercido por árbitro (ente privado)[208].

O caráter consensual da arbitragem implica na definição dos poderes do árbitro pela vontade das partes. O poder de decidir a controvérsia é o cumprimento de uma obrigação contratual decorrente da convenção de arbitragem. Neste sentido, pelos contratualistas, diz-se que o árbitro não tem poderes inerentes ao exercício da jurisdição[209], e que o laudo arbitral configura mero parecer ou opinião técnica[210].

[208] CHIOVENDA, Giuseppe. *Instituições de Direito Processual Civil*. Tradução de J. Guimarães Menegale, vol II. São Paulo: Saraiva, 1969.

[209] Os adeptos desta posição contratualista apontam reforços na própria lei de arbitragem (lei 9307/96): a) Artigo 7º: Existindo cláusula compromissória e havendo resistência quanto à instituição da arbitragem, poderá a parte interessada requerer a citação da outra parte para comparecer em juízo a fim de lavrar-se o compromisso, designando o juiz audiência especial para tal fim; b) Art. 22. § 2º Em caso de desatendimento, sem justa causa, da convocação para prestar depoimento pessoal, o árbitro ou o tribunal arbitral levará em consideração o comportamento da parte faltosa, ao proferir sua sentença; se a ausência for de testemunha, nas mesmas circunstâncias, poderá o árbitro ou o presidente

Nesta ótica privatista, a jurisdição deriva da soberania do Estado e é exercida por órgãos investidos regularmente da função jurisdicional, seja por concurso público, seja por nomeação. O árbitro, por sua vez, além de não integrar a estrutura judiciária, não tem jurisdição, mas apenas o poder de decidir derivado do consenso das partes revelada numa convenção privada, cuja sentença arbitral pode ser ter seu mérito e validade questionados perante o juízo estatal[211].

A terceira corrente numa visão processualista defende que a arbitragem é um modo processual privado desenvolvido por procedimento que caminha rumo à decisão final do árbitro que deve ser a resolução da controvérsia[212].

A quarta corrente, por sua vez, sustenta a *natureza híbrida* da arbitragem[213], pois conjuga a origem consensual com o procedimento arbitral desenvolvido por uma atividade jurisdicional que sofre a incidência dos princípios gerais informadores do processo judicial.

Neste quadro, entendemos que a arbitragem é um instituto jurídico *sui generis* (natureza híbrida), por conjugar elementos contratuais e juris-

do tribunal arbitral requerer à autoridade judiciária que conduza a testemunha renitente, comprovando a existência da convenção de arbitragem.

210 SATTA, Salvatore. *Direito processual civil.* Luiz Autuori (trad.). Rio de Janeiro: Borsoi, 1973, V. II, n. 520; CHIOVENDA, Giuseppe. *Instituições de Direito Processual Civil.* Tradução de J. Guimarães Menegale, vol II. São Paulo: Saraiva, 1969.

211 É importante ressaltar que o controle judicial na arbitragem é limitado aos casos de nulidade, e de ofensa aos bons costumes e à ordem pública. Não é necessário homologação judicial da sentença arbitral.

212 RUBINO-SAMMARTANO, Mauro. *Il diritto dell'arbitrato.* Padova: CEDAM, 2002.

213 "...se a arbitragem é contratual em seu fundamento inicial, é também jurisdicional, ante a natureza pública do laudo arbitral, como forma privada de solução de litígios" (MAGALHÃES, José Carlos de. *Arbitragem e o processo judicial.* In: Revista do Advogado: AASP, São Paulo, 87/61); "O instituto jurídico da arbitragem com as novas questões proferidas pela lei 9307/96, reveste-se de natureza eminentemente contratual, privatista, em paralelismo tangencial sincronizado e com a jurisdição estadual publicista, sem que se verifique qualquer sobreposição entre elas, a verdadeira simetria jurisdicional" (FIGUEIRA JÚNIOR, Joel Dias. *Manual de Arbitragem.* São Paulo: Revista dos Tribunais, 1997); "...a contratualidade e a jurisdicionalidade deverão funcionar como verdadeiros pêndulos no estudo e na utilização do instituto" (VILELA, Marcelo Dias Gonçalves. *Arbitragem no direito societário.* Belo Horizonte: Mandamentos, 2004).

dicionais[214]. A parte contratual reside na origem da arbitragem fundamentada na convenção de arbitragem. Como prevalência da autonomia das partes que, em comum acordo, escolhem a via arbitral para a solução do litígio, determinando, inclusive, seu procedimento e respectivas normas disciplinadoras, com respeito aos bons costumes e à ordem pública.

A natureza jurisdicional por possuir características comuns da jurisdição estatal: a) constitui título executivo judicial; b) caráter vinculante da sentença arbitral: não há dúvida, pois, que, a solução arbitral é de observância obrigatória, constituindo imposição, já que as partes litigantes devem a ela se submeter[215]; c) possui o escopo da pacificação social por meio da resolução dos litígios; d) árbitro aplica o Direito ao caso concreto para resolução do litígio; e) o árbitro não pode se negar a decidir o litígio[216].

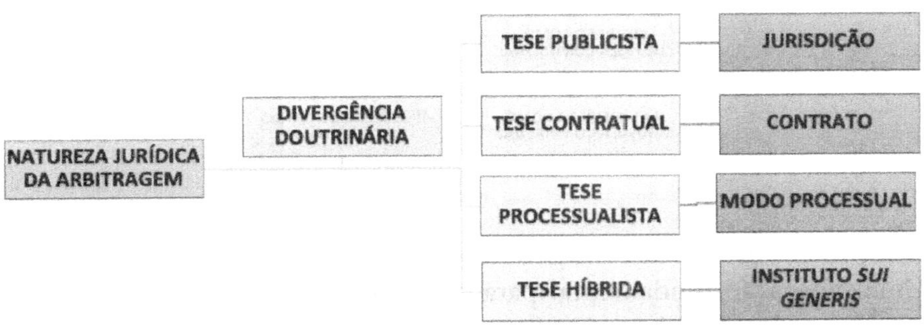

214 "... a natureza da instituição tem caráter jurisdicional, salvo no que concerne a sua origem e sua essência, por resultar de vontade entre as partes.[...] (ALVIM, J. E. Carreira. *Tratado Geral da Arbitragem*. Belo Horizonte: Mandamentos, 2000)

215 Lei nº 9307/96: Art. 18. O árbitro é juiz de fato e de direito, e a sentença que proferir não fica sujeita a recurso ou a homologação pelo Poder Judiciário; Art. 31. A sentença arbitral produz, entre as partes e seus sucessores, os mesmos efeitos da sentença proferida pelos órgãos do Poder Judiciário e, sendo condenatória, constitui título executivo.

216 CARMONA, Carlos Alberto. *Arbitragem e processo: um comentário à lei 9307/96*. São Paulo: Atlas, 2009; DINAMARCO, Cândido Rangel. *Tutela Jurisdicional*. In: Revista de Processo, São Paulo, v. 21, n. 81, p. 54-81, jan/mar 1996; NERY JR, Nélson & NERY, Rosa Maria de Andrade. *Código de processo civil comentado e legislação extravagante*. São Paulo: Editora Revista dos Tribunais, 2017.

3. Identificação da arbitragem

O critério para identificar se é possível o uso da arbitragem como método de resolução de conflitos, é verificar se o contrato contém cláusula de arbitragem.

Se houver cláusula, significa que no caso de surgimento de eventuais conflitos em torno da relação contratual, será utilizada a arbitragem como forma de solução de litígios.

Se não houver previsão no contrato da opção pelo procedimento arbitral, é possível, após surgimento dos conflitos, ser proposta a opção do uso da arbitragem. Neste caso, a arbitragem só pode ser usada: a) se todos os envolvidos no caso concordam com a opção pelo procedimento arbitral; b) se houver manifestação formal de concordância das partes em submeter o conflito à arbitragem por meio do compromisso arbitral.

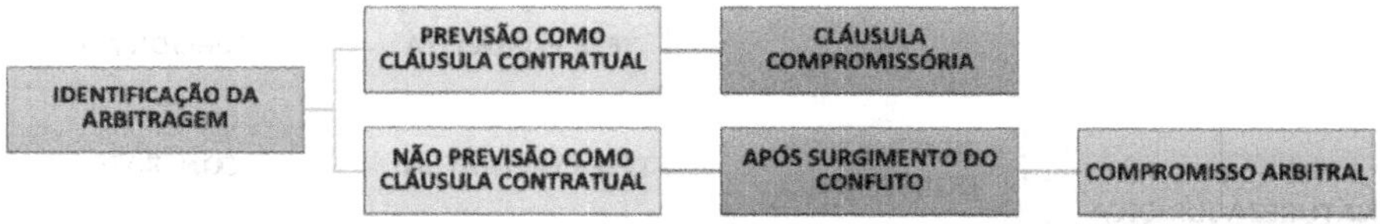

4. Fundamentos da arbitragem

Uma indagação fundamental para orientar os rumos de sua utilização como método de solução de litígios que, embora seja alternativo, tem proporcionado vantagens para sua implementação como meio privado, heterocompositivo e jurisdicional de solução de controvérsias.

A resposta aqui colocada se assenta na enumeração de fundamentos e, por isso, na constatação de que o contexto das relações humanas e seus conflitos tem revelado que a cada dia mais se alargam os horizontes no uso da arbitragem como mais uma porta aberta à sociedade na obtenção da justiça de forma rápida, amigável e informal.

Pela análise dos pressupostos e características fundamentais da arbitragem, é possível mencionar as justificativas para o uso desse meio que busca solução de controvérsias fora da esfera do Judiciário de forma rápida, amigável e informal. Neste contexto resolutivo, envolve-se na sua estrutura ôntica um conjunto de benefícios que emprestam substância e vida à composição das relações humanas.

4.1. Fundamento estrutural: crise do poder judiciário

Com suas origens plantadas na morosidade da justiça[217], a crise do Poder Judiciário aflora na realidade social. Embora o processo judicial seja método tradicional de solução dos litígios, a estrutura do Judiciário não acompanha o aumento de ações e recursos, fazendo com que uma demanda judicial se arraste por muito tempo nas diversas instâncias da justiça[218].

A crise do Poder Judiciário no contemporâneo pode ser apresentada como um *fenômeno disruptivo* em sua existência[219] onde o processo judicial como método tradicional de solução de litígios se mostra degenerado e/ou inoperante diante da pacificação adequada dos conflitos sociais.

A crise como fenômeno disruptivo pode ser entendida como a não aceitação das compreensões preestabelecidas sobre o campo de ação e interação no funcionamento do Judiciário (privilegia-se o aspecto negativo da ruptura, associando-o a uma quebra coletiva do sentido partilhado e da estruturação dos papéis sociais), ou então como a reconstrução dos papéis dos participantes e processos aptos na resolução de desafios na funcionalidade do contexto sociocultural (dá-se relevo à conotação positiva da ruptura, integrando-a no reconhecimento da necessidade de mudanças de referenciais como resposta a novas problemáticas da ordem social).

Neste contexto, embora o meio judicial seja o mais utilizado para resolver os conflitos humanos, num quadro de "cultura de litígio" e complexidade do processo judicial, seus problemas estruturais agravados pela pouca especialização dos juízes e onerosidade das demandas tradicionais,

217 *"O principal motivo determinante do uso da arbitragem, em qualquer parte do mundo, é a morosidade dos feitos judiciais"* (Bermudes, Sérgio. Arbitragem: um instituto florescente, *Revista de Arbitragem e Mediação*, v. 50, set. 2016, p. 387).

218 "É incontestável a crise que o Poder Judiciário brasileiro enfrenta, nomeadamente em relação ao grande volume de processos, obstruindo toda e qualquer possibilidade de resolução dos conflitos de forma célere" (Yarshell, F.L. A reforma do Judiciário e a promessa de "duração razoável do processo". Revista do Advogado, São Paulo, ano XXIV, n.75, abril 2004, p.28-33).

219 Lerbinger, Otto. *The crisis manager: facing risk and responsability*. Mahwah, New Jersey: Lawrence Erlbaum Associates Publishers, 1997, p.6.

geram a busca de alternativas simples de solução de conflitos com redução nos desgastes das relações humanas[220].

Diante desde quadro problemático do Poder Judiciário, onde se constata atuação morosa e não eficiente na solução dos conflitos[221], surge como meio alternativo para os litigantes que buscam a celeridade e a economia a arbitragem[222].

Nestas condições, pelo visionamento de uma melhor experiência na resolução, ou mesmo na prevenção dos conflitos, clarificam-se as diferenças entre o processo arbitral e judicial, que emprestaram justificativa estrutural à existência positiva da arbitragem no mundo jurídico.

No contexto dos métodos alternativos de solução dos conflitos, não se pode deixar de compreender a utilização da arbitragem, de lhe descobrir as suas vantagens e, na medida do possível de revelar benefícios em relação à justiça.

O desafio é, pois, em matéria de resolução de controvérsias, pensar e conceber a arbitragem como forma mais vantajosa em relação ao trâmite tradicional do judiciária, constatada não só pela rapidez na tomada da solução arbitral, mas também pela definitividade com questionamento em casos limitados.

220 FIGUEIRA JUNIOR, J.D. *Manual da Arbitragem*. São Paulo: Revista dos Tribunais, 1997.

221 "Uma série de fatores contribuiu para demonstrar a insuficiência ou inadequação da exclusividade da tutela estatal, a saber: ■ o formalismo; ■ a complicação procedimental; ■ a burocratização; ■ a dificuldade de acesso ao Poder Judiciário; ■ o aumento das causas de litigiosidade em uma sociedade cada vez mais complexa e conflituosa; ■ a própria mentalidade dos operadores do direito" (GRINOVER, Ada Pellegrini. *Os métodos consensuais de solução dos conflitos no novo Código de Processo Civil*. Disponível em: https://www.migalhas.com.br/arquivos/2016/1/art20160105-01.pdf. Acesso em: 09/10/2019).

222 FRANGETTO, F.W. *Arbitragem ambiental: solução de conflitos (r)estrita ao âmbito (inter)nacional?* São Paulo, Milenium, 2006; WALD, Arnoldo. *O Supremo Tribunal Federal e a Constitucionalidade da Cláusula Compromissória (Lei n. 9.307/96)*. In: Revista Jurídica, Porto Alegre, RS, ano 49, n° 285, julho de 2001.

ITENS	PROCESSO JUDICIAL	PROCEDIMENTO ARBITRAL
LINGUAGEM	Complexa	Simples
TEMPORALIDADE	Morosidade	Celeridade
AUTONOMIA DE VONTADE	Menor	Maior
JULGAMENTO	Solenidade	Informalidade
CARÁTER	Regra: Publicidade Exceção: Sigilosidade	Regra: Sigilosidade acertado por convenção das partes Exceção: Publicidade
TIPO DE DECISÕES	Menos técnicas	Mais técnicas (especialidade)
ECONOMIA	Dispendioso	Custos menores, em razão do menor tempo em relação à duração do processo judicial.
CRITÉRIO DO JULGAMENTO	Regra: legalidade estrita Exceção: Equidade	Regra: Equidade ou norma jurídica escolhida pelas partes
MODO	Judicial	Extrajudicial
PODER DE DECIDIR	Soberania	Autonomia das partes
CARÁTER	Público (desenvolve-se perante órgãos de soberania)	Privado (julgadores são agentes privados)

4.2. Fundamento finalístico: pacificação dos conflitos sociais

O exercício da arbitragem, como método alternativo de solução do litígio, revela a conjugação de duas diretrizes da pacificação social: a prevenção e o consenso. A prevenção é identificada na ideia de evitar brigas judiciais, buscando alternativas à jurisdição estatal voltadas à solução não contenciosa dos conflitos, em abandono à cultura da sentença ou demandista ou judiciarista[223].

223 Watanabe, Kazuo. *A mentalidade e os meios extrajudiciais de solução dos conflitos.* In: Grinover, Ada Pellegrini; Watanabe, Kazuo; Lagrasta Neto, Caetano (coord.). Mediação e Gerenciamento do processo. São Paulo: Atlas, 2008; Mancuso, Rodolfo Camargo. *A resolução dos conflitos e a função judicial.* São Paulo: Revista dos Tribunais, 2010.

Parece haver um consenso entre os autores contemporâneos que tratam do fenômeno da pacificação social, sua obtenção na seara dos conflitos intersubjetivos é satisfatória como as soluções amigáveis e adequadas dos conflitos. A demora e insuficiência dos processos judiciais relevam a necessidade de buscar os métodos alternativos de solução dos litígios.

Em verdade, os conflitos de interesses nas relações humanas, pondo em risco a cultura da paz, necessário ao convívio social, é um mal natural existente nos vínculos intersubjetivos marcados por divergências das mais variadas espécies que assombra a humanidade desde os primórdios da civilização.

Por isso, desde a década de 80, a sociedade vem acordando para a problemática da solução adequada dos conflitos de interesses, repensando o acesso à justiça, buscando fórmulas alternativas, como a arbitragem, cuja característica principal consiste na possível e desejável conciliação entre eficácia, a efetividade e a pacificação dos conflitos.

Uma reflexão sobre as etapas mais recentes do processo de pacificação dos conflitos conduz-nos à conclusão de que o efetivo acesso à justiça é norte para caracterizar a necessidade dos modelos alternativos de resolução dos conflitos.

Neste contexto de qualidade na resolução de conflitos surgem sinais de insatisfação e descrédito na justiça pela morosidade na duração do processo, bem como por soluções institucionais que ressaltam o formalismo com excessiva normatividade para realização do pouco diálogo privilegiando um caráter adversarial dos litígios.

A crescente valorização e emprego dos meios extrajudiciais de solução dos conflitos surgem quando as consequências deletérias da cultura do litígio fundamentada no modelo clássico do processo judicial e de sua decisão (sentença) mostraram a necessidade de uma mudança no paradigma então vigente, pois se começou a perceber os prejuízos com a morosidade e os custos da prestação jurisdicional e a degradação na efetividade do direito do acesso à justiça.

Assim, interessa-nos destacar e enfatizar três fundamentos essenciais deste caminho para a busca da efetivação da justiça: a) acesso à ordem jurídica justa com resolução adequada, tempestiva e efetiva dos conflitos; b) reabilitação de valores do consenso, ética e justiça como elementos fundamentais da ordem jurídica, além dos direitos fundamentais funcionando como guias na condução de todos os quadrantes da tarefa de pacificação dos conflitos; c) empoderamento do indivíduo que assume juntamente com o Estado a missão de produzir o bem público de pacificação dos conflitos.

4.3. Fundamento jurídico: direito de acesso à ordem jurídica justa

Outra justificativa à utilização da arbitragem versa a efetivação do direito fundamental do acesso à justiça[224], diretamente ligado ao princípio constitucional da inafastabilidade da jurisdição[225]. Por fazer parte dos direitos fundamentais do homem, fruto principalmente dos tratados internacionais ratificados pelo Estado Brasileiro, ganha uma função diretiva consubstanciada na ideia de serem normas imperativas[226].

Conexo com a sistemática da proteção dos direitos como fator essencial à dignidade da pessoa humana, um dos aspectos relevantes do acesso à justiça aponta para a constatação de sua essência como direito humano e fundamental. Este vetor, com um dos pilares do Estado de Direito e da democracia, consubstancia-se, desde logo, na implementação de novos arranjos de partilha de responsabilidades entre o poder estatal e a sociedade civil, baseados no exercício de uma cidadania e de resolução de problemas jurídicos.

Uma visão coerente com a restauração da legalidade e a promoção de direitos para o benefício de toda a comunidade mostra-nos que o acesso à justiça pode ser entendido como direito de acesso ao judiciário[227] ou

224 Abreu, Pedro Manoel. *Acesso à justiça e juizados especiais: o desafio histórico da consolidação de uma justiça cidadã no Brasil.* Florianópolis: Conceito Editorial, 2008; Oliveira, Pedro Miranda de. *Concepções sobre acesso à justiça.* In: Revista Dialética de Direito Processual. São Paulo, n. 82, janeiro 2010; Mendonça, J.J. Florentino dos Santos. *Acesso equitativo ao direito e à justiça.* São Paulo: Almedina, 2016.

225 Vide artigo 5º, XXXV da Constituição: a lei não excluirá da apreciação do Judiciário lesão ou ameaça de lesão a direito.

226 Câmara, Alexandre Freitas. *O acesso à justiça no plano dos direitos humanos.* In: Queiroz, Raphael Augusto Sofiati de (Org.). Acesso à justiça. Rio de Janeiro: Lumen Juris, 2002; Velloso, Carlos Mário da Silva. Apresentação. In: Nalini, José Renato. *O juiz e o acesso à justiça.* São Paulo: Revista dos Tribunais, 2000; Parosky, Mauro Vasni. *Direitos fundamentais e acesso à justiça na constituição.* São Paulo: Ltr, 2008.

227 "Os direitos são letra morta na ausência de instâncias que garantam o seu cumprimento. O Judiciário, desde este ponto de vista, tem um papel central. Cabe a ele aplicar

então como acesso à uma ordem jurídica justa[228]: no primeiro sentido, privilegia-se o aspecto formal, associando-o à efetividade do processo judicial como instrumento de resolução de conflitos; no segundo, dá-se relevo à idoneidade substancial do acesso à justiça, integrando-o num sistema de referência de concretude dos direitos em que encontre bases de legitimidade[229].

Neste quadro, o acesso à justiça há de necessariamente incluir ambas as dimensões, funcionando como uma fórmula de realização do acesso ao direito que congrega o direito à informação jurídica e o direito à proteção jurídica, e como expressão da prerrogativa de acesso aos Tribunais consagrada no direito à tutela jurisdicional e na garantia de que a ninguém pode ser denegada justiça por insuficiência econômica[230].

Na lógica da arbitragem como meio adequado de solução de conflitos, é possível afirmar que sua existência justifica-se pela transformação do acesso à justiça. Uma dimensão técnica mostra-nos o Estado, por meio do sistema judiciário, com aptidão para a resolução do conflito, mediante declaração e execução do direito aplicável. Nesta perspectiva instrumental[231], o Estado assume o dever de tutelar, efetivamente, os direitos lesados ou ameaçados.

a lei e, consequentemente, garantir a efetivação dos direitos individuais e coletivos. Daí ser legítimo afirmar que o Judiciário é o principal guardião das liberdades e da cidadania" (Sadek, Maria Tereza. Introdução: experiências de Acesso à Justiça. In: Sadek, Maria Tereza (Org.). *Acesso à justiça*. São Paulo: Fundação Konrad Adenauer, 2001).

228 Watanabe, Kazuo. *Acesso à justiça e sociedade moderna*. In: Grinover, Ada Pellegrini; Dinamarco, Cândido R.; Watanabe, Kazuo (Coord.). Participação e processo. São Paulo: Revista dos Tribunais, 1988

229 "O cerne do acesso à justiça não é (...) possibilitar que todos vão a tribunal, mas sim que se realize a justiça no contexto em que se inserem as partes" (Santos, Boaventura de Souza (dir.); Pedroso, João; Trincão, Catarina; Dias, João Paulo (coord.). *O acesso ao direito e à justiça: um direito fundamental em questão*. Coimbra: Observatório Permanente da Justiça Portuguesa (OJP), 2002).

230 Mendonça, J.J. Florentino dos Santos. *Acesso equitativo ao direito e à justiça*. São Paulo: Almedina, 2016.

231 Fazzalari, Elio. *Instituições de Direito Processual*. Tradução de Elaine Nassif. 1ed. Campinas: Bookseller, 2006.

Acontece que, ao nos depararmos com dificuldades na oferta da prestação jurisdicional para resolução dos conflitos[232], que em vez de atuar diretamente na tutela de direitos eficaz no sentido de não apenas assegurá-los, mas também garantir sua satisfação[233], colocam em pauta a estruturação do acesso ao sistema formal de justiça, mostrando preferência por usar instrumentos de mobilização ou de atuação do potencial da cidadania participativa, possibilitando a viabilização de um acesso à ordem jurídica justa.

Com efeito, certos princípios e leis que modelaram o acesso à justiça como direito de acesso ao Judiciário, passam a ser revistos pela necessidade de ampliação de horizontes de interesses da sociedade na concretude da justiça, tendo-se em vista a promoção de uma Justiça coexistencial, baseada na conciliação e no critério de equidade social distributiva[234].

Neste contexto, surgem visíveis sinais de profundas alterações da abrangência do direito de ação no espaço social para garantir ao cidadão a obtenção de uma tutela adequada ao direito material, direcionados para a realização da pacificação efetiva aos interesses da sociedade. O objetivo perseguido é, pois, o de aproveitar na máxima medida possível, a efetiva realização de direitos. Na miragem desse objetivo, numa dimensão material, o acesso à justiça serve-se de uma acessibilidade de direitos fora do aparato judiciário[235], especialmente em arbitragens.

A arbitragem surge como uma garantia do cidadão, a serviço do direito material, servindo-se, com a submissão da controvérsia a um árbitro ou

232 "Nesse contexto, demonstrada a incapacidade do Estado de monopolizar esse processo, tendem a se desenvolver outros procedimentos jurisdicionais, como a arbitragem, a mediação, a conciliação e a negociação, almejando alcançar a celeridade, informalização e pragmaticidade" (SPENGLER, Fabiana Marion. Da jurisdição à mediação. Por uma outra cultura no tratamento de conflitos. Ijuí: Ijuí, 2010).

233 BEDAQUE, José Roberto dos Santos. *Direito e Processo. Influência do Direito Material sobre o Processo*. São Paulo: Malheiros, 2003.

234 CAPPELLETTI, Mauro. *Acesso à Justiça*. Tradução de Ellen Gracie Northfleet. Porto Alegre: Fabris, 1988.

235 (....) "Deixou de ser a única via para contenção da animosidade social, em virtude da violação ou de sua ameaça aos direitos e, consequentemente, o Judiciário deixou de ser, também, a única sede de resolução desses conflitos" CICHOCKI NETO, José. *Limitações ao acesso à justiça*. Curitiba: Juruá, 1998.

colegiado arbitral, de cinco estratégias: a celeridade, a confidencialidade, o conhecimento técnico da matéria objeto do litígio pelo árbitro que decidirá o litígio, a informalidade do procedimento e o custo[236]. Associadas a uma redistribuição de papéis e das responsabilidades entre Estado e a sociedades, estas estratégias apontam para o funcionamento de novos processos sociais relativamente ao sistema de justiça[237] com tutela de direitos ou interesses violados, através de mecanismos jurídicos variados, judiciais ou não[238].

Em resposta à construção de uma ampliação no acesso à justiça[239] consubstanciada na concretização de uma tutela adequada, concreta e compatível com a complexidade do litígio, interessa-nos destacar e enfatizar cinco momentos essenciais desde profundo processo de transformação:

a) notória insatisfação com o modelo estatal (tradicional) de solução de conflitos marcado pelo formalismo, morosidade e não efetividade;

[236] Silva, Adriana dos Santos. *Acesso à justiça e arbitragem: um caminho para a crise do judiciário.* Barueri, SP: Manole, 2005; Silva, Marco Antonio Marques da. *Acesso à justiça penal e estado democrático de direito.* São Paulo: Juarez de Oliveira, 2001; Cavalcanti, Fabiano Robalinho. *Arbitragem e mediação.* Rio de Janeiro: FGV Direito, 2010.

[237] Veronese, Alexandre. *Projetos judiciários de acesso à justiça: entre assistência social e serviços legais.* In: Revista Direito FGV, São Paulo, v. 3. n. 11, p. 13-34. jan./jun. 2007. Disponível em: http://bibliotecadigital.fgv.br/ojs/index.php/revdireitogv/article/view/35194/33998. Acesso em: 22 julho 2018.

[238] Benjamin, Antônio Herman Vasconcellos e. *A insurreição da aldeia global contra o processo civil clássico: apontamentos sobre a opressão e a libertação judiciais do meio ambiente e do consumidor.* In: BDJur, Brasília, DF. p. 06-07. Disponível em: < http://bdjur.stj.jus.br//dspace/handle/2011/8688 >. Acesso em: 15 de novembro 2019.

[239] "O acesso à justiça não está vinculado necessariamente à função judicial e, muito menos, ao monopólio estatal da justiça. A terceira onda renovatória do processo civil tratou da ampliação do acesso à justiça, prestigiando métodos auto e heterocompositivos. Todavia, o Brasil ainda não alcançou essa terceira fase do processo civil, tendo em vista que prestigia somente o meio judicial de solução de conflito, confinando o acesso à justiça às portas dos tribunais, que abarrotados de processos, não garantem uma prestação jurisdicional eficiente"(Santanna, Ana Carolina Squadri. Proposta de reeleitura do princípio da inafastabilidade da jurisdição: introdução de métodos autocompositivos e fim do monopólio judicial de solução de conflitos. 2014. Dissertação. Universidade do Estado do Rio de Janeiro, p. 131).

b) sob o mote da democracia participativa a valorização da cidadania possibilitando uma "justiça" mais ajustada e próxima do cidadão;
c) mudança de pensamento com a promoção de um sistema multi-portas de acesso à ordem jurídica justa, caminhando para uma cultura de pacificação com justiça;
d) a cooperação sistemática da questão da justiça social no desenvolvimento de uma tutela real e não nominal, que esteja a serviço do direito material.

4.4. Fundamento sociológico: pós-modernidade

A arbitragem modelada pela Lei 9.307/96 é uma construção da pós-modernidade[240], paradigma[241] em construção apresentado de certo

[240] "O conceito de pós-modernidade faz parte do pensamento social porque nos alerta para algumas mudanças sociais e culturais importantes que estão acontecendo neste final de século XX" (LYON, David. *Pós Modernidade*. São Paulo: Paulus, 1998, p. 09); "Não há como buscar uma verdade que se chama pós-modernidade. Mas há, sim, como colocar em evidência a construção de sentido sobre um processo de *recomposição* de diversos elementos (políticos econômicos, culturais, religiosos etc.), que leva à emergência do que se tem chamado hoje de pós-modernidade" (ESPERANDIO, Mary Rute Gomes. *Para entender pós-modernidade*. São Leopoldo: Sinodal, 2007, p.9); "(...)emergência de novos aspectos formais da cultura com a emergência de um novo tipo de vida social e com uma nova ordem econômica" (JAMESON, Fredric. *O pós-moderno e a sociedade de consumo*. In: KAPLAN, E. Ann (org.). O mal-estar no pós-modernismo: teorias e práticas. Tradução de Vera Ribeiro. Rio de Janeiro: Jorge Zahar, 1993, p. 27); "O pós-moderno é muito mais a fadiga crepuscular de uma época que parece extinguir-se ingloriosamente que o hino de júbilo de amanhãs que despontam. " (ROUANET, Sérgio P. *As razões do iluminismo*. São Paulo, Companhia das Letras, 1987, p. 229-277); HARVEY, David. *Condição pós-moderna*. São Paulo: Edições Loyola, 1992; SANTOS FILHO, J.C. *Universidade, Modernidade e Pós-Modernidade*. In: SANTOS FILHO, J.C & MORAES, S.E. (orgs). Escola e Universidade na Pós-Modernidade. Campinas: Mercado das Letras, 2000, p. 25-60; TRIGO L., *A Sociedade Pós-Industrial e o Profissional em Turismo*. Papirus Editora, 200, p. 44; LYOTARD, Jean François. *A condição pós-moderna*. São Paulo: Editora Paz e Terra, 2012.

[241] "Os paradigmas fazem a ponte entre a teoria e a realidade por meio da elaboração de teses científicas que são utilizadas na elaboração de programas e sistemas, na execução de políticas, de projetos de desenvolvimento. Estes têm como referências os conhecimentos construídos a partir de determinada visão de mundo que projeta as ações necessárias para a transformação da realidade". (ARENDT, Hannah. O que é política?. In: O que é política?. Tradução: Reinaldo Guarany. Rio Janeiro: Bertrand Brasil, 1998. p. 21-25).

modo como uma intenção "revolucionária", já que representa uma substituição de modelos de compreensão de uma realidade[242].

Bordoni abre passagem para a reflexão sobre a transição paradigmática[243] quando relata que a modernidade retirou suas promessas, e que a pós-modernidade as subestimou, até zombou delas. A visão da modernidade em crise de Bordoni, articula-se com a de Bauman quando afirma que as promessas ficaram imunes às ondas cruzadas da história, sendo abandonadas estratégias favorecidas, assim como modelos de "boa sociedade" eventualmente concebidos para coroar o esforço de persegui-los de forma resoluta e fiel[244].

[242] "Em vez da eternidade, a história; em vez do determinismo, a imprevisibilidade; em vez do mecanicismo, a interpenetração, a espontaneidade e a auto-organização; em vez da reversibilidade, a irreversibilidade e a evolução; em vez da ordem, a desordem; em vez da necessidade, a criatividade e o acidente" (Santos, Boaventura de Sousa. *A crítica da razão indolente. Contra o desperdício da experiência. Para um novo senso comum. A ciência, o direito e a política na transição paradigmática*. São Paulo: Cortez, 2000. v. 1, p. 70-71).

[243] A imagem que caracteriza de forma mais original as relações entre paradigmas nos dias atuais, parece-me ser, sem dúvida, a de um *período de transição paradigmática*, em que a dinâmica da realidade exige novos paradigmas que consigam melhor explicar os problemas contemporâneos. Esta imagem espelha de forma muito sugestiva os dilemas e os desafios epistemológicos que existem no século XXI, em que múltiplos e inter-relacionados problemas evidenciam a existência de um estado de mal-estar. O sociólogo alemão *Ulrich Beck* chama a nossa sociedade contemporânea de sociedade global do risco, uma verdadeira "caixa de pandora" que promove o crescente e contínuo processo de liberação aleatória de "novos riscos" que redundam no retorno da incerteza, da imprevisibilidade e da insegurança, em suas dimensões cognitiva e normativa. Já o sociólogo britânico *Anthony Giddens* chama de "crise do controle", concebida como perda de domínio sobre o mundo em virtude do surgimento de perigos novos (Santos, Boaventura de Sousa. *A crítica da razão indolente. Contra o desperdício da experiência. Para um novo senso comum. A ciência, o direito e a política na transição paradigmática*. São Paulo: Cortez, 2000. v. 1, p. 19); Bauman, Zygmunt. *O mal-estar da pós-modernidade*. Rio de Janeiro: Editora Jorge Zahar, 1998; BECK, Ulrich. *Sociedade de risco: rumo a uma outra modernidade*. Tradução de Sebastião do Nascimento. São Paulo: Editora 34, 2011; Giddens, Anthony. *As consequências da modernidade*. Tradução de Raul Fiker. São Paulo: Editora UNESP, 1991, pp. 133 e ss).

[244] Bauman, Zygmunt & Bordoni, Carlo. *Estado de Crise*. Tradução Renato Aguiar. Rio de Janeiro: Zahar, 2016, p. 9-75.

A crise do paradigma moderno[245] nos mostra a necessidade de reformulação de suas premissas epistemológicas, seja por oposição, com a ruptura de seus parâmetros, seja por uma continuidade remodelada da modernidade[246]. As forças que nos levam às crises trazem em si as sementes da renovação. As possibilidades de salvação nesse momento de crise parte da constatação das características desta condição pós-moderna, e reconhece elementos orientadores dentro do universo de incerteza a fim de compreender a realidade[247].

Alertados para uma compreensão mais elaborada a pós-modernidade se coloca no contexto da complexidade em termos de totalidade e interconexão, em função de um processo evolutivo contínuo e inacabado caracterizado pela verificação de que o que é sólido pode acabar por se tornar fluído com o progresso e a situação de fluidez gera busca por uma solidez duradoura[248], que considere a variabilidade no conhecimento e conceba um repensar multidimensional.

A pós modernidade[249], ao produzir rupturas e introduzir novas definições axiológicas, traz a arbitragem, já que não se pode perder de vista

245 A modernidade, nascida sob signo da liberdade, definida como o período identificado pela era da razão rumo ao progresso histórico linear e caracterizada fortalecimento dos Estados Nacionais não é suficiente para atender aos desafios da sociedade contemporânea, pois esta, a partir de meados do século XX, passa a ser vista como contingente, instável e imprevisível, solidificada pela globalização, e caracterizada pela invasão da tecnologia eletrônica, automação e informação.

246 HARVEY, David. *Condição pós-moderna*. São Paulo: Loyola, 1992.

247 "Entre as ruínas que se escondem atrás das fachadas, podem pressentir-se os sinais, por enquanto vagos, da emergência de um novo paradigma" (SANTOS, Boaventura de Souza. *A crítica da razão indolente: contra o desperdício da experiência*. São Paulo: Cortez, 2000, p. 56).

248 BAUMAN, Zygmunt. *Modernidade líquida*. Rio de Janeiro: Zahar, 1998.

249 Com a reformulação do pensamento moderno, surge a ideia no contexto pós-moderno da *incredulidade* manifestada pela indeterminação e intensa desconfiança nos discursos universais, que se tornaram dogmáticos, fechados e excludentes. Há uma perda da racionalidade global integradora e explicadora dos fenômenos, com abertura conceitual e metodológica para que os discursos não se tornem invólucros vazios sem significado histórico e social (HARVEY, David. *Condição pós-moderna*. São Paulo: Edições Loyola, 1992; SANTOS FILHO, J.C. *Universidade, Modernidade e Pós-Modernidade*. In: SANTOS FILHO, J.C & MORAES, S.E. (orgs). Escola e Universidade na Pós-Modernidade. Campinas: Mercado das Letras, 2000, p. 25-60; TRIGO L., *A Sociedade Pós-Industrial e o Profissional em Turismo*. Papirus Editora, 200, p. 44).

que o monopólio jurisdicional do Estado foi um processo histórico contingente da modernidade[250].

5. Características da arbitragem

5.1. Método alternativo de resolução de controvérsias

A arbitragem[251] é forma utilizada pelas partes para resolver litígio sem interferência estatal, ou seja, sem a necessidade de um processo perante o Judiciário[252]. Do conjunto de estudos sobre a arbitragem, pode-se concluir que se trata de um instrumento de conflitos fora da esfera do Poder Judiciário, voltado, fundamentalmente, para a solução adequada e amigável dos conflitos de interesses.

Na arbitragem, a ênfase é dada à solução do conflito por meio do juízo arbitral, em que é proferida uma solução imperativa dada por um terceiro escolhido de comum acordo entre as partes. O que se privilegia, com a redução de desgastes nas relações humanas, é a solução amigável e criativa, em atenção às especificidades do caso, de forma simples, rápida e informal.

Neste contexto objetivando-se precisar a ideia de ser alternativo, é possível afirmar que é assim considerado, pois decorre de uma escolha do interessado pela via arbitral na resolução do conflito, além de ter o afastamento da incidência da jurisdição estatal.

[250] SANTOS, Boaventura de Sousa. *Para um novo senso comum: a ciência, o direito e a política na transição paradigmática*. São Paulo: Cortez, 2011.

[251] Vide artigo 3º, §1º do CPC: É permitida a arbitragem, na forma da lei.

[252] "Assim como a normatividade não é monopólio do Legislativo, a realização do justo não é monopólio do Judiciário. Há lugar para a mediação, para a arbitragem, para a negociação, para o juiz de aluguel e outras modalidades de solução dos conflitos" (NALINI, José Renato. O juiz e o acesso à justiça. São Paulo: RT, 2000); "O sentido contemporâneo da palavra jurisdição é desconectado – ou ao menos não é acoplado necessariamente – à noção de Estado, mas antes sinaliza para um plano mais largo e abrangente, onde se hão de desenvolver esforços para (i) prevenir formação de lides, ou (ii) resolver em tempo razoável e com justiça aquelas já convertidas em processos judiciais" (MANCUSO, Rodolfo de Camargo. A resolução dos conflitos e a função judicial no contemporâneo Estado de Direito. São Paulo: Revista dos Tribunais, 2009)

5.2. Método antigo de solução de litígios

Embora a arbitragem tenha alcançado relevo especial na busca da pacificação social no final do século XX[253], pode-se afirmar que a intervenção de um terceiro na busca de solução das controvérsias é uma prática sedimentada nos primórdios das civilizações humanas[254], existindo quando não havia o Estado como poder político[255]. Cabe salientar que não é pacífico precisar a origem do instituto da arbitragem. Para Cahali, a origem foi na Grécia Antiga[256]. Já Dinamarco aponta a gênese no Direito Romano[257].

O assunto da Arbitragem no Brasil, não sendo embora um assunto recente, tendo sido previsto de forma expressa na Constituição de 1824[258], alcança relevo especial como método alternativo de solução de litígio a partir do final do século XX, quando, para além do desenvolvimento

[253] SAMTLEBEN, Jurgen. *Arbitragem: a nova lei brasileira (9.307/96) e a praxe internacional*. São Paulo: LTR, 1996.

[254] Fontes Históricas: a) Antiguidade (3000 a.c); b) Messênia e Esparta (740 a.c); c) Atenas e Esparta (445 a.c) (CARMONA, Carlos Alberto. *Arbitragem no processo civil brasileiro*. São Paulo: Malheiros, 1993; CRETELLA NETO, José. *Curso de Arbitragem*. Rio de Janeiro: Forense, 2004; PUCCI, Adriana Noemi. *Arbitragem na era da globalização*. Rio de Janeiro: Forense, 1997; BAPTISTA, Luiz Olavo. *Arbitragem Comercial e Internacional*. São Paulo: Lex, 2011; BARROCAS, Manuel Pereira. *Manual de Arbitragem*. Coimbra: Almedina, 2010).

[255] Em notícia histórica, vale lembrar que antes mesmo de o Estado chamar para si o monopólio da imposição coativa do Direito, as partes elegeram árbitros, pessoas integrantes do grupo social dotadas sabedoria, experiência e conduta ilibada, o que inspirava a confiança dos contendores (BRASIL. Superior Tribunal de Justiça. Recurso Especial. Resp. nº 238.174/SP (1999/0102895-7). Relator Ministro Antônio de Pádua Ribeiro. Órgão Julgador: Terceira Turma do STJ. Data do julgamento: 6/52003. Data da publicação: 16/6/2003. Revista do STJ. Volume nº 170, p. 266).

[256] CAHALI, José Francisco. *Curso de Arbitragem*. São Paulo: Editora Revista dos Tribunais, 2013; CARMONA, Carlos Alberto. *Arbitragem e processo*. São Paulo: Atlas, 2009.

[257] DINAMARCO, Cândido Rangel. *A arbitragem na teoria geral do processo*. São Paulo: Malheiros, 2013; MUJALLIS, Walter Brasil. *A nova lei de arbitragem*. São Paulo: Editora de Direito Leme, 1997

[258] "Art. 160. Nas [causas] cíveis, e nas penais civilmente intentadas, poderão as Partes nomear Juízes Árbitros. Suas Sentenças serão executadas sem recurso, se assim o convencionarem as mesmas Partes".

doutrinal, se estabelece, através da promulgação da lei nº 9307/96[259], um microssistema jurídico com regras gerais sobre a matéria, funcionando o Código de Processo Civil com aplicação subsidiária.

Na história brasileira, a primeira Constituição Republicana (1891), apesar de não ter previsão normativa expressa sobre arbitragem, sua prática era permitida nos termos do decreto 3084/1898.

A Constituição de 1934, surgida do rompimento da ordem jurídica pela Revolução de 1930, fez previsão da competência legislativa federal sobre arbitragem comercial.

A Constituição Federal de 1988 trouxe previsão normativa expressa da arbitragem no âmbito dos conflitos trabalhistas, conforme seu artigo 114, §2º. Aliás, o próprio preâmbulo contribui para a adoção da arbitragem, já que assevera a necessidade da resolução pacífica dos conflitos.

Com o Código Civil de 1916 houver regulamentação jurídica da arbitragem nos artigos 1037 e seguintes. O novo Código Civil de 2002 manteve a regulamentação jurídicas nos artigos 851 a 853. No âmbito do processo civil, os Códigos de 1939 e 1973 fizeram previsão da arbitragem. O novo CPC/2015 manteve a regulação jurídica do instituto.

A regulamentação jurídica da Arbitragem pela lei nº 9307/96, conhecida como "Lei Marco Maciel" surge revelando que as condições legislativas anteriores sobre Arbitragem funcionavam como empecilho no seu uso efetivo como método de solução de litígio, devido ao fato de não trazer garantia jurídica fora do âmbito da esfera judiciária.

5.3. Método heterocompositivo de solução de controvérsias

A arbitragem é modo de solução de conflitos que envolve intervenção de terceiro entre as partes[260]. O terceiro (que pode ser uma ou mais pessoas) resolve uma divergência ou controvérsia estabelecida entre duas ou mais pessoas[261].

[259] Antes do advento da lei de arbitragem, existiam dois obstáculos no seu uso efetivo: a) necessidade de homologação judicial para possibilitar ao laudo arbitral força executiva; b) não previsão da cláusula compromissória.

[260] Verçosa, Haroldo Duclerc. *Os segredos da Arbitragem*. São Paulo: Saraiva, 2013.

[261] O deslinde da controvérsia é confiado ao árbitro ou colegiado arbitral. Terceiro independente, imparcial que deve manter-se equidistante em relação às partes (Silva, Paula

A composição da lide não depende de acordo final entre as partes, mas da solução do árbitro por meio da sentença determinativa e impositiva. Os conflitos podem ser resolvidos por métodos autocompositivos e heterocompositivos que não se confundem[262]:

ITENS	AUTOCOMPOSIÇÃO	HETEROCOMPOSIÇÃO
RESOLUÇÃO DO CONFLITO	As partes	Terceiro neutro e imparcial
PARTICIPAÇÃO DE TERCEIRO	Sim, para facilitar que as partes cheguem no acordo	Sim, como poder e incumbência de resolver impositivamente os litígios
PODER DECISÓRIO DO TERCEIRO	Não tem; auxilia e estimula a identificar ou desenvolver soluções consensuais (mediação) para controvérsia[263]	Tem
NATUREZA ADJUDICATÓRIA	Não são meios adjudicatórios	São meios adjudicatórios, pois há intervenção de terceiro com poder de decisão vinculativa para as partes
CONTROLE SOBRE O PROCESSO	Sim	Sim
CONTROLE SOBRE O RESULTADO	Sim	Não

Costa e. *A nova face da justiça: os meios extrajudiciais de resolução das controvérsias*. Coimbra: Coimbra Editora, 2009).

[262] Oliveira, Pedro Ribeiro. *Apresentação sobre ADR*. Belo Horizonte: Amcham, 2015; Amaral, Paulo Osternack. *Arbitragem e Administração Pública*. Belo Horizonte: Fórum, 2012.

[263] Lei nº 13140/15 (*Dispõe sobre a mediação entre particulares como meio de solução de controvérsias e sobre a autocomposição de conflitos no âmbito da administração pública; altera a Lei nº 9.469, de 10 de julho de 1997, e o Decreto nº 70.235, de 6 de março de 1972; e revoga o § 2º do art. 6º da Lei nº 9.469, de 10 de julho de 1997*): Art. 1º Esta Lei dispõe sobre a mediação como meio de solução de controvérsias entre particulares e sobre a autocomposição de conflitos no âmbito da administração pública. Parágrafo único. Considera-se mediação a atividade técnica exercida por terceiro imparcial sem poder decisório, que, escolhido ou aceito pelas partes, as auxilia e estimula a identificar ou desenvolver soluções consensuais para a controvérsia.

ITENS	AUTOCOMPOSIÇÃO	HETEROCOMPOSIÇÃO
TERCEIRO[264]	Sugestão de decisão para resolução do conflito	A solução arbitral tem caráter impositivo
EXEMPLOS	Mediação, conciliação	Arbitragem

5.4. Método privado de solução de litígios

Em nome da autonomia da vontade as partes litigantes pela convenção escolhem a jurisdição arbitral para resolver o litígio. As partes de comum acordo escolhem um terceiro que realiza a solução arbitral que deverá ser cumprida pelas partes.

A natureza privada da arbitragem decorre de o fato da sua instalação originar-se de forma exclusiva da vontade das partes que optam pela via ágil, adequada e precisa da solução concreta dos litígios pelo árbitro. Na arbitragem, o litígio é resolvido sem a intervenção do Poder Judiciário, salvo se for necessária a adoção de medidas cautelares ou de urgência.

5.5. Modo extrajudicial de solução de conflitos

A arbitragem é um mecanismo que resolve os conflitos de interesses surgidos no convívio social, por meio de árbitro, uma ou mais pessoas que recebem os poderes de convenção privada. É extrajudicial, pois não há intervenção do Estado para a solução da controvérsia.

5.6. Meio convencional de solução dos litígios[265]

A característica da arbitragem como instrumento de ordem convencional decorre da livre opção das partes litigantes sujeitarem determinada con-

264 "... característica impositiva da solução arbitral (meio heterocompositivo de solução de controvérsia) a distancia da mediação e da conciliação, que são meios autocompositivos de solução de litígios, de sorte que não existirá decisão a ser imposta às partes pelo mediador ou pelo conciliador, que sempre estarão limitados à mera sugestão (que não vincula as partes)." (Carmona, Carlos Alberto. *Arbitragem e Processo.* Um comentário à Lei nº 9.307/96. São Paulo: Atlas, 2009)

265 Vide artigo 3º, §3º do CPC: A conciliação, a mediação e outros métodos de solução consensual de conflitos deverão ser estimulados por juízes, advogados, defensores públicos e membros do Ministério Público, inclusive no curso do processo judicial.

trovérsia à solução arbitral. Além da opção pela via da arbitragem, o árbitro é escolhido por iniciativa e manifestação de vontade dos litigantes.

A opção consensual das partes, concretizada na escolha da via arbitral como meio de solução dos conflitos surgidos nas relações intersubjetivas é complementada pela definição, em comum acordo, da extensão dos poderes outorgados para o árbitro decidir litígio sobre direitos patrimoniais disponíveis de forma vinculante, cogente[266].

É importante ressaltar que essa consensualidade implica em renúncia à jurisdição estatal, configurando um modo eficiente e desformalizado na solução de controvérsias[267].

6. Espécies de arbitragem

6.1. Arbitragem institucional

A caracterização da arbitragem como institucional leva em conta que quem exerce a arbitragem é uma Câmara de Arbitragem, ou seja, uma pessoa jurídica de direito privado constituída para realização de arbitragens. Neste contexto, a arbitragem institucional é a administrada por uma instituição técnica especializada (Câmara de Arbitragem).

A Câmara de Arbitragem possui regulamento próprio para solução de controvérsias, além de possuir uma estrutura administrativa, que permite a sua organização e o seu funcionamento.

A função da Câmara é dúplice: **a) administrativa**: organiza e administra os processos arbitrais com base em regulamentos próprios. Ao tomar conta da condução da arbitragem toma providências administrativas de organização e desenvolvimento do processo arbitral; **b) suporte**: na condução da arbitragem, as Câmaras fornecem os subsídios que sejam necessários, como por exemplo, a jurisprudência arbitral, auxílio técnico e *know how* para desenvolvimento dos casos, além de uma lista de árbitros para a escolha e indicação pelos envolvidos no conflito.

266 ARENHART, Sérgio Cruz. *Breves Observações sobre Procedimento Arbitral.* Disponível em: http://www.abdpc.org.br/abdpc/artigos/Sergio%20Arenhart%20-%20formatado.pdf. Acesso em 07/08/2020.

267 GRINOVER, Ada Pellegrini. "*Deformalização do processo e deformação das controvérsias*" in Novas tendências do direito processual. Rio de Janeiro: Forense Universitária, 1990.

6.2. Arbitragem *ad hoc*

A caracterização da arbitragem como "*ad hoc*" leva em conta que quem exerce a arbitragem é uma pessoa física escolhida pelas partes litigantes.

A arbitragem *ad hoc* é a administrada pelos próprios participantes dos conflitos sem intervenção e/ou suporte de uma instituição técnica especializada (Câmara de Arbitragem)[268].

Nesta modalidade, a organização e administração dos processos arbitrais fica a cargo das partes envolvidas nos conflitos com base em regulamentos próprios orientados pelos princípios legais.

Diante da falta de suporte técnico e administrativo da Câmara de Arbitragem, as partes litigantes fixam procedimento da arbitragem na convenção de arbitragem, tendo maior controle sobre o processo.

Neste contexto, as partes e/ou árbitros podem usar como fonte de consulta para facilitar a elaboração das regras de condução da arbitragem os regulamentos de arbitragens de instituições internacionais. Para fins de aprimoramento mostra-se num quadro comparativo as diferenças com arbitragem institucional:

ITENS	ARBITRAGEM INSTITUCIONAL	ARBITRAGEM *AD HOC*
REALIZAÇÃO	Instituição arbitral (Câmara ou Centro)	Árbitro (um ou mais pessoas, em número ímpar)
CARÁTER	Perenidade	Provisoriedade
REGULAMENTO	Próprio	Estipulado livremente pelas partes
LITÍGIO	Qualquer que seja patrimonial disponível	Serve para determinado litígio patrimonial disponível
ADMINISTRAÇÃO DO LITÍGIO	Câmara ou Centro	Árbitros escolhidos pelas partes

[268] Art. 5º da Lei 9.307/96 Reportando-se as partes, na cláusula compromissória, às regras de algum órgão arbitral institucional ou entidade especializada, a arbitragem será instituída e processada de acordo com tais regras, podendo, igualmente, as partes estabelecer na própria cláusula, ou em outro documento, a forma convencionada para a instituição da arbitragem.

6.3. Arbitragem obrigatória e facultativa

A arbitragem obrigatória é a imposta por lei para solução de conflitos relacionados a assuntos específicos. Nesta modalidade, o juiz não pode conhecer e/ou analisar demanda judicial sobre assunto que necessariamente deve ser resolvido pelo procedimento arbitral.

Já a arbitragem facultativa é a de livre opção das partes envolvidas no conflito, documentada num contrato. Nesta modalidade, o juiz pode conhecer e/ou analisar, em casos excepcionais o caso submetido ao procedimento arbitral.

Em regra, é possível a arbitragem compulsória quando prevista e imposta por lei. No sistema jurídico brasileiro a arbitragem é facultativa. A previsão da arbitragem compulsória, em nosso ordenamento confronta com o princípio da inafastabilidade da jurisdição, já que as pessoas não podem desistir de levar o assunto ao Judiciário, nos termos do artigo 5º, inciso XXXV da CF[269].

6.4. Arbitragem objetiva e subjetiva

Como método alternativo de solução de litígios, a arbitragem tem duas formas de análise, a subjetiva e objetiva.

A arbitragem subjetiva é o enfoque subjetivo da arbitragem, que leva em conta as pessoas que têm aptidão para usar arbitragem como método alternativo de solução dos litígios. Diz respeito às condições exigidas para as partes envolvidas no conflito utilizarem a arbitragem.

De acordo com o artigo 1º da Lei da Arbitragem somente as partes capazes de contratar podem submeter seus litígios à solução arbitral. A capacidade exigida no ordenamento jurídico brasileiro para fins de arbitragem é a genérica das partes para praticar os atos da vida civil.

A arbitragem objetiva é o enfoque objetivo da arbitragem, que leva em conta o tipo de matéria que pode ser julgada pela via arbitral. De acordo com o artigo 1º da Lei da Arbitragem o objeto da controvérsia abrange direitos patrimoniais disponíveis.

[269] Vide os fundamentos dos votos do Ministro Pertence e Jobim no Agravo Regimental na Sentença Estrangeira nº 5.206.

6.5. Arbitragem ordinária e arbitragem expedida ou sumária

A arbitragem ordinária é utilizada para solução de controvérsias complexas. Possui procedimento e custos correspondentes à complexidade da controvérsia. A solução é dada, em regra, por Tribunal Arbitral. É modalidade usada quando for necessária produção de provas como a pericial e testemunhal.

A arbitragem sumária ou expedida é utilizada para solução de controvérsias simples. Possui procedimento simplificado e menos custoso. A solução é dada por árbitro único A celeridade é constatada pelos prazos menores e por um procedimento com fases menos intensas e sem uma instrução plena. A economicidade deriva da redução das taxas e dos honorários que serão pagos.

6.6. Arbitragem online

A arbitragem on-line é a modalidade de arbitragem em que o procedimento arbitral é realizado, total ou parcialmente, pela internet. A condução da arbitragem é desenvolvida por meio das tecnologias de informação e comunicação. Essa modalidade pode ser usada tanto para solução de conflitos gerados no meio digital, como para os conflitos fora do meio digital.

Essa modalidade é reflexo do estágio contemporâneo que estamos vivendo. A tecnologia é parte integrante da vida do homem e da sociedade, funcionando como ferramenta para o desenvolvimento da civilização. Insere-se num processo histórico não linear, atua como canal de expressão da cultura das sociedades, e serve como instrumento transformador das formações sociais.[270]

[270] Vargas, M. Para uma filosofia da tecnologia. São Paulo: Alfa Omega, 1994; Brito, Glaucia da Silva. Educação e Novas Tecnologias: um re-pensar. Curitiba: Ibpex, 2008; Johnson, Steven. Cultura da interface: como o computador transforma nossa maneira de criar e comunicar. Rio de Janeiro: Jorge Zahar, 2001; Pinto, Álvaro Vieira. O conceito de tecnologia. Rio de Janeiro: Contraponto, 2005. v. 1, p.20; "o valor da tecnologia não está nela em si mesma, mas depende do uso que fazemos dela." (Côrrea, Juliana. Novas tecnologias de informação e da comunicação: novas tecnologias de ensino e aprendizagem. In: Coscarelli, Carla Viana (org). Novas tecnologias, novos textos, novas formas de pensar. Belo Horizonte: Autentica, 2002); Cardoso, T. F. L. Sociedade e Desenvolvimento Tecnológico: Uma Abordagem Histórica. In: Grinspun, M.P.S.Z. (org.). Educação Tecno-

Fala-se em interação entre sociedade e tecnologia, como um processo impreciso, e de conteúdo heterogêneo, associado à determinação das técnicas de que dispõe um grupo social em qualquer fase histórica de seu desenvolvimento, e ao surgimento de comportamentos, valores e atitudes adaptáveis aos estágios evolutivos referentes aos momentos tecnológicos.[271]

Fator de organização social, instrumental de produtividade e/ou competitividade, aplicação de conhecimentos ou atividade humana em que se busca a solução de problemas práticos, a tecnologia exerce influência decisiva na sociedade, seja trazendo benefícios à humanidade com o conforto proporcionado pelos diversos aparatos e dispositivos técnicos, seja com os riscos da evolução tecnológica resultante em lucros, interesses e diversas questões sociais, éticas e políticas[272].

lógica : Desafios e Pespectivas. São Paulo. Cortez. 2001; Veraszto, E. V. Projeto Teckids: Educação Tecnológica no Ensino Fundamental. Dissertação de Mestrado. Campinas. Faculdade de Educação. UNICAMP. 2004.

271 "As tecnologias são produzidas e apropriadas de formas diferenciadas, a partir de dinâmicos processos socioeconômicos, culturais e políticos específicos. Uma tecnologia influencia fenômenos sociais e é marcada por eles, em um complexo movimento histórico de reciprocidades, usos, inovações, desvirtuamentos e disputas" (Ribeiro De Mello, Gilberto. Estudos de Prática de Governança Eletrônica: instrumento de controladoria para tomada de decisões na gestão dos Estados Brasileiros. São Paulo: USP, 2009. 187 f. Tese (Doutorado em Ciências Contábeis) – Programa de Pós-Graduação em Ciências Contábeis, Faculdade de Economia, Administração e Contabilidade, Universidade São Paulo, São Paulo, 2009).

272 Schienstock, G. Thecnology policy in the process of change. Changing paradigms in research and thecnology policy? In: Aichholzer y Schienstock, 1994; Wynne, B. Redefining the Issues of Risk and Public Acceptance. In: Futures, Fevereiro, 1983; Bunge, M. Treatise on basic philosophy. v.7: Philosophy of science and technology. Dordrecht, Reidel, 1985; Mitcham, Carl. Thinking through technology. The path between engineering and philosophy. Chicago: The University of Chicago Press, 1994; Schienstock, G. (1994): "Technology policy in the process of change. Changing paradigms in research and technology policy", en Aichholzer, G y Schienstock, G. (eds.) Technology policy: Towards and integration of social and ecological concerns,Berlin-Nueva York, De Gruyter; Wynne, B. (1.983): "Redefining the issues of risk and public acceptance" Futures, Febrero, 13, 32; Pacey, A. The Culture of Technology . Cambridge, MA: MIT Press. 1983; Carvalho, M. G. Tecnologia e Sociedade. IN: Tecnologia e Interação. João A S. L. Bastos (org.) Coletânea "Educação e Tecnologia", Ppgte-Cefet. Curitiba: CEFET- PR, 1998, p. 01; Bazzo, W. A.

É neste contexto do progresso tecnológico e do seu impacto social, que na história da humanidade, desde o início da civilização, é possível detectar movimentos ou eras tecnológicas, ou seja, épocas na evolução histórico-social do homem marcadas pelo predomínio de um tipo de tecnologia[273]. O desenvolvimento tecnológico da humanidade pode ser classificado em quatro eras: industrial, elétrica, eletrônica e da informação.

Com isso, se o desenvolvimento tecnológico faz parte das dinâmicas sociais, bastante peculiar à perspectiva do progresso técnico, é possível afirmar, com a chegada dos computadores, e principalmente com a internet, que estamos vivendo numa realidade em que o fluxo de mensagens e imagens entre as redes passou a ser o ingrediente básico nas relações sociais, revelando a configuração de uma sociedade tecnológica marcada pelo avanço da tecnologia de informação, uma verdadeira sociedade de informação.

No contexto da sociedade de informação, os avanços da microeletrônica permitiram o desenvolvimento das tecnologias de informação e comunicação, e o surgimento da era eletrônica, fatores que condicionam a exigência de um momento histórico-cultural mais aberto e potencializado pela difusão, disseminação e transmissão de informações para todos e por todos[274].

Na era eletrônica, ancorada nas novas tecnologias digitais, surge um novo ambiente de informação e comunicação, com transmissão global, velocidade ímpar e subversão dos fatores de tempo e espaço, que propicia novas formas de sociabilidade, influenciando no relacionamento entre o

Ciência, Tecnologia e Sociedade: e o contexto da educação tecnológica. Florianópolis: Ed. da UFSC, 1998; Herrera, Amílcar. et al. Las Nuevas Tecnologías y el Futuro de América Latina. Siglo XXI. México. 1994; Heidegger, Martin. Introdução à Metafísica. São Paulo: Piaget, 1987.

[273] Ortega y Gasset, J. Meditação da técnica. Rio de Janeiro: Livro Ibero Americano Limitada, 1963.

[274] "A capacidade criar, difundir e usar conhecimento e informação é cada vez mais o principal fator para o crescimento econômico e a melhoria da qualidade de vida" (OCDE, OCDE SCIENCE. Technology and Industry Scoreboard 1999. Benchmarking Know ledge – based Economies, OCDE, 1999); Hobsbawm, E O Novo Século (Entrevista a Antônio Polito). São Paulo, Companhia das Letras, 2000.

público e o privado. É o ciberespaço[275], termo citado por William Gibson no romance Neuromancer, entendido como um espaço de comunicação aberta que surge da interconexão mundial de computadores. A Era Eletrônica, especialmente com o surgimento da internet, propicia a invasão no corpo da vida comunitária de uma nova identidade social baseada na ampliação da informação como papel de moeda globalizante, criando a *sociedade em rede* e uma *cidadania eletrônica* ou *cibercidadania*[276].

[275] Parece-nos útil delimitar o âmbito do ciberespaço em dois aspectos: a) aspecto subjetivo: ele designa os seres que navegam e alimentam o universo das redes digitais; dentro do aspecto subjetivo do ciberespaço a concepção dos seres se utiliza desse espaço se identificam como identidades nômades sem corpo, sem simultaneidade de presença, apenas em solidão coletiva. Nesta linha há um universo complexo e dinâmico de interações de sujeitos que transitam no ambiente virtual com discursos, práticas e imagens que passam a influenciar a conformação social; b) aspecto objetivo: ele designa o conteúdo que abrange um universo oceânico de informações com base numa infraestrutura material da comunicação digital. Ao lado da socialização, o ambiente virtual proporciona intercâmbio intenso de informações e imagens, especialmente com o advento da internet e o desenvolvimento da web (Levy, Pierre. Cibercultura. São Paulo: Editora 34, 1999; Lysloff, René. Musical life in Softcity: in internet ethnography. In musica and technoculture. Lysloff, René & Gay, Leslie (orgs). Middletown: Wesleyan University Press; Giddens, Anthony. Modernidade e identidade. Traduzido por Plínio Dentizien. Rio de Janeiro: Jorge Zahar, 2002).

[276] Pieranti, O. P.; Rodrigues, S.; Peci, A.. Governança e New Public Management: convergências e contradições no contexto brasileiro. In: XXXI Encontro da ANPAD, Rio de Janeiro, 2007; Toffler, Alvin. A terceira onda. Rio de Janeiro: Record, 1997; Akutsu, L.; Pinho, J. A. G.. Sociedade da informação, accountability, e democracia delegada: investigação em portais de governo no Brasil. Revista de Administração Pública, Rio de Janeiro, v. 36, n. 5, p. 723-745, set./out. 2002; Lock, F. N.. Transparência da gestão municipal através das informações contábeis divulgadas na internet. 2003. 111f. (Dissertação – Mestrado em Gestão Pública para o Desenvolvimento do Nordeste) – Universidade Federal de Pernambuco. Recife, 2003. Santana Junior, J. J. B.. Transparência fiscal eletrônica: uma análise dos níveis de transparência apresentados nos sites dos poderes e órgãos dos Estados e do Distrito Federal do Brasil. 2008. 176f. Dissertação (Mestrado em Ciências Contábeis) – Programa Multinstitucional e Inter-regional de Pós-graduação em Ciências Contábeis. Recife, 2008; Castells, Manuel. A sociedade em rede. São Paulo: Paz e Terra, 1999.

7. A Arbitragem na Administração Pública brasileira

A Arbitragem na Administração Pública Brasileira pode ser analisada em dois aspectos[277]:

a) **Arbitrabilidade Subjetiva**: é identificar qual autoridade ou órgão é o competente para a celebração da convenção de arbitragem.

A Administração Pública integra o Estado[278], cujo conceito é variável em conformidade com o enfoque de análise: **a) Enfoque sociológico:** é corporação territorial dotada de um poder de mando originário; **b) Enfoque político:** é a comunidade de homens fixada sobre um território com potestade superior de ação, de mando e de coerção; **c) Enfoque jurídico:** é pessoa jurídica de direito público interno. Como ente personalizado,

[277] "A arbitrabilidade pode ser vista sob um ângulo subjetivo, ou seja, quem pode submeter-se à arbitragem, e objetivo, relativo às matérias ou tipos de controvérsias ou pretensões passíveis de solução arbitral. De certo modo, definir a arbitrabilidade corresponde a se examinar a possibilidade jurídica da arbitragem em uma certa situação" (Pereira, Cesar A. Guimarães. *Arbitrabilidade*. In: Manual de arbitragem para advogados, CEMCA/CFOAB, 2015).

[278] Os setores do Estado são: **a) Núcleo estratégico:** é o governo, responsável pela tomada das decisões estratégicas, definindo as leis e as políticas públicas. Corresponde aos Poderes Legislativo e Judiciário, ao Ministério Público e, no Poder Executivo, ao Presidente da República, aos ministros e aos seus auxiliares e assessores diretos, responsáveis pelo planejamento e formulação das políticas públicas. No núcleo estratégico, a propriedade tem que ser necessariamente estatal; **b) Atividades exclusivas:** é o setor dos serviços próprios do Estado, ou seja, serviços que só o Estado pode realizar, como, por exemplo, o serviço de emissão de passaportes etc. Nas atividades exclusivas de Estado, onde o poder extroverso de Estado é exercido, a propriedade também só pode ser estatal; **c) Serviços não exclusivos:** é o setor onde o Estado atua simultaneamente com outras organizações públicas não estatais e privadas, como, por exemplo, as universidades, os hospitais, os centros de pesquisa e os museus. Já para o setor não exclusivo ou competitivo do Estado a propriedade ideal é a pública não estatal; **d) Produção de bens e serviços para o mercado:** é a área de atuação das empresas, que exploram atividades econômicas voltadas para o lucro, como, por exemplo, as do setor de infraestrutura. Em termos de propriedade, dada a possibilidade de coordenação via mercado, a propriedade privada é a regra. A propriedade estatal só se justifica quando não existem capitais privados disponíveis ou então quando existe um monopólio natural.

pode atuar no campo do direito público e no direito privado, mantendo sempre sua única personalidade de direito público.

A Administração Pública[279], em seu sentido subjetivo, existe nos três Poderes do Estado: os Poderes Legislativo[280] e Judiciário[281], exercem a função administrativa de forma atípica, e o Poder Executivo, de forma típica.

Dentro do Poder Executivo, a função administrativa é exercida pela Administração Pública, que, por sua vez, pode ser dividida de duas formas: **a) Vertical**: é a que divide a Administração Pública em federal, estadual, distrital e municipal; é a divisão que decorre da forma federativa do Estado Brasileiro; **b) Horizontal**: é a que divide a Administração Pública em direta ou centralizada e indireta ou descentralizada (leva em conta o grau de complexidade).

A divisão horizontal ingressou na ordem jurídica brasileira com o Decreto-Lei n. 200/67 que sistematizou a estrutura da Administração Federal e estabeleceu as diretrizes para a reforma administrativa[282].

Na Lei 9.307/96 a arbitragem pode ser utilizada pela Administração Pública:

[279] É uma expressão que possui dois significados: a) Subjetivo ou orgânico ou formal: é identificar quem é a Administração Pública. É um conjunto de pessoas jurídicas, órgãos e agentes que exercem a função administrativa; b) Objetivo ou funcional ou material: é identificar a atividade da Administração Pública. É a função administrativa.

[280] É exercida pelo Legislativo quando organiza os seus serviços internos, através das secretarias e da prática dos atos administrativos pelos parlamentares (leis de efeito concreto).

[281] É exercida pelo Judiciário quando organiza os seus serviços internos, através das secretarias e da prática dos atos administrativos pelos magistrados, como provimento de cargos na magistratura.

[282] A divisão horizontal aplica-se nos âmbitos estadual, distrital e municipal (Di Pietro, Maria Sylvia Zanella. *Direito Administrativo*. São Paulo: Atlas, 2015). A divisão horizontal está contida em cada parte da divisão vertical; noutros termos a divisão de Administração Pública em direta e indireta existe nos quatro níveis da federação: federal, estadual, distrital e municipal.

1) Direta: é o conjunto de órgãos que integram as pessoas políticas[283] do Estado (União, Estados. Municípios e Distrito Federal). Estão inseridos na chefia do executivo e nos órgãos auxiliares da chefia do executivo. Enquanto a Administração Direta é composta de **órgãos internos do Estado**, a Administração Indireta se compõe de **pessoas jurídicas.**

Órgãos públicos[284] são centros de competência criados para o desempenho de funções estatais. São unidades abstratas que possuem funções, cargos e agentes. Os órgãos públicos não têm personalidade jurídica nem vontade própria; não possuem patrimônio próprio; podem firmar contratos de gestão e todos os seus atos são imputados à pessoa jurídica de que fazem parte.

Na esfera federal, a estruturação da Administração direta é composta pela Presidência da República, Vice-Presidência da República, Ministros e órgãos de apoio (assessoria em geral). Nas esferas estadual, a Administração Direta será composta pela Governadoria do Estado, pelos órgãos de assessoramento direto do Governador e pelas Secretarias Estaduais; e na esfera municipal, pela Prefeitura, pelos órgãos de apoio direto ao Prefeito e pelas Secretarias Municipais.

Em conformidade com o artigo 1º, §2º da Lei 9.307/96, a autoridade ou órgão competente da Administração Pública Direita para celebração

[283] No Direito, a expressão entidade ou ente, significa pessoa jurídica pública ou privada. Existem duas espécies de Entidades: a) Política: é a que possui capacidade para legislar; no Direito Brasileiro, os arts. 1ª e 18, ambos da Constituição Federal, prescrevem que são entidades políticas a União Federal, os Estados-Membros, o Distrito Federal e os Municípios; b) Administrativa: é a que possui capacidade para administrar ou aplicar leis. Podem ser: – estatais: União, Estados, Distrito Federal e Município; – autárquicas: são as autarquias e agências; – fundacionais: são as fundações públicas; – empresariais: são as empresas públicas e as sociedades de economia mista.

[284] Quanto à estrutura, os órgãos podem ser: simples (não há subdivisões internas) e compostos (há subdivisões internas); quanto à atuação funcional: singulares (único agente) e colegiados (mais de um agente); quanto à esfera de ação: centrais (atuam no território nacional) e locais (atuam em parte do território nacional); quanto à posição estatal: subalternos (atribuições de mera execução, reduzido poder decisório), superiores (atribuições de direção e controle, não têm autonomia administrativa nem financeira), autônomos (atribuições diretivas, ampla autonomia) e independentes (atribuições em subordinação hierárquica, representam os poderes do Estado e estão previstos na CF).

de convenção de arbitragem é a mesma para realização de acordos ou transações.

2) Indireta: é o conjunto de pessoas jurídicas administrativas (não têm capacidade de legislar), com personalidade jurídica própria (aptidão para adquirir direitos e contrair obrigações) que, **vinculadas** à Administração Direta, têm a competência para o exercício, de forma **descentralizada**, de atividades administrativas.

A Administração Indireta é composta da seguinte forma: a) autarquias[285]; b) fundações públicas[286]; c) agências[287]; d) empresas públicas[288]; e) sociedades de economia mista[289]; f) consórcios públicos[290]. Na Administração Indireta, são características comuns: a) possuir personalidade jurídica própria; b) possuir patrimônio próprio; c) vinculação à Administração Pública Direta.

[285] São pessoas jurídicas de direito público criadas por lei para exercer funções próprias do Estado, que requeiram uma especialização. É criada por lei específica, sem necessidade de registro. A iniciativa da lei para criação de autarquia é do chefe do Poder Executivo.

[286] São pessoas jurídicas de direito público criadas por lei para exercer atividade educacional ou cultural ou de pesquisa ou de assistência social. É criada por lei específica, sem necessidade de registro. A iniciativa da lei para criação de autarquia é do chefe do Poder Executivo.

[287] São pessoas jurídicas de direito público consideradas como autarquias especiais. Podem ser executivas (podem celebrar contrato de gestão e executam atividades administrativas) e reguladoras (controlam pessoas privadas incumbidas da prestação de serviços públicos, sob o regime de concessão ou permissão).

[288] São pessoas jurídicas de direito privado criadas por autorização contida em lei para exercer serviço público ou atividade econômica. A criação é feita por autorização da lei específica, com necessidade de registro.

[289] São pessoas jurídicas de direito privado criadas por autorização contida em lei para exercer serviço público ou atividade econômica. A criação é feita por autorização da lei específica, com necessidade de registro.

[290] São pessoas de direito público ou de direito privado decorrentes de contratos firmados entre entes federativos, após autorização legislativa de cada um, para gestão associada de serviços públicos e de objetivos de interesse comum dos consorciados, através de delegação e sem fins econômicos. O § 1º do art. 1º da Lei n. 11.107/2005 atribui personalidade jurídica própria aos consórcios públicos. Tais entes possuem autonomia administrativa, financeira e orçamentária.

Ficam excluídas da estrutura da Administração Indireta empresas exploradoras de atividade econômica que estão **sob controle acionário do Estado e as entidades paraestatais,** pessoas jurídicas de direito privado, **instituídas e controladas por particulares**, que desempenham atividades de interesse público, sem intuito lucrativo, recebendo diversos incentivos do Estado para seu funcionamento.

b) Arbitrabilidade objetiva: é identificar em que situações a Administração Pública direta e/ou indireta pode utilizar-se da arbitragem.

No âmbito da Administração Pública a arbitragem pode ser utilizada como meio para resolução de conflitos relativos a direitos patrimoniais disponíveis[291]. O principal obstáculo no uso da via arbitral pela Administração Pública era o princípio da indisponibilidade[292], em que a Administração Pública não tem livre disposição dos bens e interesses públicos, porque atua em nome de terceiros, na condição de gestor da coisa pública. O poder de alienar, renunciar ou transacionar sempre dependeria de lei.

Com efeito, a Administração Pública ao fazer uso de arbitragem representaria dispor da coisa pública, em desconformidade com o dever dos servidores públicos de conservação, defesa e aprimoramento dos interesses da coletividade. Todos os poderes e deveres do administrador público são outorgados e exercidos em benefício do bem comum da coletividade administrada.

Não obstante exista posicionamento em contrário[293], nos dias atuais, e com o reforço da previsão normativa na lei 9307/96, a Administração

[291] "(.....) sempre que puder contratar, o que importa disponibilidade de direitos patrimoniais, poderá a Administração Pública, sem que isso importe disposição do interesse público, convencionar cláusula de arbitragem" (GRAU, Eros Roberto. *Da arbitrabilidade de litígios envolvendo sociedades de economia mista e da interpretação da cláusula compromissória.* In: RDBA 18:395/405, out/dez 2002).

[292] "direitos indisponíveis......tutelam bens de interesse geral como os da família e da sociedade" (GROPALO, Alexandre. *Introdução ao Estudo do Direito.* Coimbra: Coimbra Editora, 1978).

[293] "Tudo que diz respeito ao serviço público, portanto, condições de prestação, instrumentos jurídicos compostos em vista deste desiderato, recursos necessários para bem

Pública tem autonomia para disposição sobre bens e direitos, justificando sua competência para celebrar contratos administrativos[294]. Na matéria tributável é importante destacar duas características: a) os direitos são os que podem ser alienados[295]; são os que podem sofrer renúncia, alienação ou transação do direito material ou bem objeto da controvérsia[296]; b) os conflitos referem-se ao interesse público secundário[297]. Neste aspecto objetivo duas questões importantes devem ser esclarecidas:

desempenhá-los, comprometimento destes mesmos recursos, são questões que ultrapassam por completo o âmbito decisório de particulares. Envolvem interesses de elevada estatura, pertinentes à Sociedade como um todo e, bem por isto, quando suscitarem algum quadro conflitivo entre partes só podem ser solutos pelo Poder Judiciário. Permitir que simples árbitros disponham sobre matéria litigiosa que circunde um serviço público e que esteja dessarte com ele embricada ofenderia o papel constitucional do serviço público e a própria dignidade que o envolve" (MELLO, Celso Antônio Bandeira de. As Parcerias Público-Privadas (PPPs), Migalhas, 12 de janeiro de 2006. Disponível em: http://www.migalhas.com.br/dePeso/16,MI20266,71043-As+Parcerias+PublicoPrivadas+PPPs. Acesso em 26 de julho de 2015).

294 JUSTEN FILHO. Marçal. *Comentários à lei de licitações e contratos administrativos*. São Paulo: Dialética, 2012.

295 "Dispor de direitos patrimoniais é transferi-los a terceiros. Disponíveis são os direitos patrimoniais que podem ser alienados. A Administração, para a realização do interesse público, pratica atos, da mais variada ordem, dispondo de determinados direitos patrimoniais, ainda que não possa fazê-lo em relação a outros deles. Por exemplo, não pode dispor dos direitos patrimoniais que detém sobre os bens públicos de uso comum" (GRAU, Eros Roberto. *Arbitragem e contrato administrativo*. In: Revista Trimestral de Direito Público, nº 32, 2000); BINENBOJM, Gustavo. *Arbitragem em ambientes regulados e sua relação com as competências das agências reguladoras*. In: Estudos de direito público: artigos e pareceres, Rio de Janeiro: Renovar, 2015; "O conceito de disponibilidade está relacionado com o de negociabilidade e de bens suscetíveis de valor e livres no mercado" (LEMES, Selma Ferreira. *Arbitragem na administração pública – fundamentos jurídicos e eficiência econômica*. São Paulo: Quartier Latin, 2007).

296 GONÇALVES, Eduardo Damião. *Arbitrabilidade objetiva*. 2008. 230f. Tese (Doutorado). Programa de Pós-graduação em Direito, Universidade de São Paulo, São Paulo, 2008.

297 "Os interesses públicos primários são indisponíveis e, por sua vez, os interesses públicos derivados têm natureza instrumental e existem para operacionalizar aqueles, com características patrimoniais e, por isso são disponíveis e suscetíveis de apreciação arbitral" (LEMES, Selma Ferreira. *Arbitragem na administração pública – fundamentos jurídicos e eficiência econômica*. São Paulo: Quartier Latin, 2007); "Embora o interesse público não possa ser determinado por um contador automático de interesses públicos, não é também permissível identificá-lo com as decisões políticas das autoridades públicas. Em outras palavras, não

1) *a renovação no conceito de interesse público dentro do princípio da supremacia do interesse público sobre o particular e o da indisponibilidade;*

A dinâmica evolutiva da sociedade traz reflexos na compreensão das características do Direito[298] e do Estado no século XXI. Constatam-se mudanças qualitativas que exigem uma reformulação dos esquemas teóricos com os quais se apreendem e transmitem os fenômenos jurídicos e a atuação estatal, descobrindo novos horizontes de análise[299].

se pode conceder que o interesse público consista em tudo o que as autoridades públicas com seu 'fiat' declarem ser. Se os órgãos estatais estiverem sempre e necessariamente dotados da vontade de realizar da melhor maneira possível a capacidade de discernir os melhores interesses da comunidade persistentemente e sem desvio, então talvez haveria lugar para uma identificação do interesse público com a tomada de decisão pelo governo" (Friedrich, Carl J. (editor). *O interesse público.* Trad. bras. de Edilson Alkmin Cunha, 1ª ed., Rio de Janeiro: O Cruzeiro, 1967); "O Estado, concebido que é para a realização de interesses públicos (situação, pois, inteiramente diversa da dos particulares), só poderá defender seus próprios interesses privados quando, sobre não se chocarem com os interesses públicos propriamente ditos, coincidam com a realização deles." (Mello, Celso Antônio Bandeira de. *Curso de Direito Administrativo.* Editora Malheiros. São Paulo, 2005).

298 "...o Direito, entre as outras ciências sociais, tem o caráter distintivo do ser, como a língua, não só parte integrante mas também espelho integral da vida social" (Tarde, G. *Les Transformations Du Droit.* Paris: Berg, 1994).

299 A produção do conhecimento científico ocorre com a formulação de paradigmas epistemológicos criados num contexto sócio-cultural, partindo de uma realidade concreta, em que o homem, num processo de apropriação desse real, cria suas próprias representações das coisas e elabora todo um sistema de noções que capta e fixa o aspecto fenomênico da realidade. Nesta formulação interpretativa da realidade que sustenta o pensamento científico, surgem dois conceitos fundamentais para compreensão da vida em suas mais diversas dimensões: o de *paradigma* (modelo científico vigorante em certo momento histórico) e de *mediação* (uma lógica de pensamento, mediante a qual se pretende captar o movimento da realidade sócio-histórica com as suas particularidades e determinações). Ainda, neste cenário, o conhecimento além de multidimensional é fundamentado na relatividade, na dúvida e na construção de certezas vinculadas a condições histórico-culturais. A mudança do conhecimento científico é sua necessidade intrínseca revelada na busca de novos caminhos de ver e aprender o mundo. A falibilidade do conhecimento científico reconhece sua inclusão no processo dinâmico e inacabado da história da humanidade, resultando numa constante indagação de novos caminhos diante das mudanças de valores, crenças, conceitos e ideias na realidade sócio-cultural. Neste processo de construção e mudança do conhecimento científico, é possível identificar diferentes paradigmas epistemológicos fruto de históricas transformações que sustentaram o pensamento de uma época (KOSIK, Karel. *Dialética do Concreto.* Rio de Janeiro: Paz e Terra, 1976, p.12; Bengoechea, Sonia;

Sob esse prisma, pode-se afirmar que a teoria política e jurídica enfrenta atualmente uma crise de legitimidade, já que as novas condições institucionais e culturais no cenário sociopolítico contemporâneo tornaram obsoletos os fundamentos do direito e a eficácia do agir político-administrativo.

Com efeito, face ao descompasso entre a realidade contemporânea e o instrumental jurídico-político criado para os séculos XIX e XX, surge necessidade de refletir sobre como a administração pública, nomeadamente na sua atividade administrativa, enfrentará os novos desafios.

Nos últimos tempos, o tema dos princípios da administração pública foi desenvolvido, de forma a constituir chave reflexiva na sociedade atual do século XXI[300], em que afigura-se com nitidez um ambiente de riscos, incertezas[301] e mudanças significativas, inclusive de paradigmas[302]

Cortes, Fernando; Zemelman, Hugo. *Investigación Empírica y Razonamiento Dialéctico: a Propósito de una Práctica de Investigación.* In: Revista Mexicana de Ciencias Políticas y Sociales, México, 1978, (93-94), 73-95; Morin, Edgar. *O método III: o conhecimento do conhecimento.* Porto Alegre: Sulina, 1999).

300 "O século XXI será recordado na História da Humanidade como o século da mudança, do perigo iminente, do "choque das civilizações, da insegurança colectiva, da desconfiança do "outro", das injustiças praticadas, da Guerra do Iraque e, principalmente, dos trágicos atentados terroristas ocorridos a 11 de setembro de 2001, nos Estados Unidos, a 11 de março de 2004, em Espanha, e a 7 de julho de 2005, em Londres. (Rodrigues, José Noronha. *A Política Exterior e de Segurança Comum. Scientia Ivridica.* Revista de Direito Comparado Português e Brasileiro. Tomo LVIII. Nº 317. Janeiro/março 2009. Universidade do Minho, Portugal)

301 "científico é o saber que se sabe precário, que não se julga absoluto, que sabe ter de expor com plausibilidade a fundamentação de tudo que se afirma. Leis científicas, por definição, são temporárias. Serão refutadas. A refutação só prova que determinadas teses foram científicas enquanto foram críveis, plausíveis, para nós." (Carvalho Netto, Menelick de & Scotti, Guilherme. *Os direitos fundamentais e a (in) certeza do direito: a produtividade das tensões principiológicas e a superação do sistema de regras.* Belo Horizonte: Fórum, 2011).

302 Paradigmas são instrumentos de compreensão da realidade, gerados num contexto histórico, científico e social, que possibilitam previsibilidade no sentido de funcionamento e planejamento da vida das pessoas em sociedade. Os paradigmas jurídicos são construções teóricas estruturantes que funcionam como padrão ou modelo ordenador das relações sociais. Com a evolução e as novas exigências, os paradigmas construídos transformam-se em insatisfações teóricas, pois o pensamento jurídico tem por finalidade reduzir a incerteza do direito. A conscientização e a concretização dos paradigmas jurídicos permitem a compreensão da realidade e do sistema jurídico, gerando a possibilidade de análise

construídos pela modernidade ocidental[303], trazendo novos ares em sua organização e valores, com repercussão imediata no âmbito do Direito, provocando reflexões e a necessidade de posturas novas diante de opções e variações num contexto de complexidade e dinamicidade.

São tantas as mudanças ocorridas no cenário jurídico nos últimos tempos, que se põe obrigatoriamente na agenda da discussão, em face da inadequação da "dogmática jurídica clássica"[304] às novas realidades jurídico-administrativas, a releitura de parâmetros comportamentais da administração pública em compatibilização com a temática da dignidade da pessoa humana, melhoria da *performance* administrativa e ampliação da prática democrática.

No contexto da renovação conceitual e compreensiva, a insuficiência das tradicionais matizes teóricas do Direito Administrativo para a resolução dos problemas surgidos no seio da sociedade contemporânea, demonstra a necessidade de repensar institutos, conceitos e princípios deste ramo do Direito.

Após um período caracterizado na crença do progresso e nos ideais iluministas, vive-se a partir da segunda metade do século XX numa condição histórica pós-moderna[305] de incertezas e riscos, com a desconstru-

crítica com debates e sugestões, características de um processo evolutivo. É caminhar de um conhecimento de regulação para um conhecimento por emancipação.

303 Bittar, Eduardo Carlos Bianca. *O direito na pós modernidade*. Revista Sequência, nº 57, p. 131-152, dez. 2008.

304 Não é possível defender o dogmatismo na ciência jurídica, que considera a norma jurídica como algo dado e imobilizado, pois tal situação é incompatível com a dinamicidade do conhecimento científico, e com o influxo determinante dos aspectos axiológicos e críticos no estudo do direito. A adoção do termo da dogmática foi com o sentido de ramo da ciência jurídica que estuda as normas jurídicas vigentes em uma determinada comunidade. O uso das aspas é justificado, pois tal expressão reúne dois termos antagônicos. No estudo do direito as normas só possuem sentido quando conectados com os fatos e os valores (Kaufmann, Arthur. *Filosofia del derecho*. Tradução de Luis Villar Borda e Ana Maria Montoya. Bogotá: Universidad Externado de Colômbia, 2002; Marques Neto, Agostinho Ramalho. *A ciência do direito: conceito, objeto, método*. Rio de Janeiro: Renovar, 2001; Marín, Rafael Hernández. *Introducción a la teoría de la norma jurídica*. Madrid: Marcial Pons, 2002).

305 "Na noção de uma não-história é que o pensamento pós-moderno procura se estabelecer enquanto ruptura com o moderno." (Menezes, P. *A Crise do Passado*. São Paulo: Expe-

ção de princípios e valores construídos na modernidade e ausência de projeto do futuro. A realidade atual é regida por uma narrativa do inconstante[306] combinada com a evolução tecnológica, a revolução digital e a globalização, no contexto de transição[307] e busca de nova estrutura social.

Diante dos novos desafios impostos por essa realidade em mudança, é importante destacar a necessidade de revalorização dos princípios gerais do direito, como alicerces do ordenamento jurídico, na resolução dos problemas, do qual a renovação na supremacia do interesse público aparece com o seu potencial de possibilitar solução técnica-instrumental e valorativa na criação da legitimidade dos comportamentos estatais, tanto os que devem ser seguidos, como os que devem ser suportados.

No contexto de renovação nos princípios da administração pública, e com estímulos da necessidade de promover uma administração aberta e igualitária, privilegiando uma cidadania administrativa, num contexto pluralista, social e democrático.

A renovação da ideia da supremacia do interesse público sofre nos dias atuais uma remodelação no seu conteúdo em razão das mudanças nas circunstâncias históricas, sociais, teóricas e filosóficas. Em razão deste novo universo subjacente, a fórmula original não mais se poderá conter nos limites estreitos de um regime jurídico administrativo fundamentado num modelo vertical, assimétrico, imperativo e impositivo. As transfor-

rimento, 1994); "O pós-moderno sem dúvida traz ambiguidades. É isso que ele propõe: a prudência como método, a ironia como crítica, o fragmento como base e o descontínuo como limite [...] (Sevcenko, Nicolau. O enigma pós-moderno. IN : Oliveira, Roberto Cardoso de (org.). Pós-modernidade. Campinas-SP : Editora da UNICAMP, 1987).

306 "O rótulo genérico abriga a mistura de estilos, a descrença no poder absoluto da razão, o desprestígio do Estado. A era da velocidade. A imagem acima do conteúdo. O efêmero e o volátil parecem derrotar o permanente e o essencial. Vive-se a angústia do que não pode ser e a perplexidade de um tempo sem verdades seguras. Uma época aparentemente pós-tudo: pós-marxista, pós-kelseniana, pós-freudiana." (Adeodato, João Maurício. *Ética & Retórica. Para uma teoria da dogmática jurídica*. São Paulo: Saraiva, 2009, p. 353).

307 "O mundo é "um" em certo sentido, mas radicalmente cindido por desigualdades de poder em outro. E um dos traços mais característicos da modernidade é a descoberta de que o desenvolvimento do conhecimento empírico não nos permite, por si mesmo, decidir entre diferentes posições de valor" (Giddens, A. *As Conseqüências da Modernidade*. São Paulo: Edunesp, 1991).

mações que provocaram a remodelação podem ser agrupadas por diversos indicadores:

O indicador social: o impacto da globalização e o advento da sociedade de informação que fomentam a busca de uma nova legitimidade no agir administrativo. Há um aumento da eficiência e eficácia das organizações públicas, com as tecnologias de informação e os novos desafios da era digital.

O indicador jurídico: as transformações do Estado Constitucional com a doutrina da efetividade, a normatização dos princípios e a ordem objetiva de valores, repercutindo em todos os ramos do Direito e nas relações sociais.

O indicador político: a evolução no conceito da democracia participativa contribui para construção da administração pública democrática.

O indicador institucional: as profundas transformações pelas quais passam o modelo de estado, e na mesma esteira, a função administrativa, com a introdução da ideia da governança pública[308] e da necessidade da modernização administrativa[309], que provoca desafios estimulantes na redefinição do papel gestacional dos negócios públicos no discurso administrativo buscando o vetor da boa administração pública.

Sob o influxo dos referidos indicadores, é possível afirmar que o interesse público: a) não pode ter uma concepção abstrata[310]; b) é concretizado numa partilha de valores comunitários com respaldo constitucional;

308 The path towards good governance requires a long-term vision centred on a genuine consideration of the needs of citizens and business. Building trust should be a priority. Consensus building and a strategic approach are the pre-conditions for successful reform. The active engagement of all stakeholders is needed. The European Commission is a partner in this process, providing funding and guidance, as well as facilitating the exchange of know-how and experience. Together, we will build high-quality public services that meet the needs of citizens and foster business and job creation (In Promoting good governance – European Social Fund thematic paper. European Commission: Directorate-General for Employment, Social Affairs and Inclusion Unit E1 Manuscript completed in January 2014).

309 Forjaz, Maria Cecília Spina. *Globalização e Crise do Estado Nacional.* In Revista de Administração de Empresas, FGV, São Paulo, Brasil, v.40 n.2, abril/junho de 2000.

310 "(....) adequadamente verificado com a consideração dos objetivos contextuais, previstos no ordenamento jurídico e aos quais determinada ação administrativa está relacionada." (Salles, Carlos Alberto de. *Arbitragem em Contratos Administrativos.* Rio de Janeiro: Forense, 2011).

c) sua prevalência depende de um diálogo de ponderação com justificativa racional; d) no contexto de uma sociedade pluralista é despersonalizado visando beneficiar coletividade de pessoas com interesses comuns.

2) *atuação da Administração Pública na condição de Poder Público e na condição de particular, de forma a justificar a utilização da arbitragem.*

Fato é todo e qualquer acontecimento. Pode ser comum (não produz efeito jurídico) ou jurídico ou em sentido amplo (quando produz efeito jurídico). O fato jurídico pode ser em sentido estrito ou natural, quando decorre de acontecimentos da natureza ou humano, quando decorre da vontade humana.

O fato humano, por sua vez, pode ser ilícito, quando feito em desconformidade com a ordem jurídica, e produz efeitos não queridos pelo agente, ou lícito, quando feito em conformidade com a ordem jurídica e produz efeitos queridos pelo agente (ato jurídico e negócio jurídico).

Fato administrativo é o que produz efeitos no campo do Direito Administrativo; Fato da Administração, quando não produz efeitos no Direito Administrativo. Ato administrativo[311] é uma espécie de ato da Administração Pública[312]. Fato Administrativo é a consequência do ato administrativo; é a realização material ou a execução prática de uma decisão ou determinação da Administração. O fato administrativo não tem por finalidade produzir efeitos jurídicos, mas pode ter consequências jurídicas.

A Administração Pública pode celebrar duas espécies de contratos: a) de direito público ou típicos e b) os de direito privado ou atípicos. A

[311] Ato administrativo é a declaração (exteriorização do pensamento) do Estado ou de quem o represente, que produz efeitos jurídicos imediatos (tem por fim modificar, adquirir, resguardar, transferir e extinguir direitos), com observância da lei, sob regime jurídico de direito público, sujeita a controle pelo Poder Judiciário.

[312] Ato da Administração Pública é todo ato praticado no exercício da função administrativa. Abrange: a) atos de direito privado; b) contratos; c) atos normativos; d) atos políticos (discricionários, constitucionais e controláveis pelo Judiciário); e) atos materiais; f) atos de conhecimento, opinião, juízo ou valor; g) atos administrativos propriamente ditos. Existem atos da Administração que não produzem efeitos jurídicos imediatos: a) atos materiais; b) despachos de encaminhamento de papéis e processos; c) atos enunciativos ou de conhecimentos que apenas atestam ou declaram a existência de um direito ou situação; d) atos de opinião.

diferença entre os dois contratos é a presença da Administração Pública; no contrato público, a Administração está na posição vertical, agindo com supremacia; no contrato privado, a Administração está na posição horizontal, agindo sem supremacia. Existem duas espécies de contrato público: a) internacional; b) administrativo[313], que pode ser de colaboração, quando o particular se obriga a prestar ou realizar algo para a Administração, ou de atribuição, quando a Administração Pública confere vantagens ou direitos ao particular. Na arbitrabilidade objetiva, busca-se delimitar quais interesses, bens e direitos são passíveis de ser objeto da arbitragem. Neste contexto, é possível afirmar que poderão ser submetidas à arbitragem as controvérsias sobre direitos patrimoniais disponíveis.

A lei de arbitragem ao delimitar seu objeto, limitou a aplicação do procedimento arbitral às questões referentes a direito (ou interesse) passível de contratação. Em todos os contratos da administração, a arbitragem só pode dizer respeito às questões predominantemente patrimoniais ou técnicas, ou seja, apenas direitos disponíveis do Estado (nos atos de gestão e nos atos negociais pois a Administração age como particular, sem prerrogativas públicas; quando se trata de serviços comerciais e industriais do Estado; nos contratos firmados por sociedades de economia mista exploradoras de atividade econômica de produção ou comercialização de bens ou de prestação de serviços, na forma do art. 173, § 1º, da Constituição Federal, com a disputa que envolva direitos patrimoniais, de natureza disponível, ficando excluídos do procedimento arbitral os atos praticados no exercício do poder de império estatal).

A admissão da arbitragem nos contratos administrativos atende às exigências do princípio constitucional da eficiência. No âmbito da Administração Pública, a utilização da arbitragem, no campo contratual, é possível: 1) nos contratos de direito privado, pois a Administração Pública

[313] Os contratos administrativos regulam-se pelas suas cláusulas e pelos preceitos de direito público, aplicando-se lhes, supletivamente, os princípios da teoria geral dos contratos e as disposições de direito privado. Devem estabelecer com clareza e precisão as condições para sua execução, expressas em cláusulas que definam os direitos, obrigações e responsabilidades das partes, em conformidade com os termos da licitação e da proposta a que se vinculam. Os contratos decorrentes de dispensa ou de inexigibilidade de licitação devem atender aos termos do ato que os autorizou e da respectiva proposta.

está na posição horizontal, agindo sem supremacia; 2) nos contratos de direito público, pois, apesar da Administração Pública agir como Poder Público, a utilização da arbitragem será buscar solução de conflitos relativos a direitos patrimoniais disponíveis.

O decreto nº 10025/19 possibilita a enumeração exemplificativa de assuntos relacionadas às controvérsias sobre direitos patrimoniais disponíveis: I – as questões relacionadas à recomposição do equilíbrio econômico-financeiro dos contratos; II – o cálculo de indenizações decorrentes de extinção ou de transferência do contrato de parceria; e III – o inadimplemento de obrigações contratuais por quaisquer das partes, incluídas a incidência das suas penalidades e o seu cálculo.

Destaca-se como ferramenta na compreensão das questões que podem ser decididas por meio de arbitragem utilizada pela Administração Pública, o artigo 852 do Código Civil, que veda o compromisso para solução de questões de estado, de direito pessoal de família e de outras que não tenham caráter estritamente patrimonial.

Em face do ordenamento jurídico brasileiro a Administração pode utilizar-se da arbitragem, em razão da previsão normativa genérica (artigo 1º e §§1º e 2º da Lei 9.307/96); mas há também previsões normativas específicas:

a) Contrato de concessão: artigo 23-A, da Lei 8.987/95[314]
b) Parceria público-privada: artigo 11, III, da Lei 11.079/04[315]
c) Agência Nacional do Petróleo: artigo 20[316] e 43, X[317], da Lei 9.478/97

[314] Art. 23-A. O contrato de concessão poderá prever o emprego de mecanismos privados para resolução de disputas decorrentes ou relacionadas ao contrato, inclusive a arbitragem, a ser realizada no Brasil e em língua portuguesa, nos termos da Lei nº 9.307, de 23 de setembro de 1996. (Incluído pela Lei nº 11.196, de 2005).

[315] Art. 11. O instrumento convocatório conterá minuta do contrato, indicará expressamente a submissão da licitação às normas desta Lei e observará, no que couber, os §§ 3o e 4o do art. 15, os arts. 18, 19 e 21 da Lei no 8.987, de 13 de fevereiro de 1995, podendo ainda prever: (...) III – o emprego dos mecanismos privados de resolução de disputas, inclusive a arbitragem, a ser realizada no Brasil e em língua portuguesa, nos termos da Lei no 9.307, de 23 de setembro de 1996, para dirimir conflitos decorrentes ou relacionados ao contrato.

[316] Art. 20. O regimento interno da ANP disporá sobre os procedimentos a serem ado-

d) Pré-Sal: artigo 29, XVIII, da Lei 12.351/2010[318]
e) Agência Nacional de Telecomunicações: artigo 93, XV, da Lei 9.472/97[319]
f) Comercialização de energia; artigo 4º, § 6º, da Lei 10.848/2004[320]
g) Agência Nacional de Transportes Terrestres: artigo 35, XVI, da Lei 10.233/2001[321]
h) Transporte Ferroviário: artigo 1º, § 8º, da Lei 8.693/1993[322]
i) Portos: artigos 37, § 1º[323] e 62, § 1º[324] da Lei 12.815/2013.

tados para a solução de conflitos entre agentes econômicos, e entre estes e usuários e consumidores, com ênfase na conciliação e no arbitramento.

317 Art. 43. O contrato de concessão deverá refletir fielmente as condições do edital e da proposta vencedora e terá como cláusulas essenciais: (...) X – as regras sobre solução de controvérsias, relacionadas com o contrato e sua execução, inclusive a conciliação e a arbitragem internacional.

318 8 Art. 29. São cláusulas essenciais do contrato de partilha de produção: (...) XVIII – as regras sobre solução de controvérsias, que poderão prever conciliação e arbitragem.

319 Art. 93. O contrato de concessão indicará: (...) XV – o foro e o modo para solução extrajudicial das divergências contratuais.

320 0 Art. 4º, § 6°: As empresas públicas e as sociedades de economia mista, suas subsidiárias ou controladas, titulares de concessão, permissão e autorização, ficam autorizadas a integrar a CCEE e a aderir ao mecanismo e à convenção de arbitragem

321 Art. 35. O contrato de concessão deverá refletir fielmente as condições do edital e da proposta vencedora e terá como cláusulas essenciais, ressalvado o disposto em legislação específica, as relativas a: (...)XVI – regras sobre solução de controvérsias relacionadas com o contrato e sua execução, inclusive a conciliação e a arbitragem

322 Art. 1º, § 8º: § 8º Nos aditivos a contratos de crédito externo constará, obrigatoriamente, cláusula excluindo a jurisdição de tribunais estrangeiros, admitida apenas a submissão de eventuais dúvidas e controvérsias delas decorrentes à justiça brasileira ou a arbitragem, nos termos do art. 11 do DecretoLei nº 1.312, de 15 de fevereiro de 1974

323 Art. 37. Deve ser constituída, no âmbito do órgão de gestão de mão de obra, comissão paritária para solucionar litígios decorrentes da aplicação do disposto nos arts. 32, 33 e 35. § 1º Em caso de impasse, as partes devem recorrer à arbitragem de ofertas finais.

324 Art. 62. O inadimplemento, pelas concessionárias, arrendatárias, autorizatárias e operadoras portuárias no recolhimento de tarifas portuárias e outras obrigações financeiras perante a administração do porto e a Antaq, assim declarado em decisão final, impossibilita a inadimplente de celebrar ou prorrogar contratos de concessão e arrendamento, bem como obter novas autorizações. § 1º. Para dirimir litígios relativos aos débitos a que se refere o caput, poderá ser utilizada a arbitragem, nos termos da Lei no 9.307, de 23 de setembro de 1996.

Capítulo 5
Elementos da Arbitragem

1. Elemento subjetivo: sujeitos da arbitragem

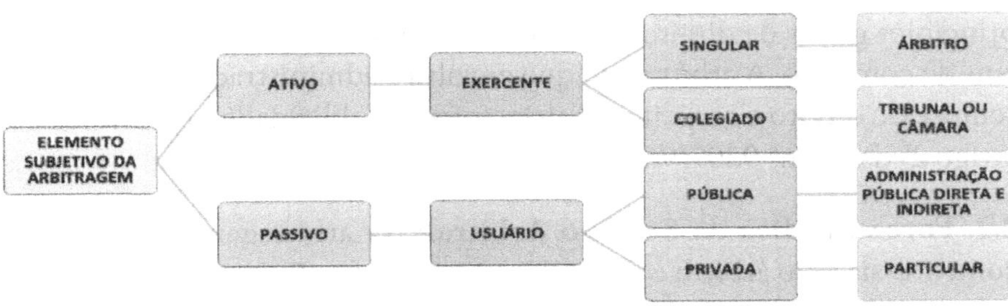

No elemento subjetivo, a arbitragem é analisada em dois aspectos: **a) ativo:** quem exerce a missão confiada pelas partes litigantes de resolução da controvérsia, que pode ser um árbitro ou colegiado arbitral; **b) passivo:** quem pode utilizar a via arbitral para solução adequada dos litígios relativos a direitos patrimoniais disponíveis.

Quanto ao **elemento subjetivo passivo**, a arbitragem pode ser: **a) pública**: é a utilizada pela Administração Pública direta e indireta para dirimir conflitos relativos a direitos patrimoniais disponíveis, nos termos do artigo 1º, §1º da Lei 9.307/96; **b) privada:** é a utilizada por particulares, desde que sejam pessoas capazes de contratar, nos termos do artigo 1º da Lei 9.307/96.

No **elemento subjetivo ativo**, o objetivo é identificar quem exerce a missão de resolver a disputa que opõem duas ou mais partes. Neste contexto, a solução do litígio é dada por um árbitro escolhidas pelas partes que mantém entre si um conflito de interesses. O árbitro pode ser **singular**, quando a decisão é tomada por uma só pessoa, ou **colegiado**, quando a decisão é tomada pela deliberação de um grupo de pessoas (colegiado ou tribunal arbitral).

2. Elemento objetivo: Solução Arbitral

2.1. Critérios da Solução Arbitral: a regulação é feita por convenção de arbitragem validamente constituída por livre opção das partes. A resolução deve ser feita com base no acordo. A arbitragem poderá ser de direito ou de equidade, a critério das partes. Poderão as partes escolher, livremente, as regras de direito que serão aplicadas na arbitragem, desde que não haja violação aos bons costumes e à ordem pública. Poderão, também, as partes convencionar que a arbitragem se realize com base nos princípios gerais de direito, nos usos e costumes e nas regras internacionais de comércio. A arbitragem que envolva a administração pública será sempre de direito e respeitará o princípio da publicidade, nos termos do artigo 2º da Lei nº 9307/96.

2.2. Força Jurídica da Solução Arbitral: Na arbitragem a solução da controvérsia pelo árbitro é dada por uma sentença. Em sentido restrito, é a decisão do árbitro que solucione o conflito. Há uma declaração de vontade do árbitro, resultado de uma atividade mental, em que há a aplicação do direito ou de equidade, a critério das partes, ao caso concreto, baseada no livre-convencimento motivado.

A sentença arbitral não é só um trabalho intelectual do árbitro, mas um ato de inteligência, contendo solução adequada à natureza e peculiaridade do conflito, contribuindo para disseminação da cultura de pacificação social. O árbitro, ordenando e impulsionando os atos integrantes do procedimento arbitral, profere sentença, de forma a materializar o princípio constitucional da inafastabilidade da jurisdição, bem como a paz social. No contexto da solução arbitral, objetiva-se reivindicar a necessidade de construir uma caracterização da decisão proferida pelo árbitro:

a) **Eficácia da Sentença Arbitral**: tem o mesmo conteúdo e força da sentença prolatada pelo juiz[325]. Perante o universo dos mecanis-

[325] Vide artigo 31 da Lei 9.307/96: *a sentença arbitral produz, entre as partes e seus sucessores, os mesmos efeitos da sentença proferida pelos órgãos do Poder Judiciário e, sendo condenatória, constitui*

mos alternativos de solução dos litígios, na arbitragem a decisão tem a mesma força de uma sentença judicial[326]. Impõe-se reconhecer, em termos legais, que a sentença arbitral constitui título executivo judicial, documento que pode ser diretamente executado na justiça, caso uma das partes envolvidas não o faça de forma espontânea. Por outro lado, a conciliação, mediação e negociação, valem como um contrato entre as partes, podendo valer como título executivo extrajudicial, desde que assinado por duas testemunhas ou pelos advogados das partes.

b) **Exercício jurisdicional**: ao resolver a controvérsias entre duas ou mais partes o árbitro atua no exercício da missão jurisdicional[327] confiada pelas partes por uma convenção privada. Nesta jurisdição anômala a sentença arbitral substitui a vontade das partes em conflito (substitutividade), é proferida por julgador neutro e imparcial (o árbitro) e pressupõe a existência de contraditório regular (permite às partes lutarem por seus interesses em pé de igualdade) e de um procedimento preestabelecido (regras para um desenvolvimento regular e garantia de justa composição da lide).

c) **Elementos da Jurisdição:** Os elementos da jurisdição estatal são atos processuais que devem ser praticados para que se chegue a uma decisão; possibilitam o desenvolvimento regular do processo e a preparação da decisão final: 1) ***notio ou cognitio*** (conhecimento): é o poder do juiz de conhecer dos litígios, prover a regularidade do processo, investigar a presença dos pressupostos de existência e de validade da relação processual, das condições de procedibilidade, das condições da ação, bem como recolher o material probatório; 2) ***vocatio*** (chamamento): é o poder do juiz de fazer comparecer em juízo todo aquele cuja presença seja necessária ao regular desen-

título executivo.

326 "Do ponto de vista ontológico, o ato decisório do árbitro tem as mesmas características da decisão do agente público investido no exercício do ofício judicial. A função decisória desempenhada é substancialmente a mesma" (Mota, Marcel Moraes. Cláusula Compromissória na Contratação por adesão: Perspectiva luso-brasileira. Disponível em: https://www.cidp.pt/revistas/rjlb/2019/5/2019_05_1215_1247.pdf. Acesso em: 09/08/2019).

327 Jarrosson, Charles. *La Notion d'Arbitrage*. Paris: LGDJ, 1987, n. 784.

volvimento do processo; 3) ***coertio*** (coerção): é o poder do juiz de aplicar medidas de coação processual para garantir a função jurisdicional, como o de obrigar testemunhas; 4) ***juditio*** (julgamento): é o poder do juiz de julgar o processo; 5) ***executio*** (execução): é o poder do juiz de executar a sentença, inclusive com o uso da força.

Considerando que na arbitragem o árbitro exerce jurisdição ao proferir sentença arbitral, em comparação à jurisdição estatal, é possível afirmar que na jurisdição arbitral o árbitro tem todos os elementos, exceto a *coertio* e *executio*.

Apesar da sentença arbitral ser determinante e possuir eficácia vinculante para as partes, os atos que impliquem constrição patrimonial são atribuídos apenas ao Estado. Noutros termos, o árbitro não pode praticar atos necessários ao cumprimento forçado da sentença arbitral, caso não seja cumprida voluntariamente.

3. Elemento formal: convenção de arbitragem

O árbitro recebe seus poderes de solução de controvérsias de convenção ou acordo privado (um negócio jurídico firmado entre duas ou partes confiando a solução dos litígios a árbitros), chamada **convenção de arbitragem**[328]. Essa convenção é a forma utilizada, de comum acordo pelas partes em conflito, quando nos defrontamos com litígios submetidos à via arbitral.

A convenção de arbitragem possui os seguintes requisitos de identificação: **a) voluntariedade**: é um acordo entre partes capazes litigantes com manifestação de vontade livre e desembaraçada; **b) alternatividade**: as partes capazes litigantes acordam em submeter a solução de um conflito (quanto ao momento: pode ser originária ou superveniente (tendo em vista o início do litígio envolvendo direito disponível ao juízo arbitral, podendo quanto ao objeto, ser total ou parcial.

[328] "A convenção de arbitragem é o instrumento pelo qual as partes manifestam a vontade de suprimir o Poder Judiciário da apreciação do mérito de um litígio que envolva direitos patrimoniais disponíveis para entregá-lo ao juízo de um árbitro escolhido por elas" (OLIVEIRA, Allan Helber de; e VILELA, Marcelo Dias Gonçalves. *Processo Civil 4: Procedimentos Especiais.* Editora Saraiva. 2005).

A arbitragem pode revestir uma forma contratual ou consensual. No primeiro caso, temos cláusula arbitral ou compromissória; no segundo, temos um compromisso arbitral, processado com fundamento num documento que manifesta o compromisso das partes em submeter o conflito à arbitragem[329].

Quando o pacto arbitral é negociado antes do surgimento do litígio, fala-se em **cláusula arbitral.** A negociação é feita quando da feitura do contrato. Desta forma, as partes podem, antes do surgimento do conflito, firmar convenção por meio do qual será utilizada a arbitragem para os conflitos que surgirem.

No entanto, quando o acordo de arbitragem é negociado após o surgimento do litígio, fala-se em **compromisso arbitral**. A negociação é feita quando a ocorrência da disputa. Para que seja possível a utilização da arbitragem após surgimento do conflito, é necessário que as partes firmem compromisso arbitral, nos termos do artigo 10 da Lei 9.307/96.

Por motivos evidentes de autonomia de vontade, tanto a cláusula compromissória como o compromisso arbitral, implicam em renúncia[330] dos

[329] Em ambas as espécies, é certo que as partes contratantes ficam obrigadas a resolverem a contenda por meio de arbitragem, salvo, claro, se ocorrer o distrato.

[330] Quanto a renúncia a Prestação Jurisdicional do Poder Judiciário Ricardo Ranzolin aponta o seguinte:
"Leonardo Aravena Arredondo sustenta que seria impróprio falar de derrogação da jurisdição em relação ao ajuste da arbitragem, porque "[. . .] la ley lo permite pero no lo impone"[1]. Carnelutti fala em "[. . .] verdadero efecto prorrogativo de la jurisdicción"[2]. Pontes de Miranda, com mais clareza, leciona que: "No fundo, compromisso é renúncia ao juízo estatal, à processualidade estatal da relação jurídica entre as partes e a pessoa que tem, em virtude do seu estatuto, a cognição"[3].
Segundo Carreira Alvim[4], a contratação da arbitragem não ensejaria propriamente uma renúncia ao julgamento estatal das controvérsias, mas apenas uma neutralização temporária da jurisdição estatal, pela escolha de outra via, que proporcionaria resultado idêntico ao propiciado pelo julgamento dos órgãos do Poder Judiciário.
Contudo, o que parece é que a neutralização da jurisdição estatal já é o efeito. Assim, a escolha pela arbitragem consubstancia uma ínsita renúncia mesmo à pretensão processual[5] no que pertine ao seu exercício em relação a lides determinadas. Há uma renúncia com eficácia de gerar neutralização, ao menos parcialmente, da jurisdição estatal.
Não se trata de uma renúncia pura e simples, e sim de uma renúncia condicionada à efetiva abertura da outra via para solução da controvérsia: o juízo arbitral. Tanto que uma vez

contratantes em levar eventuais problemas ao Judiciário[331]. Em regra, nestes casos, a opção pela arbitragem resulta da livre manifestação de vontade das partes. Com frequência, a arbitragem processa-se no contexto da crise em relação ao Poder Judiciário pela frustração na distribuição de justiça. Morosidade e dificuldade do acesso demonstram prejuízos nos métodos tradicionais de solução de conflitos correspondentes ao sistema judicial brasileiro.

3.1. Cláusula arbitral[332]: em sentido estrito, cláusula arbitral é a previsão contratual em que as partes se comprometem a submeter eventuais conflitos futuros em torno da relação contratual à arbitragem.

abandonada pelas partes ou invalidada a escolha pela arbitragem, por qualquer razão, deixa de operar a renúncia à pretensão processual em face das lides objeto da convenção arbitral. A arbitragem, por esse particular, claramente não se confunde com pactum non petendo ou non defendendo, visto que as partes não renunciam à sua pretensão de postular por seus alegados direitos materiais sob lide; apenas escolhem fazê-lo perante o árbitro[6]. Essa averiguação de que a contratação da arbitragem não implica renúncia à obtenção da solução da lide – pois tal se dará pelo juízo arbitral –, em nada afeta, porém, a ilação de que houve renúncia a que o processo e o julgamento se dêem pela jurisdição estatal, pois o juízo arbitral, como já visto, não é espécie daquela.
Assim, se crê que a contratação da arbitragem pressupõe, necessariamente, uma renúncia (embora sempre condicionada) focada na pretensão processual, ou, dito mais precisamente, focada em alguns exercícios da pretensão processual. Renúncia esta que previne que a lide guindada pelo acordo de vontade das partes ao juízo arbitral seja decidida através da jurisdição estatal"
RANZOLIN, Ricardo, Controle Judicial da Arbitragem, Rio de Janeiro, GZ Editora, 2011, 244 p85.

331 Neste sentido, colaciona-se o posicionamento de Armando Luiz Rovai e Paulo Sérgio Nogueira Salles Junior: "Cumpre trazer a baila que no momento em que as partes decidem por convencionar a cláusula compromissória, têm-se, como elemento fundamental, a renúncia à prestação jurisdicional estatal, possuindo uma relação instrumental ao contrato que está inserida."
Rovai, Armando Luiz e Salles Júnior, Paulo Sérgio Nogueira, Temas de MEDIAÇÃO E ARBITRAGEM V, Coordenação: Asdrubal Franco Nascimbeni, Maria Odete Duque Bertasi e Ricardo Borges Ranzolin, Lex Editora S/A, São Paulo, 2021.

332 O art. 4º da Lei de Arbitragem define a cláusula compromissória como a convenção através da qual as partes em um contrato comprometem-se a submeter à arbitragem os litígios que possam vir a surgir, relativamente a tal contrato. O artigo 853 do Código Civil

Como a doutrina assinala, encontramos duas notas características na cláusula arbitral: **a) formalidade**: é inserida no contrato ou em documento separado que remeta ao contrato; **b) anterioridade**: precede a existência dos possíveis conflitos quanto aos direitos e obrigações numa relação contratual; **c) documentação**: é sempre feita por escrito; **d) obrigatoriedade**: tem força cogente entre os contratantes; **e) autonomia**: é autônoma em relação ao contrato em que for inserido, de forma que a nulidade do contrato não implicará em nulidade da cláusula compromissória[333]; **f) caráter obrigacional:** estabelece a obrigação de fazer, de instaurar um procedimento arbitral quando surgir o litígio relativo ao objeto do contrato.

A cláusula compromissória pode estabelecer uma arbitragem institucional, em que há entidade especializada para realizar a arbitragem (nesse caso, o procedimento arbitral observará as regras da instituição escolhida), ou uma arbitragem *ad hoc*, em que o procedimento arbitral é fixado pelas partes.

Nos contratos de adesão, em conformidade com o artigo 4º, §2º da Lei 9.307/96, a cláusula compromissória só terá eficácia se o aderente tomar a iniciativa de instituir a arbitragem ou concordar, expressamente, com a sua instituição. No caso de violação ao artigo 4º, §2º da Lei 9.307/96 há nulidade[334].

Na cláusula compromissória, a escolha da via arbitral afasta a via judicial na solução do conflito. No entanto, mesmo eleita a via arbitral, as partes poderão recorrer ao Judiciário em caso de distrato ou para invalidação da sentença arbitral. A cláusula compromissória pode ser de duas espécies:

dispõe: Admite-se nos contratos a cláusula compromissória, para resolver divergências mediante juízo arbitral, na forma estabelecida em lei especial.

333 "Não se sujeita à regra da acessoriedade, pois no mesmo nível do contrato principal. Apesar de formalmente inserido no âmbito do contrato, dele se destaca o ajuste arbitral para fins e efeitos de sua validade e execução" (Martins, Pedro Batista. Autonomia da Cláusula Compromissória. Disponível em http://www.arcos.org.br/livros/estudos-dearbitragem-mediacao-e-negociacao-vol2/segunda-parte-artigos-dos-professores/autonomia-da-clausula-compromissoria. Acesso em: 25 fev. 2019).

334 AgInt no AgInt no AREsp 1029480/SP, Rel. Ministro Raul Araújo, Quarta Turma, julgado em 06/06/2017, DJe 20/06/2017.

a) **cheia (completa ou determinada ou em preto):** é a que contém descrição suficiente sobre o modo de instituição da arbitragem, estabelecendo os elementos mínimos sobre a forma de nomeação dos árbitros, nos termos do artigo 13, §3º da Lei 9.307/96[335]. Essa cláusula assume, no contexto da arbitragem, a característica da auto-executoriedade, de forma que, a parte interessada notifica a outra e apresenta petição de instauração da arbitragem perante o árbitro ou tribunal arbitral. Nessa cláusula pode estar prevista a mediação antes do início do processo arbitral;

b) **vazia (incompleta ou indeterminada ou em branco):** é a que não contém a descrição suficiente sobre o modo de instituição da arbitragem, com omissão total sobre o modo de nomeação dos árbitros[336]. Os interessados deverão se reunir para celebrar o compromisso arbitral. Nesta cláusula, em regra, a parte interessada, na forma do art. 6°, manifestará à outra parte sua intenção de dar início à arbitragem, por via postal ou por outro meio de comunicação: **a) no caso de concordância:** o compromisso deve ser pactuado e o procedimento se inicia normalmente; **b) no caso de discordância ou ausência da parte convocada:** poderá a outra parte propor a demanda, nos termos do art. 7º da Lei de Arbitragem.

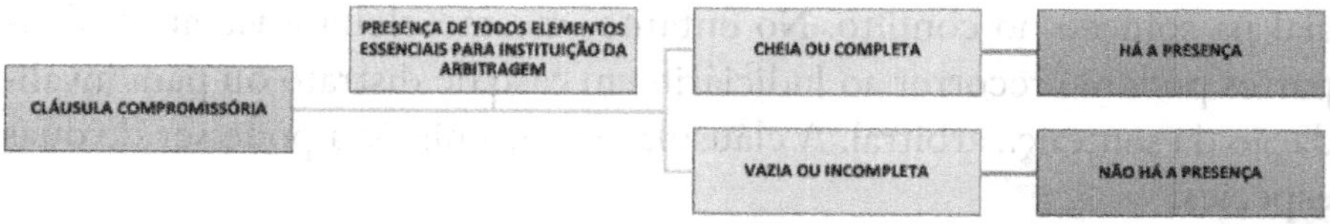

[335] Artigo 13, §3º da Lei 9307/96: As partes poderão, de comum acordo, estabelecer o processo de escolha dos árbitros, ou adotar as regras de um órgão arbitral institucional ou entidade especializada.

[336] Na arbitragem vazia a estipulação dos elementos essenciais para instituição da arbitragem fica diferida para o momento em que a arbitragem efetivamente se mostre necessária. Eventual controvérsia sobre as regras e condições da arbitragem deverá ser dirimida pelo Poder Judiciário (art. 7º da Lei de Arbitragem), lavrando-se o respectivo compromisso arbitral.

No caso de **preliminar da convenção arbitral**, o juiz deve ouvir o demandante sobre a preliminar. Após a oitiva o juiz profere decisão: **a) acolhimento da preliminar**: o juiz reconhece a competência arbitral e extingue o processo sem resolução do mérito; **b) não acolhimento da preliminar**: há o prosseguimento do processo judicial, de forma que a arbitragem não pode ser realizada por motivo de litispendência. Se, por acaso, a arbitragem for realizada, a decisão do árbitro ou do tribunal arbitral será juridicamente inexistente.

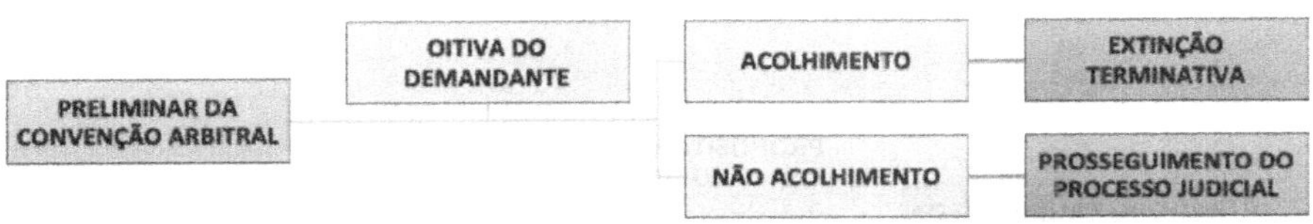

No caso de **preliminar da convenção arbitral**, o juiz ao ouvir o demandante sobre a preliminar constata a alegação da irregularidade da referida convenção arbitral. Neste caso o juiz poderá entender pela: **a) irregularidade da convenção arbitral:** nesse caso determina o prosseguimento do processo judicial. A mesma orientação é válida neste caso de que se, por acaso, a arbitragem for realizada, a decisão do árbitro ou do tribunal arbitral será juridicamente inexistente; **b) regularidade da convenção arbitral**: o juiz reconhece a competência arbitral e extingue o processo sem resolução do mérito.

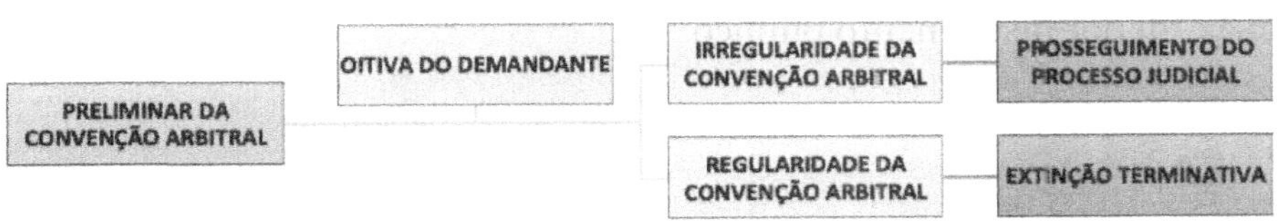

No caso de existência da convenção arbitral, e não houver alegação da preliminar da convenção arbitral, o entendimento é de que houve renúncia tácita das partes à utilização da arbitragem, de forma que haverá, neste caso, o prosseguimento do processo judicial.

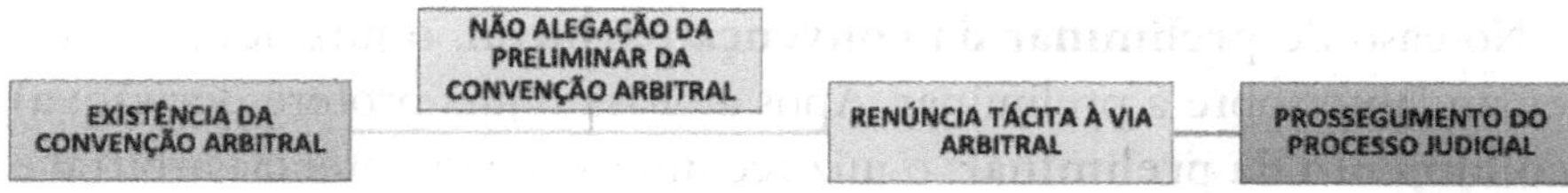

Já no caso de ser proposta ação judicial, após instauração da arbitragem, o juiz deve ouvir as partes a respeito da litispendência: a) se as partes, em comum acordo, desistirem da arbitragem: ocorrerá o prosseguimento do processo judicial; b) se não houver acordo entre as partes: o juiz pode acolher a litispendência e extinguir o processo sem resolução do mérito.

3.2. Compromisso arbitral[337]: diz compromisso arbitral um acordo feito pelas partes litigantes para submissão do conflito à solução arbitral após o surgimento do conflito. Efetuando-se o compromisso arbitral sempre com fundamento na concordância expressa de todos os envolvidos, deve-se assinalar que é feito após o surgimento dos conflitos.

O compromisso arbitral pode ser **judicial**, celebrado por termo nos autos, perante o juízo ou tribunal, onde tem curso a demanda; ou **extrajudicial**, celebrado por escrito particular, assinado por duas testemunhas, ou por instrumento público.

[337] Art. 9º da Lei 9.307/96: O compromisso arbitral é a convenção através da qual as partes submetem um litígio à arbitragem de uma ou mais pessoas, podendo ser judicial ou extrajudicial. § 1º O compromisso arbitral judicial celebrar-se-á pôr termo nos autos, perante o juízo ou tribunal, onde tem curso a demanda. § 2º O compromisso arbitral extrajudicial será celebrado por escrito particular, assinado por duas testemunhas, ou por instrumento público.

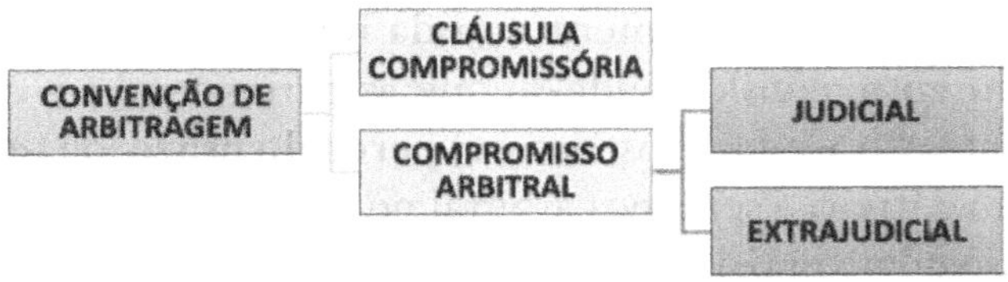

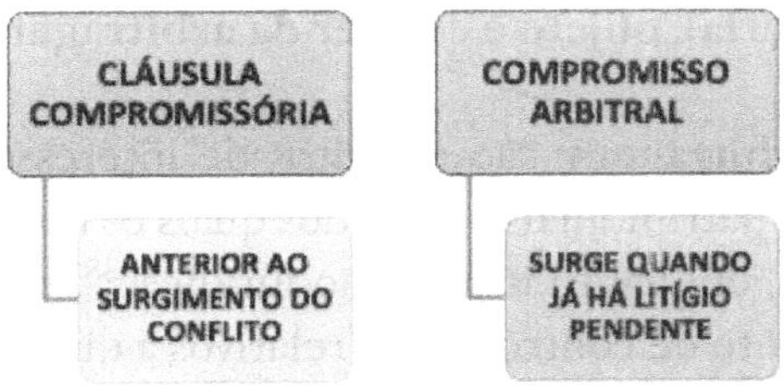

O compromisso arbitral é uma peça técnica, que deve preencher os requisitos legais, que podem ser obrigatórios (a falta gera nulidade) ou facultativos.

São requisitos obrigatórios: a) a qualificação das partes que pretendem levar sua contenda ao procedimento arbitral; b) qualificação do árbitro e a identificação da instituição encarregada da indicação do árbitro, se for o caso; c) a identificação da matéria objeto da arbitragem; e d) o local em que será proferida a sentença arbitral.

São requisitos facultativos: a) a identificação do local onde se desenvolverá a arbitragem; b) a autorização para que o árbitro julgue por equidade, se assim for convencionado pelas partes, na forma do art. 2°; c) o prazo para que a sentença arbitral seja proferida; d) a indicação da lei nacional ou das regras corporativas aplicáveis à arbitragem, quando assim convencionarem as partes; e) a declaração da responsabilidade pelo pagamento dos honorários e das despesas com a arbitragem; e f) a fixação dos honorários do árbitro ou dos árbitros.

Na Lei 9.307/96 há três hipóteses que geram a extinção do compromisso arbitral: **a) escusa do árbitro** – antes de aceitar a nomeação –, desde que as partes tenham declarado, expressamente, não aceitar substituto. Havendo a escusa, devem as partes indicar o substituto, a fim de que ele possa avaliar se aceitará ou não a nomeação. Em hipóteses excepcionais, podem as partes declarar, desde logo, que não têm interesse em aceitar substitutos; **b) falecimento ou da impossibilidade do árbitro proferir seu voto**, considerando-se que as partes também declararam anteriormente não aceitar substituto; **c) perda do prazo**, ou seja, quando o árbitro não entrega a sentença arbitral no prazo fixado pelas partes no compromisso ou no prazo indicado pelo regimento interno da câmara.

4. Elemento material: objeto e caráter da arbitragem

4.1. Objeto da arbitragem: são conflitos de interesses intersubjetivos relativos a direitos patrimoniais acerca dos quais os litigantes possam dispor. A arbitragem, enquanto instituição jurídica[338], pode ser entendido como um julgamento de controvérsias relativos a direitos transigíveis.

4.2. Caráter da arbitragem: a arbitragem, contratual ou consensual, investe as partes da competência de resolução dos conflitos pela opção de solucionar controvérsias por meio de árbitros imparcial e com experiência na área de disputa que emitem decisões com força de sentença judicial.

O uso da arbitragem é facultativo no Brasil, devendo, naturalmente, a escolha ser prevista em contrato (antes do litígio) ou por acordo posterior ao surgimento do conflito. Como sabemos, a arbitragem só será obrigatória se houver lei determinando que conflitos relacionados a assuntos específicos serão necessariamente resolvidos pelo procedimento arbitral.

Fora do âmbito da autonomia da vontade, a arbitragem não pode ser usada como método alternativo de solução do litígio. Nestes termos, como forma privada e ágil de composição de controvérsias, a arbitragem fomenta o papel ativo das partes na solução de disputas integrando suas vozes na identificação dos conflitos e articulação na escolha, compreensão e busca de soluções objetivas e extrajudiciais do conflito.

É importante ressaltar que a inconstitucionalidade na obrigatoriedade da arbitragem está na não possibilidade de restrição do acesso ao Judiciário por meio de lei; o uso da arbitragem deve ser facultativo, resultando num mecanismo alternativo à solução dos litígios.

[338] SAVIGNY, Friedrich Karl Von. *Ciencia del derecho*. Buenos Aires: Losada, 1949, v. 1.

Capítulo 6
A Figura do Árbitro

A essencialidade do árbitro[339] se põe em evidência com o seu reconhecimento como elemento subjetivo decisório de controvérsias, renunciando à jurisdição estatal, para se tornarem juiz de fato e de direito a proferir decisão final e vinculante às partes. Na medida em que o árbitro não integra a estrutura oficial de qualquer país, nem substitui o juiz estatal na função de julgar, mas recebe jurisdição das partes litigantes, por convenção privada, assume autoridade para decidir uma controvérsia.

Nesta linha, a decisão arbitral não pode ser considerada como mero repositório de recomendações, mas sim como um comando que encerra uma tríplice finalidade: a) declarativa (reconhece e aplica direito ao caso concreto); b) protetiva (possibilita a pacificação social); c) vinculante (possui eficácia mandatória e determinante às partes).

O árbitro, como apto a resolução dos litígios, deve ser visto como uma reunião de aspectos, que conjugados possibilitam a realização do ideal de justiça social, oportunidades equilibradas aos litigantes, participação democrática e tutela jurídica efetiva[340]:

[339] "Discorrer sobre o papel do árbitro no procedimento arbitral impõe, inicialmente, refletir sobre um adágio mundialmente conhecido: 'a arbitragem vale o que vale o árbitro', fato incontroverso. E mais, saliento que 'o árbitro representa a chave da abóbada da arbitragem e ao seu redor gravitam todos os temas e conceitos afeitos à arbitragem" (Lemes, Selma Maria Ferreira. *Árbitro: princípios da independência e da imparcialidade: abordagem no direito internacional, nacional e comparado. Jurisprudência (Lei 9307/96, sobre arbitragem)*. São Paulo: LTR, 2001).

[340] Moralles, Luciana Camponez Pereira. *Acesso à justiça e o princípio da igualdade*. Porto Alegre: Sergio Antonio Fabris Editora, 2006.

1. Capacidade civil[341]**:** pode ser árbitro qualquer pessoa capaz. Quando a lei de arbitragem prevê que qualquer pessoa pode ser árbitro, surgem duas correntes de pensamento: a) a primeira corrente **restritiva** sustenta que somente pessoa natural tem aptidão para ser árbitro; b) a segunda corrente **ampliativa** sustenta que uma pessoa jurídica, também, pode ser árbitro, sendo que, nesse caso, a sentença arbitral firmada pela pessoa jurídica se fará representar pela pessoa natural designada nos seus atos constitutivos[342].

Além do requisito da espécie de pessoa, a lei de arbitragem também exige que a pessoa seja capaz. Essa capacidade é a regulada pela legislação civil. Não basta a capacidade civil de direito, pois é atributo inerente à condição de ser pessoa, entendida como aptidão para adquirir direitos e obrigações na ordem civil; é necessário que o árbitro tenha a capacidade civil de fato, ou seja, tenha aptidão para exercer, por si, os direitos e deveres na ordem civil.

Desta forma, o árbitro não pode ser absolutamente incapaz (menores de 16 anos) nem relativamente incapaz (maiores de 16 anos e menores de 18 anos; ébrios habituais; viciados em tóxicos; os pródigos; e os que, por causa transitória ou permanente, não puderem exprimir sua vontade). O árbitro deve ser pessoa plenamente capaz, segundo legislação civil; o árbitro poderá ser qualquer pessoa maior de idade, no domínio de suas faculdades mentais.

2. Competência do árbitro: o árbitro tem que ser particular, não podendo ter investidura na jurisdição estatal. Não exige formação específica em alguma área do conhecimento. É recomendável que seja especialista no conhecimento da área do conflito entre as partes, sobretudo quando se discute matéria de ordem técnica.

341 Vide artigo 13 da Lei 9307/96.

342 "No entendimento da doutrina majoritária, a pessoa jurídica não pode ser arbitra, devendo esta ser pessoa natural. No entanto, conforme entendimento desta cátedra, as pessoas jurídicas podem ser árbitras, vez que também são dotadas de personalidade e capacidade, e este é o único requisito exigido pela lei" (Rosa, Isabella. A arbitragem e os seus pontos essenciais. Disponível em: https://isabellarosa.jusbrasil.com.br/artigos/189325889/a-arbitragem-e-seus-pontos-principais. Acesso em 11/08/2018).

No caso de colegiado arbitral, é recomendado que haja uma composição híbrida[343], ou seja, uma composição por profissionais de diversas áreas do conhecimento científico, na busca da melhor compreensão e solução da controvérsia[344].

A compreensão inteligível da realidade ao permitir ações adequadas para satisfação das necessidades e resolução dos problemas, ultrapassando as aparências para chegar à essência, necessita de um caminho, um método que garanta a elucidação da realidade e não a verdade[345].

3. A livre escolha do árbitro pelas partes: o árbitro é escolhido e nomeado pelas partes litigantes de comum acordo. A lei de arbitragem exige que o árbitro tenha a confiança das partes. Com efeito, o árbitro quando oferece suas ações e comportamentos com conhecimento técnico, ética e imparcialidade, garante uma atuação confiável. Trata-se de insumo para estratégias na resolução da controvérsia com respeito à autonomia privada, impedindo a produção de ações ilícitas e prejudiciais às partes envolvidas no conflito.

343 "Painéis híbridos, compostos, então, com pessoas de diversas áreas de conhecimento, têm se mostrado extremamente úteis em diversas situações, com proveitosos resultados na análise de conflitos específicos, mas de toda a conveniência que a presidência fique aos cuidados de quem tem intimidade com as questões jurídicas da arbitragem, pelas tarefas atribuídas ao presidente do colegiado [...]." (CAHALI, Francisco José. *Curso de arbitragem: Mediação, conciliação, Resolução CNJ 125/2010*. São Paulo: Revista dos Tribunais, 2015).

344 Em contraposição aos céticos que trazem a dúvida e a impossibilidade e/ou dificuldade para se chegar ao conhecimento ou à verdade, entendemos que o conhecimento do mundo é possível, sem ignorar a dúvida, é relativo a um contexto ou horizonte do seu significado, sendo um processo de construção de estruturas em constante evolução. O conhecimento humano de característica cumulativa não impede a caracterização do conhecimento científico como uma espécie de conhecimento com metodologia própria, surgido com os filósofos gregos, e que assumiu destaque no período pós-iluminista, colocando-se, desde então, como objeto de reflexão ao longo da história do pensamento até os dias atuais, *um campo social como outro qualquer, cheio de relações de força, disputas e estratégias* (BOURDIEU, P. *Os usos sociais da ciência: por uma sociologia clínica do campo científico*. São Paulo: Editora UNESP, 2002).

345 LUCKESI, Cipriano. *Filosofia da educação*. São Paulo: Cortez, 1994, p, 121-131.

Neste aspecto da voluntariedade estão incluídos os seguintes assuntos: a) processo de escolha do árbitro; b) eleição do presidente do tribunal arbitral.

Em relação ao processo de escolha do árbitro temos duas formas[346]: **a) consensual:** as partes de comum acordo estabelecem o processo de escolha dos árbitros; **b) adotiva**: as partes adotam as regras de órgão arbitral institucional ou entidade especializada.

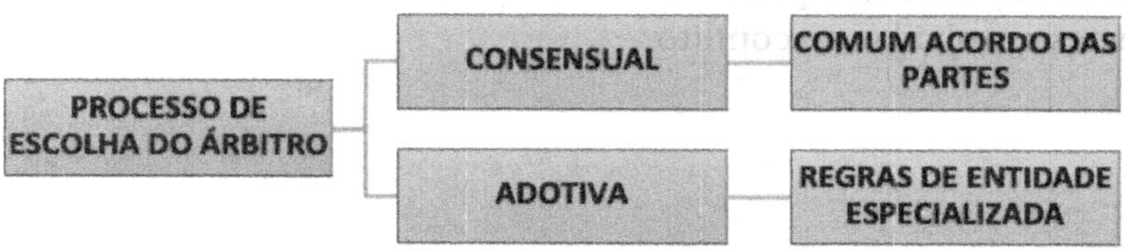

No tocante à eleição do presidente do tribunal arbitral existem duas formas de nomeação[347]: **a) consensual**: os próprios árbitros, por maioria, elegem o presidente; **b) etária:** não havendo consenso entre os árbitros, será designado o mais idoso.

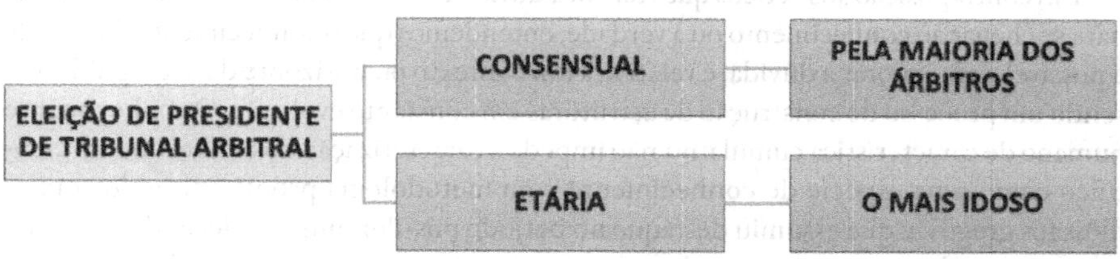

346 Vide artigo 13, §3º da Lei 9307/96.

347 Vide artigo 13, §4º da Lei 9307/96.

4. Número de Árbitros[348]: a questão litigiosa quando resolvida por vários árbitros (tribunal arbitral), escolhidos pelas partes de comum acordo, é importante ressaltar que deve ser em número ímpar, para evitar empate nas decisões. Porém, quando em número par, a nomeação de mais um árbitro ocorre, em regra, por escolha de comum acordo pelas partes; não havendo acordo, a nomeação pode ser requerida ao Poder judiciário (neste caso o judiciário fará a nomeação do árbitro ímpar).

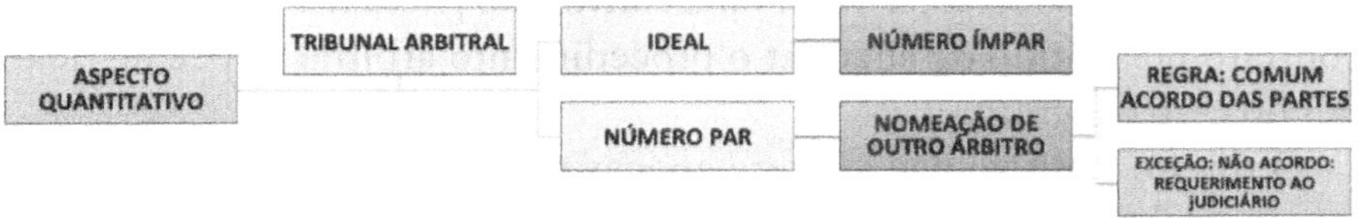

5. Poderes do Árbitro[349]: deve ter uma atuação com imparcialidade (após a aceitação da nomeação como árbitro, o mesmo deve decidir sobre questões relativos à seu impedimento, suspeição ou competência), independência, competência, diligência e discrição. Não pode ter interesse no resultado da demanda e não pode estar vinculado a nenhuma das partes.

O exercício das funções de árbitro tem termo inicial (quando o árbitro aceita a indicação; após aceitação da nomeação como árbitro pode decidir sobre a existência, validade e eficácia da convenção de arbitragem) e termo final (com a conclusão do procedimento e a sentença arbitral). Nesta dimensão o árbitro deve ser:

a) **Fiscal da lei:** cabe ao árbitro zelar pela regularidade da arbitragem até seu encerramento, tomando as providências necessárias para garantir a plena observância do devido processo legal.
b) **Julgador:** o árbitro tem o poder de decidir a causa que lhe é submetida, incluindo as questões de fato e de direito, de mérito e processuais. É julgar o conflito e oferecer uma decisão.

[348] Vide artigo 13, §1º da Lei 9307/96.
[349] Vide artigo 13, §6º da Lei 9307/96.

É importante acentuar que, durante o exercício de suas funções o árbitro não pode: a) decidir sobre questões de direito indisponível e/ou não patrimonial; b) praticar atos de coação material (força física) contra as partes e/ou terceiros e sobre bens, pois não tem o poder de império, que é monopolizado pelo Estado (o árbitro não tem poder coercitivo direto, não podendo impor, contra a vontade do devedor, restrições a seu patrimônio, como a penhora, e nem excussão forçada de seus bens); c) deixar de suspender o processo arbitral diante da existência da cláusula de mediação; d) deixar de observar a convenção pactuada pelas partes no contrato no sentido de adequar o procedimento arbitral às peculiaridades do caso concreto.

O direito positivo não confere apenas poderes aos árbitros. Ao contrário, estabelece certos deveres que devem ser por eles cumpridos para evitar que sejam responsabilizados pelo descumprimento.

São os deveres dos árbitros: **a) esclarecimento**: agir de modo transparente e pragmático, proferindo comandos claros e objetivos; **b) consulta:** incentivar o diálogo; **c) prevenção**: alertar riscos e diligenciar para que os atos processuais não sejam praticados de forma viciada; **d) auxílio**: remover eventuais obstáculos impeditivos; **e) operosidade:** máxima dedicação à causa, atuando de forma produtiva e laboriosa para assegurar o efetivo acesso à justiça.

6. Exclusão do árbitro impedido ou suspeito

A imparcialidade do árbitro significa a inexistência de motivos de ordem pessoal, com as partes ou com o litígio que lhe foi submetido. Esses motivos pessoais influenciam no ânimo do árbitro, devendo ser afastado do julgamento da controvérsia, já que no desempenho da função não pode ter qualquer fato que denote dúvida justificada quanto à sua imparcialidade e independência[350].

Há um dever para o árbitro revelar, de ofício, antes da aceitação da função, seu próprio impedimento ou suspeição, ou seja, qualquer fato que denote dúvida justificada quanto à sua imparcialidade e independência[351]. Além do dever, há para a parte interessada a exceção para afastar o

[350] Vide artigos 13, §6º, 14 e §1º, todos da Lei 9307/96.

[351] Vide artigo 14, §º1º da Lei 9307/96

árbitro suspeito ou impedido. Essa exceção processa-se por meio de uma arguição com razões e provas, apresentada diretamente ao árbitro ou ao presidente do tribunal[352].

A exceção de impedimento e/ou suspeição deve ser apresentada pela parte interessada na primeira oportunidade que tiver de se manifestar, após instituição da arbitragem[353]. No caso da **exceção de impedimento e/ou suspeição do árbitro**: a) árbitro reconhece impedimento ou suspeição (acolhimento): ocorre o afastamento do árbitro impedido e/ou suspeito; ocorrerá a substituição por outro[354]; b) árbitro não reconhece impedimento ou suspeição (não acolhimento): ocorre o prosseguimento da arbitragem; nada impede que a questão seja suscitada em sede de ação anulatória[355].

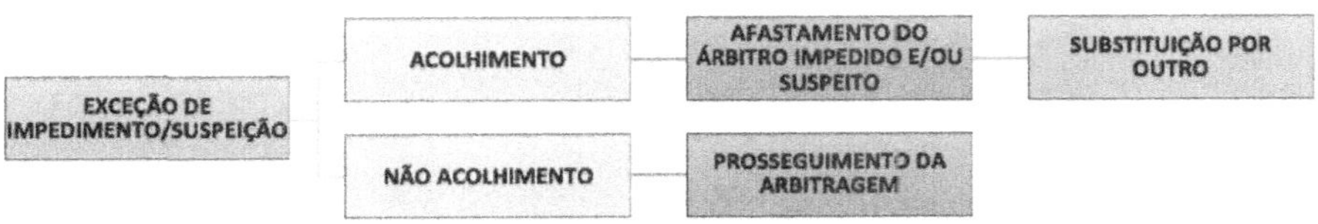

No procedimento de **substituição do árbitro impedido e/ou suspeito**[356], deve-se verificar, em primeiro lugar, o disposto na convenção de arbitragem. Na convenção pode ter previsão sobre substituição. Se houver, será observada a previsão. Não dispondo a convenção de arbitragem sobre a substituição das partes, de comum acordo, devem nomear um substituto; se as partes não chegarem num acordo, podem requerer no Judiciário.

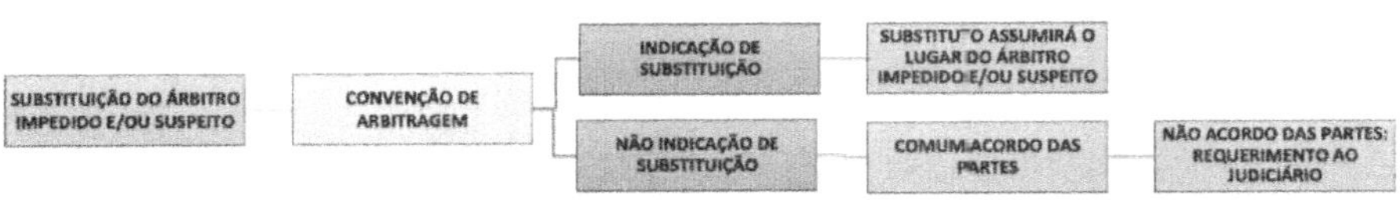

352 Vide artigo 15 da Lei 9307/96.
353 Vide artigo 20 da Lei 9307/96.
354 Vide artigo 20, §1º da Lei 9307/96.
355 Vide artigo 20, §2º da Lei 9307/96.
356 Vide artigo 16 e §§ 1º e 2º da Lei 9307/96.

Capítulo 7
Princípios Informadores da Arbitragem

1. Dos princípios jurídicos

1.1. Contexto pós-positivista

A insuficiência do positivismo jurídico tradicional diante das novas exigências de uma sociedade global e complexa faz emergir o paradigma do Estado Constitucional do Direito pós-positivista[357] focado no reforço de mecanismos de garantia, em especial, no que respeita à promoção da dignidade humana e dos direitos fundamentais.

Neste contexto em que critérios e referências de índole moral começam a surgir como fazendo parte integrante do direito[358], dando origem

[357] Para alguns se confunde com o jusnaturalismo em que o direito se encontra fundado na moralidade (Atienza, Manuel. *Es el positivismo jurídico una teoría aceptable del derecho?* In: Moreira, Eduardo Ribeiro; Gonçalves Júnior, Jerson Carneiro; Bettini, Lucia Helena Polleti (Org.). Hermenêutica constitucional- homenagem aos 22 anos do grupo de estudos Maria Garcia. Florianópolis: Conceito Editorial, 2009), para outros marca o rompimento com o positivismo clássico fundamentado na segurança jurídica pela adoção dos valores que ingressam no sistema jurídico, por intermédio dos princípios, com o intuito de permitir a tomada de decisões com base em parâmetros de justiça ou tem significado mais amplo como uma posição jusfilosófica coerente à complexidade social que demanda um Direito mais atento ao pluralismo do mundo pós-moderno (Carvalho Fernandes, Ricardo Vieira de & Bicalho, Guilherme Pereira Dolabella. *Do positivismo ao pós-positivismo jurídico. O atual paradigma jusfilosófico constitucional.* In: Brasília a. 48 n. 189 jan./mar. 2011, p. 105-131).

[358] Atienza, Manuel. *Argumentación y Constitución.* In: Aguiló Regla, Joseph, Atienza, Manuel & Ruiz Manero, Juan. Fragmentos para uma teoria de la constitución. Madrid: Iustel, 2007, p. 113-182.

a uma nova maneira de ver o Direito, com a consciência de que se trata de uma moralidade intersubjetiva, a Constituição passa a ser vista não mais apenas como um documento essencialmente político, um estatuto do poder[359], mas como um ordenamento normativo capaz de determinar as relações de um país, fixando diretrizes e os valores que servem de padrões de conduta política e jurídica, em torno do qual se forma um consenso fundamental para os integrantes de uma comunidade[360].

Essa "revolução" na visão do pensamento jurídico no pós-guerra significa assumir uma relação de complementação recíproca entre moral e o direito positivo, reconhecendo força normativa aos princípios[361]. O foco dessa visão está em uma concepção valorativa, seja pelos princípios, seja pela abordagem dos direitos fundamentais e se refere ao mínimo ético nos produtos normativos[362].

"Pós-positivismo" significa assumir a responsabilidade de imposição dos limites valorativos ao aplicador do direito, com uma pretensão de correção do sistema, admitindo critérios materiais de validade das normas, reconhecendo com a abertura valorativa do sistema jurídico princípios como normas jurídicas.

1.2. Força normativa

Num estágio evolutivo, podemos afirmar que os princípios na *fase jusnaturalista* confundiam-se com a justiça; na *fase positivista* passa a ter força normativa, mas subsidiária ou integrativa; e hoje, na *fase pós-positivista*, os

[359] Burdeau, George. *O Estado.* São Paulo: Editora Martins Fontes, 2005.

[360] Canotilho, José Joaquim Gomes. *Teoria da Constituição e Direito Constitucional.* Coimbra: Editora Coimbra, 2014; Anderson, Gavin W. *Constitutional Rights after Globalization.* Oxford and Portland. Oregon: Hart Publishing, 2005, p. 5-6; Barroso, Luís Roberto. *Neoconstitucionalismo e constitucionalização do direito.* Revista de Direito Administrativo. Rio de Janeiro, volume 240, 2005.

[361] Habermas, Jürgen. *Direito e democracia: entre facticidade e validade, volume I*. tradução: Flávio Beno Siebeneichler. Rio de Janeiro: Tempo Brasileiro, 1997, p. 139-141.

[362] "o pensamento jurídico ocidental está sendo conduzido a uma concepção substancialista e não formal do direito, cujo ponto de penetração mais que uma metafísica da justiça, em um axioma de matéria legal, tem sido encontrado nos princípios gerais do direito, expressão desde logo de uma justiça material, porém especificada tecnicamente em função dos problemas jurídicos concretos" (Enterría. Eduardo García. *Reflexiones sobre la ley y los principios generales del derecho.* Madrid: Editorial Civital, 1986, p. 30).

princípios passam a ter força normativa irradiante, com influência direta e imediata no ordenamento jurídico, de forma a condicionar a validade e o sentido das normas infraconstitucionais e das relações sociais[363].

Os princípios são os alicerces de uma ciência, funcionando como normas informadoras, auxiliando na compreensão e na orientação das regras. No caso de desrespeito a um princípio, haverá quebra de todo o sistema jurídico, pois acutelar um princípio constitucional é como destruir os mourões de uma ponte, fato que, por certo, provocará seu desabamento[364]. Em face da doutrina, o princípio possui os seguintes aspectos:

a) **finalístico:** os princípios definem a lógica e a racionalidade do sistema; dão tônica, harmonia, estrutura e coesão para o sistema; e traçam rumos a serem seguidos pela sociedade e pelo Estado;
b) **funcional:** os princípios são ideias fundamentais e informadoras da organização jurídica da nação; cumprem uma função informadora, devendo as diversas normas do ordenamento jurídico estar em sintonia com os princípios; são vetores para soluções interpretativas; são nortes da atividade interpretativa e judicial; fortalecem o respeito à Constituição e garantem respeito a um bem da vida indispensável à essência do Estado democrático;
c) **conceitual:** os princípios integram o direito positivo; são fontes do direito; são ideias-base de normas jurídicas; são normas qualificadas (validade maior); são ideias matrizes, funcionando como mandamento nuclear do sistema, base do ordenamento jurídico.

Os princípios não se confundem com as regras. Os princípios são vagos e indeterminados, possuindo elevado grau de abstração. Com mandatos de otimização[365] possuem vários graus de concretização, podendo

363 "É predominante na doutrina que os princípios são normas jurídicas que representam valores aceitos e realizados ao longo do tempo a partir da experiência social de uma determinada sociedade" (Silva, Ivan Luiz da. *Introdução aos princípios jurídicos*. In: Revista de Informação Legislativa, Brasília a. 40 n. 160 out./dez. 2003, p. 269 – 290).
364 Carraza, Roque. *Direito constitucional tributário*. São Paulo: Malheiros, 2011.
365 "Os princípios não proíbem, permitem ou exigem algo em termos de 'tudo ou nada'; impõem a optimização de um direito ou de um bem jurídico, tendo em conta a 'reserva

ser cumpridos em diferentes níveis da graduação, conforme condições normativas e fáticas subjacentes[366]. Na colisão entre princípios, aplica-se a ponderação de valores, verificando pelas circunstâncias do caso concreto qual prevalecerá[367].

Já as regras são específicas, possuindo reduzido grau de abstração. Têm aplicação direta no caso concreto e possuem como conteúdo uma conduta ou uma estrutura. Como mandatos de determinação, são aplicadas de uma maneira do "tudo ou nada". Na colisão entre regras, a solução encontra-se no âmbito da validez, com utilização dos critérios hierárquico, cronológico ou especial.

2. Dos princípios em espécie

2.1. Princípio da confidencialidade[368]

Por dever de discrição ser sigilosa a atividade da arbitragem[369], na maioria das vezes, tende a ser sigilosa, de forma que o procedimento que ela desenvolve deve ter o acesso restrito para as partes envolvidas no con-

do possível', fáctica ou jurídica" (CANOTILHO, J.J. Gomes. *Direito Constitucional e Teoria da Constituição.* Coimbra: Editora Almedina, 1999).

366 "Os princípios são normas que ordenam que algo seja realizado na maior medida possível dentro das possibilidades fáticas e jurídicas existentes" (ALEXY, Robert. Teoria dos Direitos Fundamentais. P. 90).

367 "...o intérprete, à luz dos elementos do caso concreto, da proporcionalidade e da preservação do núcleo fundamental de cada princípio e dos direitos fundamentais, procede a uma ponderação de interesses. Sua decisão deverá levar em conta as normas e os fatos, em uma interação não-formalista, apta a produzir a solução justa para o caso concreto, por fundamentos acolhidos pela comunidade jurídica e pela sociedade em geral" (BARROSO, Luís Roberto. *Fundamentos teóricos e filosóficos do novo direito constitucional brasileiro (pós-modernidade, teoria crítica e pós-positivismo).* In: Revista Interesse Público, Sapucaia do Sul, n. 11, jul/set. 2001, p. 69).

368 Vide artigo 189, IV do NPCP: Os atos processuais são públicos, todavia tramitam em segredo de justiça os processos: IV – que versem sobre arbitragem, inclusive sobre cumprimento de carta arbitral, desde que a confidencialidade estipulada na arbitragem seja comprovada perante o juízo.

369 No direito positivo brasileiro, a Lei no 9.307/1996 não faz referência expressa à confidencialidade e, mas seu art. 13, § 6º, prescreve que: "No desempenho de sua função, o árbitro deverá proceder com imparcialidade, independência, competência, diligência e discrição".

flito e os árbitros. Esse limitado acesso ao procedimento arbitral evita constrangimento da exposição pública de conflito envolvendo pessoas e empresas, e possíveis danos de imagens e prejuízos.

É importante acentuar duas observações: a) a extensão do sigilo de forma a compreender a totalidade das informações das partes durante o processo arbitral, estendendo-se, inclusive, após a prolação da sentença arbitral; b) relatividade, já que não pode ser artifício para que se consagrem decisões irrecorríveis à margem da Ética.

2.2. Princípio da especialidade

O conhecimento[370] técnico da matéria objeto do litígio pelo árbitro que decidirá o caso. Tal princípio decorre da expertise do árbitro que dispõe de conhecimentos técnicos na área do conflito.

Na captação de um sentido no conhecimento técnico, o árbitro busca melhor compreender a controvérsia que lhe é apresentada, adotando formas explicativas e aprofundadas para solucionar os problemas particulares e práticos do litígio.

Cabe ressaltar que a controvérsia é compreenda pelo árbitro não apenas através das percepções imediatas, mas pela mediação das abstrações teóricas no contexto histórico-social, em que cada conhecimento novo é uma assimilação crítica dos conhecimentos anteriormente estabelecidos.

[370] A sociedade ao longo dos séculos tem vivenciado uma série de problemas e questionamentos que envolvem o seu modo de relacionar-se com o mundo que a rodeia, colocando em questão o conhecimento, não apenas como mecanismo de compreensão e transformação do mundo, mas como uma necessidade para a ação. O conhecimento, como capacidade humana para resolver os problemas da vida, com menos riscos e perigos, resultante da dinâmica simultânea dos aspectos físico, biológico e social, refletida num processo de conscientização da realidade e de apropriação da natureza pelo homem, é desenvolvido progressivamente em escalas cada vez mais complexas e com novas respostas às novas necessidades. Além de um processo histórico-social, o conhecimento como atividade humana de transformação da opacidade da realidade em caminhos "iluminados", pelo controle dos fenômenos naturais, ou por curiosidade intelectual, é uma criação da mente humana com seus conceitos e ideias implicado em um caminho não linear, constante e complexo da evolução (Luckesi, C. C. *Fazer universidade: uma proposta metodológica*. São Paulo: Cortez, 1985, p. 51; Germano, Marcelo Gomes. *Uma nova ciência para um novo senso comum*. Campina Grande: EDUEPB, 2011, p. 41. Disponível em: http://static.scielo.org/scielobooks/qdy2w/pdf/germano-9788578791209.pdf. Acesso em: 10/03/2012).

A compreensão inteligível e específica da realidade da controvérsia ultrapassa as aparências para chegar à essência[371], sendo um processo de construção de estruturas em constante evolução, *um campo social como outro qualquer, cheio de relações de força, disputas e estratégias*[372].

2.3. Princípio da informalidade

Não significa ausência de forma, mas não submissão a formas rígidas, bem como a utilização da forma escrita e documentos para o seu desenvolvimento como método alternativo ao poder judiciário. Além da linguagem simples, as partes têm flexibilidade para definir regras de procedimento, que vão desde o local da arbitragem até a lei aplicável.

2.4. Princípio da legalidade

É uma forma de solução de conflitos, prevista em lei, que pode ser utilizada diante de controvérsias entre duas ou mais partes. Os poderes dos árbitros, apesar de atribuídos por convenção das partes, são reconhecidos por lei[373].

2.5. Princípio do consenso

É importante considerar que, tanto a doutrina estrangeira como a nacional ressaltam a procura da consensualidade como objetivo principal na arbitragem. Aliás pode-se dizer que a tendência para a consensualidade se insere como uma das formas de expressão da autonomia das partes.

Na realidade, o consenso tem o mérito de estimular a busca de solução para evitar animosidades, visando ampliar a possibilidade de soluções amigáveis, contribuindo para preservação da relação entre envolvidos durante e após procedimento arbitral.

[371] LUCKESI, Cipriano. *Filosofia da educação.* São Paulo: Cortez, 1994, p, 121-131.

[372] BOURDIEU, P. *Os usos sociais da ciência: por uma sociologia clínica do campo científico.* São Paulo: Editora UNESP, 2002.

[373] BARROCAS, Manuel Pereira. Manual de Arbitragem. Coimbra: Almedina, 2013.

2.6. Princípio da autonomia de vontade

A autonomia de vontade é determinante na arbitragem, pois as partes têm o poder de estipular livremente, como melhor lhes convier, mediante acordo de vontades[374], a disciplina da via arbitral.

Essa liberdade da autonomia de vontade na via arbitral pode ser vista sob dois aspectos. Pelo aspecto da liberdade propriamente dita de escolha da via arbitral ou não, estabelecendo-se a arbitragem como alternativa do Judiciário na resolução da controvérsia. Pelo prisma da escolha do formato da arbitragem, as partes podem escolher árbitro, procedimento arbitral e critério de julgamento[375].

Em tese, a livre vontade das partes na escolha do critério de julgamento com regras de direitos aplicadas na arbitragem sofre limitação perante os bons costumes e ordem pública.

Correlato ao princípio da autonomia de vontade, destaca-se a autonomia da convenção da arbitragem em relação ao contrato em que está inserida (na hipótese de se tratar de cláusula compromissória) ou faz referência (quando contida em documento apartado ao contrato).

2.7. Princípios relacionados ao árbitro

O ambiente da arbitragem, fundamentado por uma visível ampliação no acesso à justiça com a consolidação do sistema de multiportas de resolução de conflitos, apresenta-nos um método extrajudicial de intervenção do árbitro ou colegiado arbitral que recebe de uma convenção privada (convenção de arbitragem) o poder de julgar litígios envolvendo direitos patrimoniais disponíveis.

Envolvido nessa resolução da controvérsia, o árbitro deve não apenas ser equidistante das partes *(princípio da imparcialidade do árbitro)*, como

[374] Diniz, Maria Helena. *Curso de Direito Civil Brasileiro. Volume 3.* São Paulo: Editora Saraiva, 2018; Venosa, Sílvio de Salvo. *Direito Civil: teoria geral das obrigações e teoria geral dos contratos.* São Paulo: Atlas, 2015.

[375] De acordo com a nova lei, as partes têm liberdade de escolher o direito material aplicável à solução da controvérsia, podendo optar pela decisão por equidade ou fazer decidir o litígio com base nos princípios gerais de direito, nos usos e costumes e nas regras internacionais do comércio (Strenger, Irineu. *Arbitragem comercial internacional.* São Paulo: LTR, 1996; Casella, Paulo Borba (coord.). *Arbitragem – lei brasileira e praxe internacional.* São Paulo: LTR, 1999.

deve julgar de acordo com seu livre convencimento motivado sobre as provas produzidas e as circunstâncias do procedimento arbitral (*princípio do livre convencimento do árbitro*).

Conexo com o direito estatal, a fórmula originária dos processualistas alemães[376] (*Princípio da Kompetenz-Kompetenz*) aponta para o papel do árbitro de poder decidir sobre sua própria competência[377]. De ofício ou mediante provocação das partes, cabe a ao árbitro reconhecer sua própria competência para julgar as questões acerca da existência, validade e eficácia da convenção de arbitragem e do contrato que contenha a cláusula compromissória. Este princípio consubstancia-se, desde logo, na implementação da capacidade do árbitro de avaliar a eficácia e extensão dos poderes do julgamento de controvérsia conferidos pelas partes[378].

Uma visão técnica mostra-nos, neste princípio, a competência do árbitro para decidir sobre sua jurisdição arbitral. A definição da competência do árbitro de julgar certos litígios de responsabilidade do próprio órgão arbitral revela autonomia da arbitragem como método alternativo de solução dos litígios[379].

[376] "Trata-se de fórmula originária dos processualistas alemães, conhecida como princípio *kompentez-kompentez*, segundo o qual cada juiz é senhor da própria competência para apreciar o mérito das ações que lhe são submetidas" (FONSECA, Rodrigo Garcia. *O princípio da competência-competência na arbitragem. Uma perspectiva brasileira.* In: Revista de Arbitragem e Mediação. Ano 3-9. São Paulo: Editora Revista dos Tribunais, 2006).

[377] STJ, REsp 1.302.900/MG, Rel. Min. Sidnei Beneti, Terceira Turma, julgamento em 09.10.2012; STJ, CC 146.939/PA, Rel. Min. Marco Aurélio Bellizze, Segunda Seção, DJe 30.11.2016.

[378] "Consigne-se, além disso, que vige, na jurisdição privada, o princípio basilar do kompetenz-kompetenz, consagrado nos artigos 8º e 20 da Lei de Arbitragem, que estabelece ser o próprio árbitro quem decide, em prioridade com relação ao juiz togado, a respeito de sua competência para avaliar a existência, validade ou eficácia do contrato que contém a cláusula compromissória. A partir dessa premissa, o juízo arbitral se revela o competente para analisar sua própria competência para a solução da controvérsia. Negar aplicação à convenção de arbitragem significa, em última análise, violar o princípio da autonomia da vontade das partes e a presunção de idoneidade da própria arbitragem, gerando insegurança jurídica" (REsp 1.550.260-RS, Rel. Min. Paulo de Tarso Sanseverino, Rel. Acd. Min. Ricardo Villas Bôas Cueva, por maioria, julgado em 12/12/2017, DJe 20/03/2018).

[379] FONSECA, Rodrigo Garcia. *O princípio da competência-competência na arbitragem. Uma perspectiva brasileira.* In: Revista de Arbitragem e Mediação. Ano 3-9. São Paulo: Editora

O objetivo perseguido é, pois, o do árbitro ou colegiado arbitral poder e/ou dever de verificar sua competência para conhecer e julgar determinado litígio submetido à sua apreciação através da convenção de arbitragem. Na miragem desse objetivo, duas situações podem ocorrer:

a) **reconhecimento equivocado da competência pelo árbitro:** neste caso, a parte prejudicada pode promover uma ação anulatória da sentença arbitral, ou ainda, uma medida cautelar de suspensão do procedimento arbitral. Nesse assunto, envolvendo competência, não há preclusão, pois trata-se de matéria de ordem pública.
b) **reconhecimento correto da competência pelo árbitro:** neste caso, o árbitro profere sentença arbitral para resolução da controvérsia entre as partes.

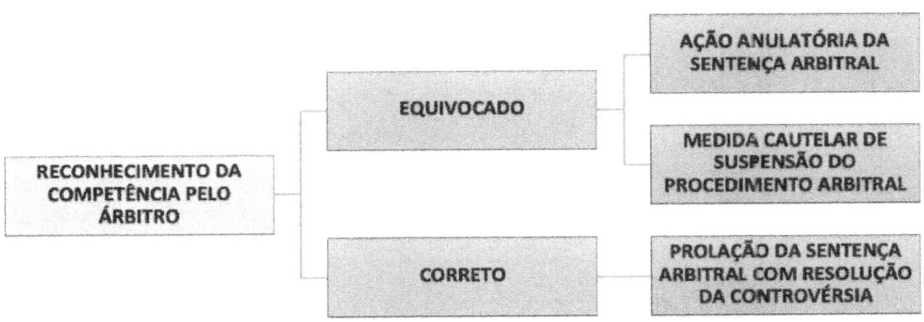

Revista dos Tribunais, 2006; CARMONA, Carlos Alberto. *Arbitragem e Processo.* São Paulo: Atlas, 2018.

Capítulo 6
Procedimento Arbitral[380]

1. Conceito de procedimento

Procedimento é a sequência ordenada de atos do processo. É a exteriorização do processo. É um conjunto de atos que permitem o desenvolvimento regular do processo e que seguem uma marcha ordenada para a decisão final de um caso concreto. É estudar o processo na perspectiva dinâmica, ou seja, estudar os atos do processo num conjunto harmonioso e ordenado (marcha do processo), com o fim de buscar a decisão.

2. Tipo de procedimento arbitral

A disciplina do procedimento arbitral é estabelecida na convenção de arbitragem, seja de forma direta (pelas próprias partes), seja de forma indireta (quando adota regras de entidade especializada ou delega a função ao árbitro ou colegiado arbitral)[381].

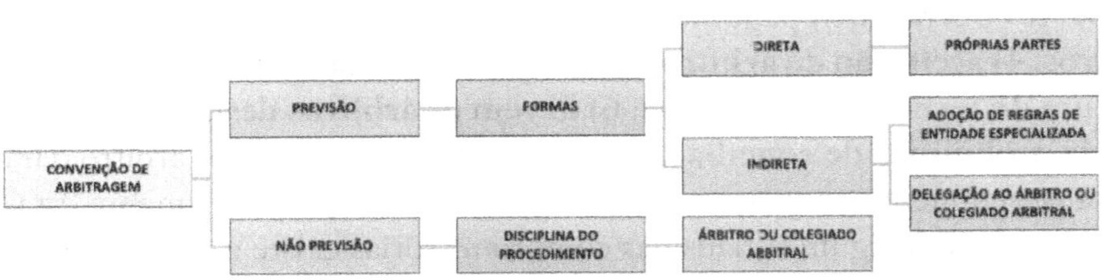

380 O capítulo foi elaborado com base nos principais regulamentos arbitrais.

381 Vide artigo 21 da Lei 9.307/96: A arbitragem obedecerá ao procedimento estabelecido pelas partes na convenção de arbitragem, que poderá reportar-se às regras de um órgão arbitral institucional ou entidade especializada, facultando-se, ainda, às partes delegar ao próprio árbitro, ou ao tribunal arbitral, regular o procedimento. § 1º Não havendo estipulação acerca do procedimento, caberá ao árbitro ou ao tribunal arbitral disciplina-lo.

3. Validade do procedimento arbitral

A validade do procedimento arbitral é aferida pela combinação de dois critérios: **a) formal:** é a obediência aos princípios do contraditório, da igualdade das partes, da imparcialidade do árbitro e de seu livre convencimento[382]; **b) material:** estabelecido em concordância com o interesse das partes.

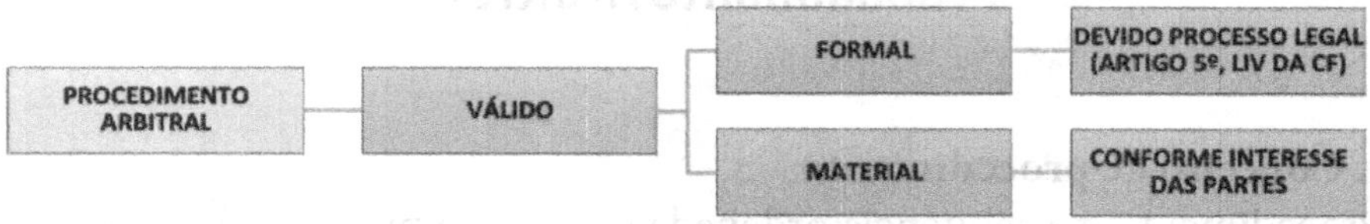

4. Fases do procedimento arbitral

O procedimento arbitral, entendido como uma sequência coordenada de atos, com a observância dos princípios que garantam o devido processo legal, que visa a prolação de uma decisão que solucione o conflito das partes, é dividido nas seguintes fases: **a) inicial (realização de atos para instituição da arbitragem e início do procedimento arbitral); b) fase da defesa; c) fase probatória; d) fase decisória.**

Na fase inicial do procedimento arbitral, a rigor são comuns a realização dos seguintes atos, conforme estabelecido na cláusula compromissória ou no órgão institucional definido pelas partes: **1) apresentação da solicitação de arbitragem à instituição arbitral; 2) notificação da parte contrária; 3) pagamento de custas iniciais; 3) escolha dos árbitros. 4) aceitação do árbitro[383]; 5) convocação das partes para assinatura do termo de arbitragem; 6) devem os árbitros designar audiência preliminar de conciliação**. Não obtida a conciliação, o árbitro dará prosseguimento ao processo, de acordo com o rito anteriormente estabelecido. Em algumas cláusulas compromissórias existe a cláusula escalonada em que a mediação é possível antes da instalação da arbitragem.

Nesta fase inicial do procedimento arbitral, em que devem as partes (com ou sem assistência de advogados) apresentar aos árbitros seus

[382] Vide artigo 21, §2º da Lei 9.307/96.

[383] Com a aceitação do árbitro ou de todos os árbitros, a arbitragem reputa-se 'instituída', nos termos do artigo 19, caput, da Lei de Arbitragem.

requerimentos com base nos fundamentos fáticos e jurídicos da relação litigiosa, as consequências pelo não comparecimento da parte para indicação do árbitro e/ou assinatura do termo de arbitragem depende da espécie da cláusula compromissória: **a) cheia**: o processo da arbitragem prosseguira, e a indicação do árbitro será feito pela entidade especializada; **b) vazia**: cabe o ajuizamento da ação prevista no artigo 7º da Lei 9.307/96[384], podendo o juiz estatal suprir a vontade das partes.

Após a fase inicial da arbitragem surge, após manifestação inicial da parte postulante, a fase da defesa. Nesta fase, o não comparecimento da parte para apresentação da defesa durante procedimento arbitral não terá como efeito a confissão ficta. Há situações em que as partes convencionam que ambas apresentarão suas alegações iniciais e, posteriormente, suas respectivas defesas, privilegiando-se assim, o princípio da paridade de armas.

Na fase da defesa, a defesa na arbitragem pode ser: **a) indireta:** é a defesa processual, em que se constata vícios formais; **b) direta:** é a defesa de mérito, em que se apresenta um contraponto à pretensão material. Em relação ao prazo para apresentação da defesa, é importante ressaltar que como a arbitragem não é regida pelas regras do Código de Processo Civil, esse prazo poderá ser regido livremente pelas partes.

[384] Art. 7º da Lei 9.307/96. Existindo cláusula compromissória e havendo resistência quanto à instituição da arbitragem, poderá a parte interessada requerer a citação da outra parte para comparecer em juízo a fim de lavrar-se o compromisso, designando o juiz audiência especial para tal fim. § 1º O autor indicará, com precisão, o objeto da arbitragem, instruindo o pedido com o documento que contiver a cláusula compromissória. § 2º Comparecendo as partes à audiência, o juiz tentará, previamente, a conciliação acerca do litígio. Não obtendo sucesso, tentará o juiz conduzir as partes à celebração, de comum acordo, do compromisso arbitral. § 3º Não concordando as partes sobre os termos do compromisso, decidirá o juiz, após ouvir o réu, sobre seu conteúdo, na própria audiência ou no prazo de dez dias, respeitadas as disposições da cláusula compromissória e atendendo ao disposto nos arts. 10 e 21, § 2º, desta Lei. § 4º Se a cláusula compromissória nada dispuser sobre a nomeação de árbitros, caberá ao juiz, ouvidas as partes, estatuir a respeito, podendo nomear árbitro único para a solução do litígio. § 5º A ausência do autor, sem justo motivo, à audiência designada para a lavratura do compromisso arbitral, importará a extinção do processo sem julgamento de mérito. § 6º Não comparecendo o réu à audiência, caberá ao juiz, ouvido o autor, estatuir a respeito do conteúdo do compromisso, nomeando árbitro único.

Após a fase da defesa, surge no procedimento arbitral a fase da produção probatória, em que o árbitro determinará prazo para audiência de instrução, onde as partes apresentarão as provas que pretendem produzir. É importante registrar que nesta fase, além de poder o árbitro ou o tribunal arbitral tomar o depoimento das partes, ouvir testemunhas e determinar a realização de perícias ou outras provas que julgar necessárias, mediante requerimento das partes ou de ofício[385], não há ordem pré-fixada na coleta dessas provas.

O depoimento das partes e das testemunhas será tomado em local, dia e hora previamente comunicados, por escrito, e reduzido a termo, assinado pelo depoente, ou a seu rogo, e pelos árbitros.

Em caso de desatendimento, sem justa causa, da convocação para prestar depoimento pessoal, o árbitro ou o tribunal arbitral levará em consideração o comportamento da parte faltosa, ao proferir sua sentença.

Em caso de ausência da testemunha, sem justa causa, poderá o árbitro ou o presidente do tribunal arbitral requerer à autoridade judiciária que conduza a testemunha renitente, comprovando a existência da convenção de arbitragem.

Se, durante o procedimento arbitral, um árbitro vier a ser substituído fica a critério do substituto repetir as provas já produzidas.

5. Aplicação do Código de Processo Civil ao procedimento arbitral

A aplicação do Código de Processo Civil a um procedimento regido em lei especial pode ser: **a) expressa:** quando a lei especial menciona em seu texto a utilização dos artigos do CPC no próprio processo regido pela lei especial; **b) implícita:** quando a lei especial não menciona em seu texto artigos do CPC a serem aplicados.

A aplicação implícita do Código de Processo Civil possui um regramento na lei processual civil (artigo 15), ao dispor que na ausência de normas que regulem processos eleitorais, trabalhistas ou administrativos, as disposições do Código de Processo Civil lhes serão aplicadas supletiva e subsidiariamente. Na conjugação do artigo 15 do CPC com a lei da arbi-

[385] Artigo 22 da Lei nº 9.307/96.

tragem (Lei 9.307/96), não há menção ao processo arbitral, de forma que há dois posicionamentos sobre a possibilidade de aplicação:

a) **Primeiro posicionamento**[386]**:** defende a não aplicação do CPC ao procedimento arbitral pelos seguintes motivos: 1) taxatividade do rol do artigo 15 do CPC, excluindo os processos arbitrais; 2) inexistência de previsão expressa sobre aplicação do CPC na lei de arbitragem; 3) violação do artigo 21 da lei de arbitragem; 4) incompatibilidade do procedimento rígido do Código de Processo Civil com a flexibilidade do procedimento arbitral.
b) **Segundo posicionamento**[387]**:** defende a aplicação do CPC ao procedimento arbitral pelos seguintes motivos: 1) o rol trazido pelo artigo 15 do CPC é exemplificativo, o que permite o acréscimo dos processos arbitrais; 2) o artigo 13 do CPC que dispõe que a jurisdição civil será regida pelas normas processuais brasileiras, ressalvadas as disposições específicas previstas em tratados, convenções ou acordos internacionais de que o Brasil seja parte; 3) o artigo 318 do CPC que dispõe o procedimento comum do Código de Processo Civil aplica-se subsidiariamente aos demais procedimentos especiais e ao processo de execução; 4) não violação ao artigo 21 da lei da arbitragem (Lei 9.307/96), pois a aplicação subsidiária do CPC depende de não conflitar com as normas processuais estabelecidas pelas partes ou pelo árbitro; 5) a flexibilidade do procedimento arbitral será preferencial às normas do CPC quando for para melhoria da economia processual, celeridade ou segurança jurídica, de forma que o CPC tem aplicação subsidiária em caso de ausência de regras preferenciais.

A orientação recomendável é a de que a aplicação supletiva (para preenchimento de lacunas) ou subsidiária (para complementar as normas trazidas pelo diploma legal) do Código de Processo Civil ao procedimento arbitral, desde que haja compatibilidade com os princípios e

386 Carmona, Carlos Alberto. Arbitragem e processo. São Paulo: Atlas, 2009.
387 Oliveira, Guilherme Peres de. Adaptabilidade judicial, a modificação do procedimento pelo juiz no processo civil. São Paulo: Saraiva, 2013.

singularidades do procedimento arbitral, além de conformidade com a Constituição Federal.

De todo modo, a decisão para definir a regra processual serão das partes ao subscreverem no termo inicial da arbitragem o compromisso ou não de utilizarem o diploma processual civil como norteador do procedimento arbitral.

6. Questão processual na arbitragem

O surgimento de ponto controvertido a respeito de matéria processual, como nulidade, deve ser alegada na primeira oportunidade em que a parte realiza sua manifestação no procedimento arbitral, nos termos do artigo 20 da Lei 9.307/96[388].

Em relação às questões relativas à competência do árbitro ou dos árbitros, cabe ao próprio árbitro a decisão. Rejeitada a arguição de incompetência, a arbitragem prosseguirá normalmente, sendo que a incompetência do juízo arbitral poderá ser alegada novamente ao final do procedimento, por meio da ação de anulação do laudo, nos termos dos artigos 32 e 33 da Lei de Arbitragem (Lei 9.307/96).

7. Constituição Federal e procedimento arbitral

O estudo do procedimento arbitral *deve partir ou iniciar-se da Constituição Federal*, pois a Constituição é a norma hierarquicamente superior a todas as demais e funciona como parâmetro a ser seguido na interpretação, na aplicação e na integração das normas jurídicas.

O procedimento arbitral possui efetiva dignidade constitucional devido ao significativo, peculiar e minucioso tratamento que lhe foi conferido pelo constituinte, que, por sua vez, prevê as linhas fundamentais da matéria.

A observância à Constituição Federal é um corolário do princípio da supremacia constitucional, o que demonstra o paralelo íntimo entre o

[388] Art. 20 da Lei 9.307/96. A parte que pretender arguir questões relativas à competência, suspeição ou impedimento do árbitro ou dos árbitros, bem como nulidade, invalidade ou ineficácia da convenção de arbitragem, deverá fazê-lo na primeira oportunidade que tiver de se manifestar, após a instituição da arbitragem.

procedimento arbitral e a Constituição Federal, garantia da segurança jurídica e da manutenção da ordem jurídica.

A Constituição Federal, como um organismo vivo delimitador da organização estrutural do Estado, exerce influência direta e imediata sobre os temas do procedimento arbitral. Tal influência é justificada por três motivos essenciais:

1 – Mudança de paradigma: ocorrida ao longo do século XX em que a Constituição passa a ser vista não mais apenas como um documento essencialmente político (como diz Georges Burdeau – um estatuto do poder), mas como um ordenamento normativo capaz de determinar as relações de um país, fixando diretrizes e os valores que servem de padrões de conduta política e jurídica, em torno do qual se forma um consenso fundamental para os integrantes de uma comunidade. É o que Konrad Hesse[389] chama de força normativa da Constituição;

2 – Efeito expansivo das normas constitucionais[390]: em que seu conteúdo material e axiológico passam a condicionar a validade e o sentido das normas infraconstitucionais e das relações sociais (é a constitucionalização do direito;

3 – Supremacia Normativa da Constituição: Estado de direito é um Estado constitucional. A Constituição, como lei fundamental do Estado, é suprema. A supremacia constitucional requer que todas as situações jurídicas sejam compatíveis com as normas da CF. Supremacia constitucional significa a superioridade da Constituição Federal em face das demais normas do ordenamento jurídico.

A conformidade com os ditames constitucionais não se satisfaz apenas com a atuação positiva de acordo com a constituição. Exige mais, pois

389 HESSE, Konrad. *A força normativa da Constituição*. Porto Alegre: Sergio Antonio Fabris, 1991

390 BARROSO, Luís Roberto. *Curso de direito constitucional contemporâneo*. São Paulo: Saraiva, 2013.

omitir a aplicação de normas constitucionais, quando a Constituição assim a determina, também constitui conduta inconstitucional[391].

A falta de compatibilidade com a Constituição Federal gera o vício da inconstitucionalidade (invalidade da norma), que não pode permanecer na ordem jurídica, já que perturba a segurança das relações jurídicas. A conformidade com a Constituição Federal gera coerência e harmonia normativa, possibilitando uma ordem constitucional, a defesa do próprio Estado e o respeito aos direitos e garantias fundamentais.

Na Constituição, a supremacia constitucional é **princípio implícito**; há países em que há previsão explícita ou criação por obra jurisprudencial. É norma **estrutural** da ordem jurídica, pois estabelece ordem e unidade normativa. É um **princípio essencial**, pois visa a harmonia da ordem jurídica, por meio da coesão e da coerência no ordenamento estatal. É **poder de ordenação e conformação da atividade estatal.**

No Brasil, **adotamos o princípio da supremacia formal,** cujo fundamento é o princípio da rigidez, em que a reforma da CF é feita por um procedimento mais solene e difícil do que o previsto para a lei ordinária comum. A adoção do referido princípio gera os seguintes efeitos: **a) subordinação ou adequação ou simetria:** os atos legislativos, administrativos e jurisdicionais devem ser compatíveis com a Constituição[392]; **b) controle de constitucionalidade:** técnica criada para fiscalizar a compatibilidade das normas infraconstitucionais com a Constituição, funcionando como instrumento de defesa da própria Constituição; **c) força normativa: a Constituição Federal determina o sentido dos atos públicos e privados.**

8. Procedimento arbitral garantista

Nos dias atuais, o procedimento arbitral deve ser garantista, devendo encontrar seu fundamento de legitimidade na **tutela ampla dos direitos fundamentais**. A realização dos direitos representa garantia do cidadão, em respeito à dignidade da pessoa humana, princípio norteador e confluente de todos os demais direitos e valores em nosso ordenamento jurí-

[391] SILVA, José Afonso. *Curso de Direito Constitucional Positivo*. São Paulo: Malheiros, 2010.
[392] BULOS, Uadi Lammêgo. *Curso de direito constitucional*. São Paulo: Editora Saraiva, 2007.

dico, revelado pelos seguintes parâmetros que servem de subsídios para decisão arbitral:

a) **respeitabilidade dos direitos fundamentais:** a necessidade da presença de todos os requisitos constitucionais do processo, a participação regular das partes ou interessados, a condução processual com regularidade procedimental e a proibição de que o homem seja convertido em objeto, com tratamento desumano ou degradante;
b) **mínimo ético:** observar lealdade processual e evitar transgressão de regras processuais indispensáveis para a paz social e a dignidade estatal.

Dentro de uma perspectiva pós-positivista, a orientação jurídica é a busca do justo processo. No processo arbitral, a busca é alcançada pela sua compatibilização com o Estado Democrático de Direito e pela tutela dos direitos e garantias fundamentais pelos seguintes meios norteadores de subsídios para decisão arbitral:

a) **realização de valores:** princípios da esfera ética real, extraídos da convivência em dignidade e variáveis no tempo e no espaço;
b) **conformação constitucional:** interpretar normas processuais à luz dos princípios constitucionais e direitos fundamentais, de forma a preservar a coerência normativa harmônica;
c) **tutela adequada:** tutela protetiva do direito material lesado ou ameaçado de lesão com observância da CF e tutela efetiva dos direitos;
d) **equilíbrio normativo:** proporcionalidade e razoabilidade processuais, evitando formalismos inúteis, buscando efetividade processual por meio de um processo regular, com tutela arbitral prestada de acordo com a ordem jurídica, em prazo razoável, de forma a proporcionar acesso justo, resultados concretos e o pleno gozo da específica utilidade a que faz jus o interessado pelo ordenamento jurídico.

9. Princípios do procedimento arbitral

a) **Princípio do Devido Processo Legal:** é previsto no art. 5º, LIV, da Constituição Federal (*"ninguém será privado da liberdade ou de seus bens sem o devido processo legal"*) e originado da Magna Carta da Inglaterra de 1215. O princípio do devido processo legal possui dois sentidos: **1) material:** é a tutela da vida, da liberdade e da propriedade e a edição de normas razoáveis; **2) formal:** é a garantia de um processo adequado; o processo deve se desenvolver com observância da lei, plenitude de defesa, contraditório, igualdade de oportunidades e, principalmente, respeito aos direitos fundamentais.

b) **Princípio do Livre Convencimento Motivado:** o convencimento do árbitro sobre um caso concreto deve ser baseado nas provas contidas no processo arbitral. Em conformidade com a persuasão racional, compete ao julgador dirigir a instrução probatória e determinar a produção das provas que considerar necessárias à formação de seu convencimento[393]. No processo arbitral, o árbitro aprecia livremente a prova, atendendo aos fatos e às circunstâncias constantes dos autos, indicando os motivos que lhe formaram o convencimento. As decisões arbitrais devem ser motivadas, sob pena de nulidade, nos termos do art. 32, III da Lei 9307/96[394]. Motivar significa indicar os fundamentos de fato e de direito da decisão[395].

c) **Princípio do Contraditório:** a parte deve conhecer da matéria objeto da arbitragem para produzir a defesa e as provas neces-

[393] Vide artigo 22 da lei 9307/96: Poderá o árbitro ou o tribunal arbitral tomar o depoimento das partes, ouvir testemunhas e determinar a realização de perícias ou outras provas que julgar necessárias, mediante requerimento das partes ou de ofício.

[394] É nula a sentença arbitral se: III – não contiver os requisitos do art. 26 desta Lei (9307/96)

[395] Art. 26. São requisitos obrigatórios da sentença arbitral: I – o relatório, que conterá os nomes das partes e um resumo do litígio; II – os fundamentos da decisão, onde serão analisadas as questões de fato e de direito, mencionando-se, expressamente, se os árbitros julgaram por equidade; III – o dispositivo, em que os árbitros resolverão as questões que lhes forem submetidas e estabelecerão o prazo para o cumprimento da decisão, se for o caso; e IV – a data e o lugar em que foi proferida.

sárias. Deve existir paridade de armas para as partes, que devem ser ouvidas e ter oportunidade de se manifestar. As partes têm o direito de ser cientificadas do processo. É também conhecido por princípio da bilateralidade da audiência. Cabe ressaltar que durante arbitragem podem ser decretadas medidas cautelares ou de urgência, com observância da lei, sem que haja necessidade de o acusado ser previamente informado da decretação das medidas. Nesse caso, como é medida ou prova de natureza cautelar ou de urgência, o contraditório é postergado, diferido, ou seja, feito em momento posterior à concessão da medida, em caso de perecimento do objeto face à demora do processo.

d) **Princípio da Ampla Defesa:** é a oportunidade de um litigante utilizar meios para produzir sua defesa em face das alegações. É direito do parte e/ou defensor (se houver – no interesse do representado) ter acesso amplo aos elementos de prova que, já documentados em procedimento[396]. O princípio da ampla defesa é dividido em duas partes: 1) **autodefesa**: é concretizada pelo direito de presença, ou seja, o direito de acompanhar o desenvolvimento do processo e pelo direito de audiência, ou seja, o direito de ser ouvido e de se manifestar; **2) defesa técnica**: é concretizada pela representação de um profissional habilitado; as partes poderão postular por intermédio de advogado, respeitada, sempre, a faculdade de designar quem as represente ou assista no procedimento arbitral; a defesa técnica será sempre exercida por meio de manifestação fundamentada.

e) **Princípio da Verdade Real:** o princípio da ampla defesa deve ser observado por todos os envolvidos no procedimento arbitral, já que a não incidência acarretará a nulidade. Aliás, nos procedimentos arbitrais, o que é tido como exigência impostergável é a de que o contraditório seja defendido em qualquer fase procedimental, circunstância ou pleito, a fim de se buscar a verdade real. A arbitragem não se cinge a verdade formal, como no processo civil, pois o

[396] Vide artigo 21, §3º da Lei 9.307/96: § 3º As partes poderão postular por intermédio de advogado, respeitada, sempre, a faculdade de designar quem as represente ou assista no procedimento arbitral.

que se pretende é perquirir as razões de fato e de direito que levam à solução do conflito. Se essa não fosse a real essência da arbitragem sua existência não teria sentido. Contudo, o Poder Judiciário não pode se utilizar de exceções para desacreditar o importante instituto dos mecanismos alternativos de resolução de conflitos, que pela sua especialidade e conhecimento profundo da matéria, muitas vezes, os árbitros enxergam aquilo que está encoberto nas formalidades seculares litúrgicas da teoria geral do processo.

10. Participação de especialistas no procedimento arbitral

O conhecimento específico traz benefícios no procedimento arbitral, já que traz maiores subsídios ao julgamento da controvérsia.

No procedimento arbitral a participação dos especialistas obedece a duas diretrizes: **a) voluntariedade:** é uma faculdade das partes contar a colaboração dos especialistas no procedimento arbitral; **b) diversidade:** a especialidade sofre variação conforme a necessidade do caso concreto submetido ao julgamento pela via arbitral (pode ser advogado[397] ou outro especialista).

11. Instauração da arbitragem

Apesar da escolha do árbitro ser de livre nomeação pelas partes, é importante ressaltar que a instauração da arbitragem depende de aceitação da referida nomeação pelo árbitro[398].

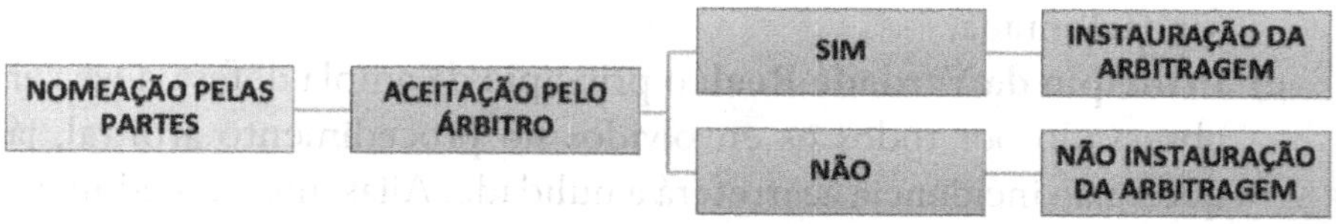

[397] Artigo 20, § 3º da Lei 9307/96. As partes poderão postular por intermédio de advogado, respeitada, sempre, a faculdade de designar quem as represente ou assista no procedimento arbitral.

[398] Vide artigo 19 da lei 9307/96: Considera-se instituída a arbitragem quando aceita a nomeação pelo árbitro, se for único, ou por todos, se forem vários.

A partir da aceitação do encargo[399], o árbitro é considerado juiz de fato e de direito da demanda arbitral inclusive com equiparação ao funcionário público para fins de responsabilização criminal.

Conexo com a autonomia de vontade uma das coordenadas na arbitragem é a ampla liberdade das partes na indicação do árbitro. No caso de tribunal arbitral, o processo arbitral é instituído apenas depois que o último árbitro indicado aceitar o encargo. Após nomeação e aceitação dos árbitros pelas partes litigantes, tem-se a lavratura do compromisso arbitral.

É possível a elaboração de um **adendo ao compromisso arbitral**[400], cujo objetivo é explicitar algum ponto obscuro, omisso ou contraditório do pacto da arbitragem, contribuindo para dar uma melhor visão da matéria a ser julgada. Além de esclarecimentos, a partes podem neste adendo estabelecer regras procedimentais e/ou critérios para o melhor desempenho da arbitragem.

12. Início do procedimento arbitral

Após o surgimento do litígio, o interessado formula o pedido de instauração do procedimento arbitral, com ciência da parte contrária. Após pedido instauração, será realizada a nomeação do árbitro, que deverá aceitar o encargo para que seja oficializada a instauração da arbitragem.

Uma análise sobre a instituição do juízo arbitral conduz-nos à conclusão de que o tipo de convenção de arbitragem adotado pelas partes[401] é o critério para caracterizar o procedimento de instituição da arbitragem.

[399] "A aceitação pelos árbitros é *conditio sine qua non* para existência e validade do juízo arbitral" (MARTINS, Pedro A. Baptista. Apontamentos sobre a lei da arbitragem. Rio de Janeiro: Forense, 2008).

[400] Artigo 19, § 1º da Lei 9307/96. Instituída a arbitragem e entendendo o árbitro ou o tribunal arbitral que há necessidade de explicitar questão disposta na convenção de arbitragem, será elaborado, juntamente com as partes, adendo firmado por todos, que passará a fazer parte integrante da convenção de arbitragem.

[401] Art. 3º da Lei 9.307/96. As partes interessadas podem submeter a solução de seus litígios ao juízo arbitral mediante convenção de arbitragem, assim entendida a cláusula compromissória e o compromisso arbitral.

O início do procedimento arbitral no compromisso arbitral[402] se dá com a sua assinatura pelas partes. No caso da cláusula compromissória[403], o início do procedimento arbitral depende da espécie da cláusula, de forma que, se for cláusula cheia o início será determinado pelas regras estabelecidas pelas partes (arbitragem *ad hoc*) ou no regulamento da entidade especial (arbitragem institucional); já se for cláusula vazia[404], a parte interessada deve comunicar à outra sua intenção de dar início à arbitragem, convocando-a para, em dia, hora e local certos, firmar o compromisso arbitral

Existindo cláusula compromissória e não havendo resistência quanto à instituição da arbitragem, a via arbitral será utilizada para resolução da controvérsia, pois a cláusula gera a exclusão da jurisdição estatal. Porém, existindo cláusula compromissória e havendo resistência quanto à instituição da arbitragem, a parte interessada pode mover na Justiça Estatal ação de execução específica de cláusula compromissória, nos termos do artigo 7º da Lei 9.307/96 combinado com o artigo 501 do CPC[405].

[402] Art. 9º da Lei 9.307/96. O compromisso arbitral é a convenção através da qual as partes submetem um litígio à arbitragem de uma ou mais pessoas, podendo ser judicial ou extrajudicial.

[403] Art. 4º da Lei 9.307/96. A cláusula compromissória é a convenção através da qual as partes em um contrato comprometem-se a submeter à arbitragem os litígios que possam vir a surgir, relativamente a tal contrato.

[404] As denominadas cláusulas compromissórias vazias ou em branco são aquelas que padecem dos requisitos mínimos, quais sejam, a forma de indicar árbitros e o início da arbitragem, podendo revestir-se em várias espécies, tais como, quando indicam erroneamente a denominação da instituição arbitral, ou o local em que esta se encontra, quando indicam instituição inexistente etc. Lemes, Selma M. Ferreira. Cláusulas Arbitrais Ambíguas ou Contraditórias e a Interpretação da Vontade das Partes, in "Reflexões sobre Arbitragem – In Memorian do Desembargador Cláudio Viana de Lima", Pedro B. Martins & José Maria R. Garcez (orgs), São Paulo, LTr, p.188/208, 2002.

[405] Art. 501. Na ação que tenha por objeto a emissão de declaração de vontade, a sentença que julgar procedente o pedido, uma vez transitada em julgado, produzirá todos os efeitos da declaração não emitida.

A ação de execução específica de cláusula compromissória é possível afirmar que no seu conteúdo, o autor deve descrever com precisão o objeto da arbitragem, e instruir o pedido com documento que contiver cláusula compromissória, nos termos do artigo 7º, §1º da Lei 9.307/96.

Na fase postulatória, o autor da demanda requer a citação da outra parte para comparecer em juízo a fim de lavrar-se o compromisso, designando o juiz audiência especial para tal fim.

Comparecendo as partes à audiência, o juiz tentará, previamente, a conciliação acerca do litígio. Não obtendo sucesso, tentará o juiz conduzir as partes à celebração, de comum acordo, do compromisso arbitral.

Na audiência para lavratura do compromisso arbitral, comparecendo as partes e concordando sobre os termos do compromisso, será formalizado. A ausência do autor, sem justo motivo, à audiência designada para a lavratura do compromisso arbitral, importará a extinção do processo sem julgamento de mérito. Não comparecendo o réu à audiência, caberá ao juiz, ouvido o autor, estatuir a respeito do conteúdo do compromisso, nomeando árbitro único.

Não concordando as partes sobre os termos do compromisso, decidirá o juiz, após ouvir o réu, sobre seu conteúdo, na própria audiência ou no prazo de dez dias, respeitadas as disposições da cláusula compromissória e atendendo aos requisitos do compromisso arbitral e os princípios do contraditório, da igualdade das partes, da imparcialidade do árbitro e de seu livre convencimento.

Se a cláusula compromissória nada dispuser sobre a nomeação de árbitros, caberá ao juiz, ouvidas as partes, estatuir a respeito, podendo nomear árbitro único para a solução do litígio.

Após o desenvolvimento do procedimento judicial a pretensão formulada na ação será julgada pelo juiz, podendo ser proferida: **a) sentença de improcedência:** neste caso o juiz se convence de que a arbitragem não pode ser instaurada; **b) sentença de procedência**: nesse caso, a sentença valerá como compromisso arbitral, nos termos do artigo 7º, §7º da Lei 9.307/96, devendo o juiz definir o conteúdo do compromisso eliminando as divergências entre as partes.

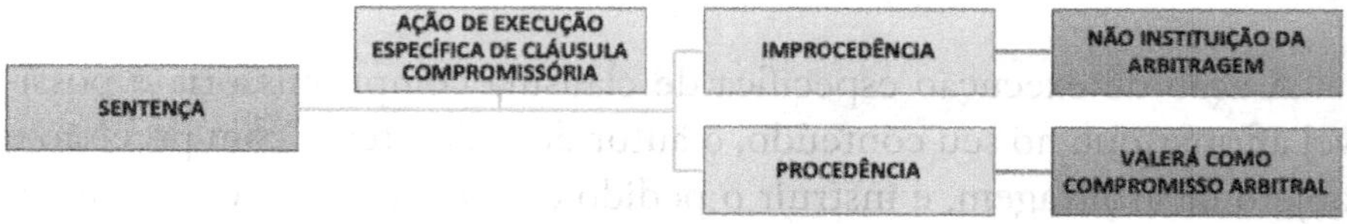

Instaurada a arbitragem, e após pagamento das despesas processuais, serão feitas audiências para assinatura dos termos de início do procedimento (deve constar nome das partes, nome do árbitro e um resumo dos fatos até audiência), bem como do termo de arbitragem ou termo de referência ou ata de missão (deve constar nome e qualificação das partes, objeto, procedimento, idioma, lei aplicável, valores, dentre outros requisitos).

13. Pedido de instituição de arbitragem[406]

No caso de inexistência de cláusula compromissória, a parte interessada apresenta requerimento de instauração da arbitragem (a intenção de submissão do litígio à via arbitral, nome, endereço e qualificação completa da(s) outra(s) parte(s), o objeto do litígio e seu valor estimado, anexando cópia do contrato, se houver) para entidade especializada que, por sua vez, envia às partes envolvidas uma notificação da arbitragem (cópia do requerimento de arbitragem, bem como os demais documentos anteriormente previstos), solicitando o comparecimento em sua sede no dia e horário marcados.

No caso da parte suscitada não responder ou não comparecer, não há como obriga-la à participar do procedimento arbitral[407]. Caso o requerido não seja encontrado, o requerente deverá fornecer novo endereço

[406] Ao solicitar a instituição do procedimento arbitral, o requerente deverá efetuar o depósito, não reembolsável, da Taxa de Registro para custear as despesas iniciais até a celebração do Termo de Arbitragem (http://camarb.com.br/wpp/wp-content/uploads/2019/10/regulamento-de-arbitragem-camarb-2019_atualizado2019.pdf).

[407] http://www.cmatra.com.br/midias/imagens/15706404522.pdf

à entidade ou promover notificação (judicial ou extrajudicial) do requerido a respeito do procedimento arbitral[408]. Havendo aceitação, o demandado deverá apor sua assinatura e devolver à Secretaria da entidade especializada.

No caso de existência de cláusula compromissória, em sendo arbitragem institucional, as partes interessadas devem apresentar uma notificação de arbitragem à entidade especializada na condução da via arbitral, cujos requisitos dependem das regras da instituição que administra a controvérsia. A exigência formal dessa notificação de arbitragem é que seja por escrito, contendo ou acompanhando os seguintes requisitos[409]:

a) **pedido ou aviso de arbitragem:** a parte que pretender a solução de litígio relativo a direitos patrimoniais disponíveis derivados de contrato ou documento apartado, que contenha cláusula compromissória deve notificar, por escrito, da intenção de instituir processo arbitral. Um requerimento para que a disputa seja submetida à arbitragem (solicitação de instituição de arbitragem);
b) **identificação subjetiva:** nomes, endereços, números de telefone, fac-símile, e-mail das partes na arbitragem e de seus representantes, assistentes e/ou advogados
c) **escolha da via arbitral:** cópia do contrato ou do documento que prevê a cláusula compromissória ou o acordo de arbitragem
d) **identificação objetiva:** petição da demanda com a exposição das razões de fato e de direito em que se fundamenta o conflito, espe-

408 http://empresariocapixaba.com.br/wp-content/uploads/2017/06/Doc-Digital-Regulamento-Arbitragem-CBMAE-ES-06-12-2016.pdf

409 http://www.acirmt.com.br/docs/02_RA_CBMAE-ACIR.pdf; "A notificação de arbitragem deverá conter, pelo menos, o nome, endereço e qualificação das partes; a matéria que será objeto da arbitragem com seu valor real ou estimado; referência ao contrato do qual deriva o litígio; referência à convenção de arbitragem e uma proposta sobre o número de árbitros, quando não previsto anteriormente" (http://www.tejonline.com.br/wp-content/uploads/2017/03/CLICK-para-Regulamento-de-Arbitragem.pdf); http://www.fiepr.org.br/para-empresas/camara-de-arbitragem/uploadAddress/Regulamento_-_anterior_a_01_01_2014[49821].pdf; https://www.josemigueljudice-arbitration.com/xms/files/02_TEXTOS_ARBITRAGEM/03_Convencoes_Arbitrais_Internacionais/Regulamento__CIAC.pdf;

cificando as reivindicações apresentadas pelo demandante contra a outra parte na arbitragem, a solução proposta ou a reparação pleiteada e o valor reclamado

e) **identificação da via arbitral**: exposição de assuntos sobre os quais as partes já se tenham colocado de acordo, por escrito, tais como o lugar da arbitragem, o idioma, o número de árbitros e suas qualificações, e a lei material ou regra de direito que serão adotadas para o julgamento, nos termos do que dispõe o artigo 1° da Lei 9.307/96

f) **pagamento de despesas:** comprovante do pagamento das custas iniciais estabelecidas em conformidade com a tabela adotada pela entidade especializada.

A notificação de arbitragem, acompanhada da petição de demanda, poderá ser encaminhada: a) pela parte diretamente à outra parte, com cópia para a entidade eleita para administrar o procedimento; b) poderá ser encaminhada pela entidade especializada. Geralmente a data de recebimento da solicitação de arbitragem pela secretaria da entidade especializada ou a data em que o demandado receber a notificação de arbitragem é considerada como a data de instauração do processo arbitral.

14. Escolha dos árbitros[410]

Ao optarem pela via arbitral, as partes devem indicar o árbitro ou os árbitros que devem realizar a arbitragem. As partes devem indicar, em comum acordo, o árbitro ou os árbitros (número ímpar) para a resolução do litígio, desde que sejam pessoas capazes e de confiança das partes[411]. A indicação para função do árbitro pode envolver membros da entidade especializada ou outros que dele não façam parte, desde que tenha a formação adequada para a boa condução do procedimento Arbitral.

[410] http://camarb.com.br/wpp/wp-content/uploads/2019/10/regulamento-de-arbitragem-camarb-2019_atualizado2019.pdf; http://www.fiepr.org.br/para-empresas/camara-de-arbitragem/uploadAddress/Regulamento_-_anterior_a_01_01_2014[49821].pdf; https://www.josemigueljudice-arbitration.com/xms/files/02_TEXTOS_ARBITRAGEM/03_Convencoes_Arbitrais_Internacionais/Regulamento__CIAC.pdf

[411] A pessoa indicada como árbitro deverá ser independente, imparcial, competente, diligente e discreto.

Se as partes acordarem que o litígio seja dirimido por um **único árbitro** deverá este ser indicado por consenso. Com a indicação consensual, o árbitro será nomeado em comum acordo pelas partes. Não havendo consenso, o árbitro será indicado: nesse caso, geralmente, a entidade especializada fixa prazo para as partes indicarem, de comum acordo, o árbitro; caso não façam a indicação no prazo, o árbitro será designado pela entidade.

No caso das partes acordarem que o litígio seja dirimido por um **tribunal arbitral**, salvo se as partes tiverem acordado em contrário, serão nomeados três árbitros. No caso de tribunal arbitral, em geral, o presidente deve ser preferencialmente escolhido entre os nomes que integram a Lista de Árbitros, observadas a convenção de arbitragem e a legislação especial aplicável.

No caso da indicação e nomeação recair sobre pessoa que não faça parte do quadro da entidade especializada, além de firmar Termo de Responsabilidade, deve as partes apresentar documentação que comprove seu conhecimento na atuação como arbitro, e ainda estar ciente que deverá recolher em benefício deste, um percentual sobre seus honorários, a ser definido no Regulamento de Custas e Honorários Arbitrais da entidade especializada.

Quando as partes **não houverem definido, na convenção de arbitragem, o número de árbitros** que atuarão no procedimento arbitral ou não chegarem a um consenso a este respeito, caberá à entidade especializada definir se haverá nomeação de árbitro único ou de três árbitros, considerando-se a complexidade e valor do litígio, devendo a indicação se dar na forma do seu Regulamento.

No caso de tribunal arbitral composto por três integrantes, cada parte deve indicar um árbitro. Os dois árbitros dessa forma nomeados escolherão um terceiro árbitro, que atuará como presidente do tribunal arbitral. Se dentro do prazo fixado no regulamento da entidade especializada após a nomeação do segundo árbitro, os dois árbitros não tiverem alcançado um consenso no tocante à escolha do terceiro árbitro presidente, este será nomeado pela entidade especializada. Se qualquer das partes deixar de indicar árbitro nos prazos previstos no Regulamento, a entidade especializada designará o árbitro não indicado por uma das partes, dentre os nomes que integrarem sua Lista de Árbitros.

Uma vez indicado o árbitro, a entidade especializada solicitará a este que, no prazo fixado no regulamento da entidade especializada, manifeste sua disponibilidade, não impedimento, independência e imparcialidade. Após a manifestação, não havendo impugnação, estes serão intimados para, após o recolhimento da taxa de administração e honorários de árbitros a entidade especializada, assinarem o termo de compromisso[412].

A pessoa nomeada para atuar como árbitro subscreverá termo declarando, sob as penas da lei, não estar incurso nas hipóteses de impedimento ou suspeição, devendo informar qualquer circunstância que possa ocasionar dúvida justificável quanto à sua imparcialidade ou independência, em relação às partes ou à controvérsia submetida à sua apreciação, bem como declarar por escrito que possui disponibilidade necessária para conduzir a arbitragem de forma eficiente.

Deverá o árbitro informar imediatamente qualquer fato superveniente que, no curso do procedimento, possa ocasionar dúvida justificável quanto à sua imparcialidade, independência, competência técnica ou disponibilidade ou que possa, de alguma forma, causar impedimento ou suspeição para o julgamento da controvérsia.

Se algum árbitro nomeado vier a falecer, for declarado impedido ou suspeito ou ficar impossibilitado para o exercício da função, o substituto será nomeado na forma e prazo aplicáveis à nomeação do árbitro a ser substituído.

Os árbitros substitutos indicados pelas partes assumirão a função de árbitro na hipótese de vacância ou impedimento de qualquer integrante do Tribunal Arbitral. Para tanto, será considerado o critério da indicação pelas partes e, no caso do presidente do Tribunal Arbitral ou de não haver concordância das partes a respeito da indicação do substituto, a indicação competirá entidade especializada. Se não houver sido designado árbitro substituto, caberá à parte que indicou o árbitro apontar, em prazo fixado no regulamento da entidade especializada, o seu substituto ou, em sua omissão, a entidade especializada designará o substituto.

Aceita a indicação, será firmado por cada árbitro Declaração de Independência, instituindo e dando início à arbitragem. A Secretaria da

[412] A pessoa nomeada como árbitro deve ser imparcial e independente, devendo assim permanecer durante todo o curso do processo arbitral.

entidade especializada deverá providenciar de imediato a formação do processo arbitral dando prosseguimento às providências da arbitragem, designando a data para a primeira reunião entre as partes.

15. Impugnação dos árbitros[413]

Após apresentada pelo (s) árbitro (s) a declaração de disponibilidade, independência e imparcialidade ou informação sobre circunstância que possa ocasionar dúvida justificável quanto à sua imparcialidade ou independência, em relação às partes ou à controvérsia submetida à sua apreciação, há a possibilidade de qualquer das partes, no prazo fixado no regulamento da entidade especializada, apresentar impugnação de árbitro (s). Qualquer árbitro poderá ser recusado quando existirem circunstâncias que deem lugar a dúvidas justificáveis com relação à sua imparcialidade ou independência.

Na impugnação, a parte deve justificar a recusa do árbitro (s) nas seguintes motivações: a) não atendimento aos requisitos da convenção de arbitragem ou de legislação eventualmente aplicável; b) incorrer em qualquer das hipóteses de impedimento ou suspeição previstas na lei de arbitragem; c) não possua a disponibilidade para atuar no procedimento arbitral.

Após apresentada a impugnação, em homenagem ao contraditório, a entidade especializada intima o árbitro (s) e as partes para manifestação em prazo fixado no regulamento. Após as manifestações, a entidade especializada profere decisão em prazo fixado no regulamento.

16. Termo da arbitragem[414]

Após a instalação da arbitragem as partes e o árbitro(s) deverão assinar o Termo de Arbitragem, podendo contar com a assistência da entidade especializada.

413 http://camarb.com.br/wpp/wp-content/uploads/2019/10/regulamento-de-arbitragem-camarb-2019_atualizado2019.pdf; http://www.fiepr.org.br/para-empresas/camara-de-arbitragem/uploadAddress/Regulamento_-_anterior_a_01_01_2014[49821].pdf; https://www.josemigueljudice-arbitration.com/xms/files/02_TEXTOS_ARBITRAGEM/03_Convencoes_Arbitrais_Internacionais/Regulamento__CIAC.pdf

414 http://www.acirmt.com.br/docs/02_RA_CBMAE-ACIR.pdf; (http://www.tajonline.com.br/wp-content/uploads/2017/03/CLICK-para-Regulamento-de-Arbitragem.pdf);

O Termo de Arbitragem conterá: I – o nome, qualificação e endereço das partes, bem como dos seus respectivos procuradores, se houver; II – nome, qualificação e endereço dos árbitros indicados, inclusive daquele que atuará como presidente do Tribunal Arbitral; III – nome, qualificação e endereço dos árbitros indicados como substitutos, se for o caso; matéria que será objeto da arbitragem; V – valor real ou estimado do litígio; VI – a definição do montante provisório e a responsabilidade pelo pagamento dos custos com o processo arbitral, incluindo-se os honorários dos árbitros e de peritos; VII – a autorização para que o(s) árbitro(s) julgue(m) por equidade, se assim for convencionado pelas partes; VIII – o lugar e idioma no qual será proferida a sentença arbitral; IX – declaração de que o Tribunal Arbitral observará os prazos e procedimentos previstos em regulamento.

As partes e os árbitros deverão firmar o Termo de Arbitragem em audiência especialmente designada para tal finalidade, sendo facultada a realização de audiência por vídeo ou teleconferência, ou a troca de correios eletrônicos, hipóteses em que as assinaturas serão colhidas posteriormente[415].

As partes e os árbitros firmarão o Termo de Arbitragem na presença de duas testemunhas. O termo fica arquivado na sede da entidade especializada. A ausência de assinatura de qualquer das partes não impedirá o regular processamento da arbitragem; tampouco que a sentença arbitral seja proferida. Em qualquer hipótese, o tribunal arbitral dará ciência às partes de todos os atos do processo arbitral.

Durante ou logo após a celebração do Termo de Arbitragem, o Tribunal Arbitral deverá, depois de consultadas as partes, estabelecer em documento separado o cronograma provisório que pretende seguir na condução da arbitragem, devendo comunicá-lo à entidade especializada

http://www.fiepr.org.br/para-empresas/camara-de-arbitragem/uploadAddress/Regulamento_-_anterior_a_01_01_2014[49821].pdf; https://www.josemigueljudice-arbitration.com/xms/files/02_TEXTOS_ARBITRAGEM/03_Convencoes_Arbitrais_Internacionais/Regulamento__CIAC.pdf;

415 http://camarb.com.br/wpp/wp-content/uploads/2019/10/regulamento-de-arbitragem-camarb-2019_atualizado2019.pdf

e às partes. Quaisquer alterações posteriores no cronograma provisório deverão ser comunicadas às partes.

Não existindo cláusula compromissória e havendo interesse das partes em solucionar o litígio por arbitragem, será elaborado compromisso arbitral, assinado pelas partes e por duas testemunhas, que conterá os dados e informações sobre o litígio e as partes envolvidas.

A arbitragem será considerada instituída e iniciada a jurisdição arbitral quando aceita a nomeação pelo árbitro, se for único, ou por todos, se forem vários. A aceitação do árbitro será feita por meio de sua assinatura no Termo de Arbitragem. Os efeitos da instituição da arbitragem retroagirão à data do protocolo na entidade especializada da Solicitação de Arbitragem[416].

17. Conciliação no contexto da arbitragem

Uma coordenada desenvolvida sob os motes da pacificação social, dentro da arbitragem é o da implementação da conciliação no desenvolvimento do procedimento arbitral. Neste sentido, a implementação pode ser prevista no regulamento da entidade especializada:

a) **se for prevista no regulamento**: a orientação é a de que assinado o Termo de Arbitragem, a entidade tentará, na forma que estabelecer, a conciliação das partes. Geralmente, no início da arbitragem o árbitro ou presidente do tribunal arbitral convocará as partes e demais árbitros para audiência preliminar, na qual será nomeado, se necessário, um secretário. As partes serão informadas a respeito do procedimento, buscando-se desde logo a conciliação entre as partes[417];

b) **se não for prevista no regulamento:** a orientação é a de que no momento posterior da assinatura do termo de arbitragem[418] a enti-

[416] http://camarb.com.br/wpp/wp-content/uploads/2019/10/regulamento-de-arbitragem-camarb-2019_atualizado2019.pdf

[417] http://www.fiepr.org.br/para-empresas/camara-de-arbitragem/uploadAddress/Regulamento_-_anterior_a_01_01_2014[49821].pdf

[418] No momento da notificação da arbitragem, ou previamente ao protocolo da notificação de arbitragem, do TAJ poderá indagar se há interesse por parte do demandante de se

dade especializada indague se há interesse das partes de se utilizar a mediação ou a conciliação como alternativa à solução do litígio. Em alguns regulamentos[419] é feita uma audiência de Tentativa de Conciliação, e se esta resultar infrutífera, o Juízo Arbitral elaborará o Termo de Arbitragem. Neste caso, a data em que se realizará a Audiência de Tentativa de Conciliação, determinará para todos os efeitos, o início do procedimento arbitral.

18. Provas no procedimento arbitral

As provas[420] estão inseridas no direito probatório, entendido como o conjunto de normas jurídicas que regem a prova. É formado por duas partes: a) teoria geral da prova; b) provas em espécie. Fase instrutória é o momento em que as partes apresentam suas alegações, versões e provas no processo; já instrução probatória é uma parte da fase instrutória em que as partes produzirão apenas as provas que serão usadas para formar o convencimento do juiz.

O termo "prova" vem do latim "*probatio*", que significa "demonstrar", "confirmar". A expressão "prova" é um termo equívoco, ou seja, possui vários significados; porém, numa análise profunda e detalhada das acepções do vocábulo, podemos dizer que todos os seus significados giram em torno de uma ideia básica, qual seja, uma atividade formada por meios ou instrumentos usados para comprovar um fato ou ato, visando o convencimento do julgador no caso concreto.

No conceito de prova, combinam-se três elementos: **a) material:** são elementos, dados, meios ou instrumentos produzidos para demonstrar a existência ou veracidade de um fato ou ato; para negar ou confirmar a alegação ou assertiva a respeito de um fato ou ato; para comprovar um

consultar o(s) demandado(s) sobre a possibilidade de se utilizar a mediação ou a conciliação como alternativa à solução do litígio (http://www.tajonline.com.br/wp-content/uploads/2017/03/CLICK-para-Regulamento-de-Arbitragem.pdf).

419 https://arbicamp.com.br/gerenciador/uploads/104/imagens/Regulamento-Arbitral.pdf

420 Direito à prova é um direito subjetivo decorrente do devido processo legal, que compreende o direito de requerer a realização de qualquer prova, desde que não proibida por lei, o direito de participar e acompanhar a produção da prova, bem como a possibilidade de avaliar a prova e, inclusive, oferecer contraprova.

fato ou ato; **b) subjetivo:** são elementos produzidos pelas partes ou terceiros, ou determinados pelo árbitro; **c) finalístico:** são dados que visam fundamentar as alegações das partes e influenciar na convicção do árbitro a respeito do julgamento do caso concreto.

A prova possui as seguintes finalidades: **a) conhecimento:** permite que o árbitro tenha acesso aos fatos ou atos objeto do caso concreto; **b) convencimento:** formar o convencimento do árbitro a respeito da existência ou veracidade de um fato ou ato para que possa decidir o objeto do processo; **c) demonstração:** instrumento usado para comprovar os fatos da causa ou demonstrar a veracidade de uma afirmação ou a existência de um fato; **d) reconstrução:** tenta reconstruir a verdade dos fatos; se, durante o procedimento arbitral, um árbitro vier a ser substituído fica a critério do substituto repetir as provas já produzidas[421].

Na captação e análise das provas, são necessárias a observância das seguintes diretrizes: a) Comunhão das provas: a prova pertence ao processo, mesmo que levada por uma das partes; **b) Audiência contraditória:** toda prova trazida aos autos deve ser submetida à outra parte; **c) Autorresponsabilidade:** compete às partes produzir as provas que lhe favorecerem; **d) Liberdade**: o árbitro tem amplos poderes instrutórios no processo arbitral; não tem o árbitro o dever de determinar, de antemão, as provas a serem produzidas (art. 331, par. 2º, CPC) nem o momento ou a ordem em que tais provas serão realizadas; **e) Cooperação**: ninguém se exime do dever de colaborar com o Poder Judiciário [no caso, com os árbitros] para o descobrimento da verdade (art. 339, CPC).

Em **sentido amplo**, o objeto da prova *thema probandum* é o fato ou ato que deve ser demonstrado no processo arbitral. Em **sentido restrito**, o objeto da prova é a afirmação sobre um fato. O **objeto da prova** é a coisa, o acontecimento ou a circunstância que se deve provar no processo. **Meio de prova** é a forma ou a maneira de trazer a prova no processo. **Objeto de prova** é identificar quais fatos devem ser provados no processo (ex.: os fatos evidentes dispensam prova).

O sistema probatório em sede de arbitragem se alinha com o sistema das provas do processo civil. A realização das provas é presidida pelo árbi-

[421] Vide artigo 22, §5º da Lei .9307/96.

tro no curso do processo. O árbitro pode determinar de ofício a produção de provas que julgar necessárias[422].

São destinatários da prova: a) Direto: é o árbitro, já que a produção de prova visa auxiliar na formação do convencimento no julgamento de um caso concreto; **b) Indiretos:** são as partes, que produzem ou requerem a produção das provas no sentido de fundamentar suas pretensões deduzidas.

É importante acentuar que não há disciplina específica a respeito da produção de provas na arbitragem, existindo uma discricionariedade pelo árbitro ou tribunal arbitral na condução da fase probatória do procedimento arbitral.

No procedimento arbitral existe a sequência observada para a produção da prova. É composto pelos seguintes atos: **a) proposição:** é o momento da produção da prova; **b) admissão:** é a fase em que o árbitro defere ou não a prova[423]. A regra é que toda prova requerida pelas partes deve ser deferida, salvo quando irrelevante, impertinente ou protelatória; será inadmissível a prova obtida por meios ilícitos; **c) produção:** é o momento de realização da prova em juízo arbitral; **d) valoração:** é a fase da formação da convicção do árbitro sobre as provas produzidas[424].

422 Art. 22 da Lei 9.307/96. Poderá o árbitro ou o tribunal arbitral tomar o depoimento das partes, ouvir testemunhas e determinar a realização de perícias ou outras provas que julgar necessárias, mediante requerimento das partes ou de ofício.

423 "Assim é a regra do livre convencimento, que provavelmente representa o mais importante entre todos os pilares do direito probatório. Ela tem por premissas a necessidade de julgar segundo as imposições da justiça em cada caso e a consciência da inaptidão do legislador a prever tão minuciosamente todas as situações possíveis, que lhe fosse factível editar tabelas tarifárias indicando o valor probatório de cada fonte ou meio de prova, em cada situação imaginável. A esperança de que isso pudesse um dia ser feito constituiria uma ingênua quimera e um absurdo enorme" (DINAMARCO, Cândido Rangel. Instituições de Direito Processual Civil, v. III. São Paulo: Malheiros, 2001).

424 "A livre apreciação da prova, desde que a decisão seja fundamentada, considerada a lei e os elementos existentes nos autos, é um dos cânones do nosso sistema processual" (STJ, 4ª Turma, REsp 7.870-SP, Rel. Min. Sálvio de Figueiredo, j. 03.12.1991, DJ 03.02.1992);"O importante, porém, é não esquecer que não existe superioridade de um meio de prova sobre o outro, nada garantindo que uma testemunha que narra o fato, que afirma ter presenciado, esteja dizendo a verdade, e que outra, que descreve a posição de um objeto, esteja mentindo. Será o exame do conjunto probatório, de todas as provas constantes dos autos,

Em relação aos meios de prova, instrumentos que visam demonstrar a ocorrência de fatos alegados e perseguidos no processo, são admitidos todos sejam legais e moralmente legítimos (não violam a moral e os bons costumes)[425]. Esses meios de prova podem ser realizados no procedimento arbitral, de ofício ou a requerimento de qualquer dos interessados.

No tocante à prova oral (depoimento das partes e oitiva de testemunhas) a oitiva será feita por termo (assinado pelo depoente – ou a seu rogo – e pelo árbitro) em data e local previamente comunicados por escrito às partes. Não comparecendo a parte ao ato de seu depoimento, sua ausência será considerada como elemento probatório por ocasião da sentença; faltante a testemunha, solicitará o árbitro à autoridade judiciária sua condução coercitiva, bastando para isso a prova da existência da convenção de arbitragem. Havendo substituição de árbitros no curso do procedimento, poderá o substituto repetir as provas já produzidas.

19. Audiências no procedimento arbitral

No desenvolvimento do procedimento arbitral são realizadas audiências, a critério das partes e do árbitro ou tribunal arbitral. Em geral, as audiências são importantes para busca da elucidação do caso submetido à via arbitral[426]:

a) **audiência de assinatura do termo de arbitragem**: o Termo de Arbitragem é elaborado em conjunto pelos árbitros e com as partes. No caso de entidade especializada, as partes firmarão o Termo

que irá formar a convicção do juiz quanto aos fatos da causa, sem que se possa desprezar um só (Júnior, João Penido Burnier. *Teoria Geral da Prova*. São Paulo: Edicamp, 2001).

425 O depoimento das partes e das testemunhas será tomado em local, dia e hora previamente comunicados, por escrito, e reduzido a termo, assinado pelo depoente, ou a seu rogo, e pelos árbitros. Em caso de desatendimento, sem justa causa, da convocação para prestar depoimento pessoal, o árbitro ou o tribunal arbitral levará em consideração o comportamento da parte faltosa, ao proferir sua sentença; se a ausência for de testemunha, nas mesmas circunstâncias, poderá o árbitro ou o presidente do tribunal arbitral requerer à autoridade judiciária que conduza a testemunha renitente, comprovando a existência da convenção de arbitragem.

426 https://www.camaradearbitragemsp.com.br/pt/arbitragem/regulamento.html;

de Arbitragem juntamente com os árbitros e o representante da entidade;

b) **audiência de tentativa de conciliação.** Caso julgue pertinente, o árbitro em conjunto com a partes podem fazer a tentativa de conciliação na audiência de assinatura do termo de arbitragem;

c) **audiência de produção probatória:** poderá o árbitro ou o tribunal arbitral tomar o depoimento das partes, ouvir testemunhas e determinar a realização de perícias ou outras provas que julgar necessárias, mediante requerimento das partes ou de ofício;

d) **audiências adicionais:** O(s) árbitro(s) em conjunto com as partes podem, a seu critério, determinar quantas audiência forem necessárias.

Após a declaração de pandemia pela Organização Mundial de Saúde, com objetivo de compatibilizar os problemas gerados com o contexto emergencial com a realização da arbitragem, foram aperfeiçoadas a utilização de ferramentas tecnológicas no procedimento arbitral, visando garantir segurança de todos os envolvidos.

Capítulo 7
Sentença Arbitral

1. Conceito da sentença arbitral

A sentença arbitral reúne três elementos na formação do seu conceito: **a) elemento subjetivo:** significa que é o árbitro ou tribunal arbitral (colegiado) tem a incumbência de proferir sentença arbitral; **b) elemento material**: na sentença arbitral existe o conteúdo decisório em relação à questão submetida à via arbitral; **c) elemento formal**: a sentença arbitral é proferida após transcurso do devido processo legal.

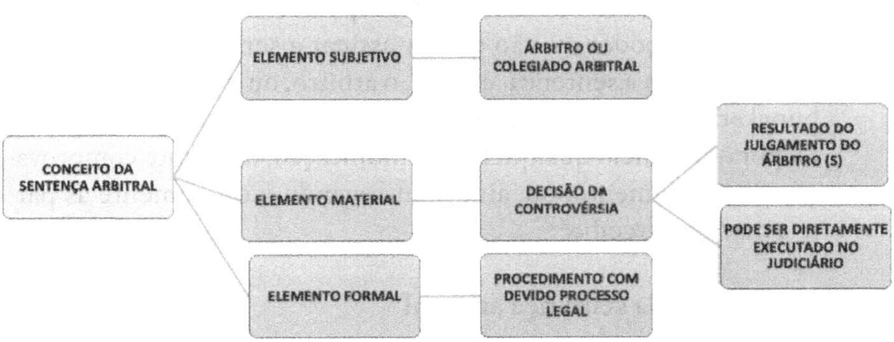

2. Requisitos da sentença arbitral

O artigo 26 da Lei 9.307/96 determina que requisitos devem ser observados na prolação de uma sentença arbitral. Em regra, a inobservância de quaisquer desses da lei de arbitragem, acarreta a sua nulidade, nos termos do art. 32, III, da Lei 9.307/96. Cabe ressalvar que é possível a inversão dos requisitos essenciais, sem que acarrete nulidade da sentença. A sentença deve preencher os seguintes requisitos processuais.

a) **Relatório:** É um resumo do litígio e do que contêm o procedimento arbitral, desde a instituição até o momento em que a sentença é proferida; é o transcurso do procedimento em termos essenciais. O relatório **pode ser sucinto**, mas deve conter os elementos necessários à compreensão do litígio. É imprescindível no relatório constar nomes das partes e um resumo do litígio.

b) **Fundamentação:** indicação dos motivos da decisão, com a apreciação das questões de fato e de direito, mencionando-se, expressamente, se os árbitros julgaram por equidade; são as razões de decidir; é a argumentação usada pelo árbitro. Pode ser concisa, mas não insuficiente.

c) **Dispositivo:** parte em que os árbitros resolverão as questões que lhes forem submetidas e estabelecerão o prazo para o cumprimento da decisão, se for o caso; é a decisão propriamente dita, com o resultado final e a indicação dos artigos de lei de fundamentação da decisão; é a conclusão ou tópico final da sentença.

d) **Parte autenticativa**: compreende a data, lugar em que foi proferida e a assinatura do árbitro ou por todos os árbitros. Caberá ao presidente do tribunal arbitral, na hipótese de um ou alguns dos árbitros não poder ou não querer assinar a sentença, certificar tal fato. Proferida a sentença arbitral, o árbitro, ou o presidente do tribunal arbitral, deve enviar cópia da decisão às partes, por via postal ou por outro meio qualquer de comunicação, mediante comprovação de recebimento, ou, ainda, entregando-a diretamente às partes, mediante recibo[427]

3. Características da sentença arbitral

a) Prazo da sentença arbitral

No contexto da agilidade do procedimento arbitral, a sentença arbitral é proferida dentro de um prazo. Em regra, a sentença arbitral será proferida no prazo estipulado pelas partes[428]. Essa estipulação abrange

[427] Vide artigo 29 da Lei 9.307/96.

[428] Vide artigo 11, III da Lei 9.307/96: Art. 11. Poderá, ainda, o compromisso arbitral conter: III - o prazo para apresentação da sentença arbitral.

inclusive a escolha do termo inicial do prazo (por exemplo: a partir das alegações finais das partes)[429]. A estipulação de um prazo para sentença arbitral é criação de uma regra procedimental decorrente da autonomia de vontade das partes.

É importante ressaltar que se as partes, em comum acordo, decidiram adotar o regulamento de órgão institucional arbitral, as regras previstas no ato normativo devem ser seguidas, inclusive a do prazo e prorrogação da sentença arbitral. É comum, que nos regulamentos haja previsão de quem tem competência para a prorrogação do prazo da sentença arbitral[430].

[429] Regulamento da CAMARB: 10.1 O Tribunal Arbitral proferirá sentença no prazo de 60 (sessenta) dias contado do término do prazo para as alegações finais das partes, podendo tal prazo ser prorrogado por mais até 60 (sessenta) dias pelo Tribunal Arbitral (Disponível em: http://camarb.com.br/arbitragem/regulamento-de-arbitragem/. Acesso em: 3/8/16).

[430] Por exemplo: **a) artigo 30 do regulamento da Câmara Internacional do Comércio:** A Corte poderá prorrogar esse prazo, atendendo a um pedido justificado do tribunal arbitral ou por iniciativa própria, se julgar necessário fazê-lo (Disponível em: http://cbar.org.br/site/wp-content/uploads/2012/05/ICC-865-1-POR-Arbitragem-Mediacao.pdf); **b) artigo 15.1 do regulamento da Câmara de conciliação, mediação e arbitragem da CIESP-FIESP:** O Tribunal Arbitral proferirá a sentença arbitral no prazo de 60 (sessenta) dias contados do dia útil seguinte ao da data fixada para a apresentação das alegações finais, podendo ser prorrogado por mais 60 (sessenta) dias a critério do Tribunal Arbitral. Em casos excepcionais e por motivo justificado, poderá o Tribunal Arbitral solicitar ao Presidente da Câmara nova prorrogação (Disponível em: https://www.camaradearbitragemsp.com.br/pt/arbitragem/regulamento.html); **c) Artigo 10 da Câmara de Arbitragem e Mediação – Brasil e Canada: 10.1.** O Tribunal Arbitral proferirá a sentença arbitral no prazo de 60 (sessenta) dias contados do recebimento pelos árbitros das alegações finais apresentadas pelas partes (ou de sua notificação sobre o decurso do referido prazo), salvo se outro for fixado no Termo de Arbitragem ou acordado com as partes. **10.1.1.** O prazo do artigo anterior poderá ser dilatado por até 30 (trinta dias), a critério do Presidente do Tribunal Arbitral (Disponível em: https://ccbc.org.br/cam-ccbc-centro-arbitragem-mediacao/resolucao-de-disputas/arbitragem/regulamento-2012/); **d) Artigo 10.01 do regulamento da CAMARB:** O Tribunal Arbitral proferirá sentença no prazo de 60 (sessenta) dias contado do término do prazo para as alegações finais das partes, podendo tal prazo ser prorrogado por mais até 60 (sessenta) dias pelo Tribunal Arbitral (Disponível em: http://camarb.com.br/wpp/wp-content/uploads/2019/04/regulamento-camarb.pdf).

Porém, caso não haja estipulação pelas partes, o prazo para apresentação da sentença é de seis meses, contado da instituição da arbitragem ou da substituição do árbitro[431].

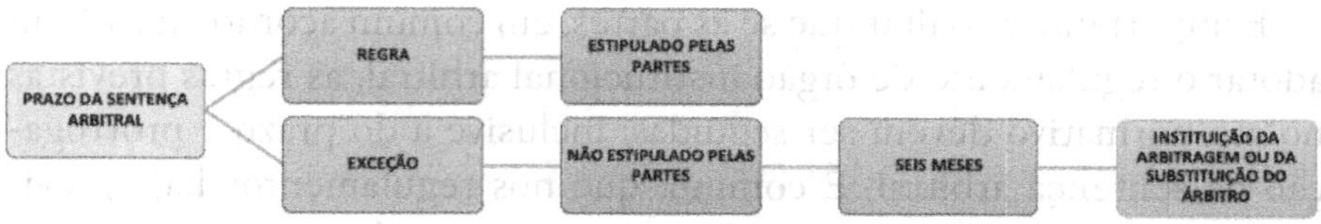

Uma vez fixado o prazo da sentença arbitral ele deve ser respeitado pelo árbitro ou colegiado arbitral. Se for proferida fora do prazo, além da nulidade da sentença arbitral, o árbitro deixa de receber sua remuneração e pode responder pelos prejuízos causados às partes. O descumprimento do prazo gera a nulidade da sentença arbitral, bem como a extinção do compromisso arbitral, desde que a parte interessada haja notificado o árbitro, concedendo-lhe prazo de 10 dias para a entrega da sentença[432].

É possível a prorrogação do prazo da sentença arbitral, especialmente quando existe o envolvimento de questões complexas. A prorrogação

[431] [...] na prática, em alguns casos mais complexos, o prazo de seis meses torna-se inviável. Nestas situações, ainda que inicialmente esteja previsto tal prazo, as partes ou os próprios árbitros têm solicitado a dilatação do prazo, o que é plenamente possível e, até mesmo, aconselhável. Não podemos nos esquecer de que a maior vantagem do instituto da arbitragem é a possibilidade de decisões justas e proferidas por árbitros especialistas. A ansiedade de ver proferida uma sentença arbitral em pouco tempo pode ocasionar problemas graves, que não são desejados pelas partes. Daí a importância de os árbitros, ao aceitarem exercer a sua função em um procedimento arbitral, analisarem o caso de forma a definir o prazo em que realmente será possível proferir a sentença arbitral" (Lima, Leandro Rigueira Rennó. *Arbitragem: uma análise da fase pré-arbitral.* Belo Horizonte: Mandamentos, 2003).

[432] Vide artigo 32, VII da Lei 9.307/96: Art. 32. É nula a sentença arbitral se: VII – proferida fora do prazo, respeitado o disposto no art. 12, inciso III, desta Lei (Art. 12. Extingue-se o compromisso arbitral: III – tendo expirado o prazo a que se refere o art. 11, inciso III (Art. 11. Poderá, ainda, o compromisso arbitral conter: III - o prazo para apresentação da sentença arbitral), desde que a parte interessada tenha notificado o árbitro, ou o presidente do tribunal arbitral, concedendo-lhe o prazo de dez dias para a prolação e apresentação da sentença arbitral.

justifica-se quando o prazo estipulado é insuficiente, sendo possível com decisão de comum acordo entre as partes e o árbitro[433].

b) **Forma da Sentença Arbitral:** a sentença proferida pelo árbitro ou colegiado arbitral deve ser expressa em documento escrito[434].
c) **Colegialidade da Sentença Arbitral:** no caso de sentença proferida por colegiado arbitral (quando forem vários árbitros), somente pelo voto da maioria de seus membros poderão os árbitros declarar a decisão de resolução de controvérsia entre as partes. No caso do julgamento não ter acordo majoritário, prevalecerá o voto do presidente do tribunal arbitral[435]. No caso o árbitro vencido (que divergir da maioria) poderá, se quiser, declarar seu voto em separado[436].

4. Efeitos da sentença arbitral

A sentença arbitral produz efeitos:

a) **Efeito imediato**: não está sujeita a recurso nem à homologação judicial, nos termos do artigo 31 da Lei 9.307/96[437]; é possível, em razão da autonomia privada, constituindo estipulação válida, que as partes optem por submeter a sentença arbitral à revisão por um painel arbitral, desde que o regulamento da câmara de arbitragem assim permita. É importante ressaltar que, embora a sentença arbi-

433 Vide artigo 23, §2º da Lei 9.307/96: As partes e os árbitros, de comum acordo, poderão prorrogar o prazo para proferir a sentença final.
434 Vide artigo 24 da Lei 9.307/96: A decisão do árbitro ou dos árbitros será expressa em documento escrito.
435 Vide artigo 24, § 1º da Lei 9.307/96: Quando forem vários os árbitros, a decisão será tomada por maioria. Se não houver acordo majoritário, prevalecerá o voto do presidente do tribunal arbitral.
436 Vide artigo 24, § 2º da Lei 9.307/96: O árbitro que divergir da maioria poderá, querendo, declarar seu voto em separado.
437 Vide artigo 31 da Lei 9.307/96: A sentença arbitral produz, entre as partes e seus sucessores, os mesmos efeitos da sentença proferida pelos órgãos do Poder Judiciário e, sendo condenatória, constitui título executivo; artigo 18 da lei 9307/96: O árbitro é juiz de fato e de direito, e a sentença que proferir não fica sujeita a recurso ou a homologação pelo Poder Judiciário.

tral seja irrecorrível, há a possibilidade de controle judicial, observados os limites estabelecidos na Constituição Federal e na lei[438].

b) **Efeito extintivo**: proferida a sentença arbitral o árbitro encerra a arbitragem, nos termos do artigo 29 da Lei 9.307/96[439];
c) **Efeito equiparado:** a sentença arbitral é equiparada, quanto à produção dos seus efeitos, à sentença judicial (artigo 31)[440]. A sentença arbitral produz, entre as partes e seus sucessores, os mesmos efeitos da sentença proferida pelos órgãos do Poder Judiciário e, sendo condenatória, constitui título executivo[441].
d) **Irretratabilidade**: após ser proferida, o árbitro ou colegiado arbitral não pode modificar a prestação jurisdicional, salvo em dois casos (são situações em que a parte interessada solicita esclarecimentos ao árbitro[442]):

[438] YARSHELL, Flávio Luiz. *Ação anulatória de julgamento arbitral e ação rescisória*. In: *Revista de Arbitragem e Mediação*, v. 5, São Paulo, RT, 2005.

[439] Vide artigo 29 da Lei 9307/96: Proferida a sentença arbitral, dá-se por finda a arbitragem, devendo o árbitro, ou o presidente do tribunal arbitral, enviar cópia da decisão às partes, por via postal ou por outro meio qualquer de comunicação, mediante comprovação de recebimento, ou, ainda, entregando-a diretamente às partes, mediante recibo.

[440] "A sentença arbitral é, pois, ato jurisdicional com a mesma natureza jurídica da sentença judicial. Assim, sentença arbitral e sentença dos órgãos do Poder Judiciário têm a mesma essência jurídica, pois ambas são declaradas de vontade do Estado, tanto formuladas pelos magistrados judiciais como pelos árbitros, sendo estes últimos agentes privados no exercício da função jurisdicional" (LEMOS, Eduardo Manoel. *Arbitragem & conciliação reflexões: jurídicas para jurista e não-juristas.* Brasília: Editora Consulex, 2001); "A sentença arbitral tem os mesmos efeitos de uma sentença judicial, mas sem força de execução no mesmo procedimento. Ela se esgota por si mesma. Assim, a sentença arbitral, não sendo cumprida pelo vencido (...) ele poderá ser coagido ao cumprimento tão-só pelo Poder Judiciário, que tem o poder de coerção" (CAETANO, Luiz Antunes. *Arbitragem e mediação, hoje.* São Paulo: Editora Pillares, 2006).

[441] Artigo 31 da Lei 9.307/96.

[442] Vide artigo 30 da Lei 9.307/96: No prazo de 5 (cinco) dias, a contar do recebimento da notificação ou da ciência pessoal da sentença arbitral, salvo se outro prazo for acordado entre as partes, a parte interessada, mediante comunicação à outra parte, poderá solicitar ao árbitro ou ao tribunal arbitral que: I – corrija qualquer erro material da sentença arbitral; II – esclareça alguma obscuridade, dúvida ou contradição da sentença arbitral, ou se pronuncie sobre ponto omitido a respeito do qual devia manifestar-se a decisão.

1) **correção de erro material:** "toda divergência ocasional entre a ideia e sua representação, objetivamente reconhecível, que demonstre não traduzir o pensamento ou a vontade do prolator"[443]. No caso de erros materiais: 1) podem ser corrigidos de ofício; 2) podem ser corrigidos a qualquer tempo; 3) são erros evidentes (reconhecidos *primu ictu oculi*), enganos de redação, erros de cálculo; 4) não anulam a decisão; 5) não transitam em julgado; 6) não estão sujeitos à preclusão; 7) sua correção, sem prévia manifestação da parte contrária, não viola o princípio do contraditório; 8) não têm conteúdo decisório.
2) **esclarecimento** de obscuridade (falta de clareza, confusão, termos complexos e desconexos), dúvida (incerteza sobre a realidade do fato), contradição (proposições contrárias, incoerência, colisão de informações) ou omissão (não aprecia questões, lacuna, esquecimento, não disse o que era indispensável dizer; não apreciação de questões relevantes para o julgamento; ou não manifestação sobre algum tópico da matéria submetida à apreciação arbitral) da sentença arbitral.

5. Intimação da sentença arbitral

Para a sentença ser conhecida é necessária a intimação das partes. Intimação da sentença é ato que não apenas possibilita o conhecimento da decisão, mas convoca o interessado para, se quiser, oferecer pedido de esclarecimentos ao árbitro ou tribunal arbitral[444], ou ainda pleitear ao

Parágrafo único. O árbitro ou o tribunal arbitral decidirá no prazo de 10 (dez) dias ou em prazo acordado com as partes (....).

443 WAMBIER, Teresa Arruda Alvim. *Omissão judicial e embargos de declaração*. São Paulo: RT, 2005.

444 Vide artigo 30 da Lei 9.307/96: No prazo de 5 (cinco) dias, a contar do recebimento da notificação ou da ciência pessoal da sentença arbitral, salvo se outro prazo for acordado entre as partes, a parte interessada, mediante comunicação à outra parte, poderá solicitar ao árbitro ou ao tribunal arbitral que: I – corrija qualquer erro material da sentença arbitral; II – esclareça alguma obscuridade, dúvida ou contradição da sentença arbitral, ou se pronuncie sobre ponto omitido a respeito do qual devia manifestar-se a decisão. Parágrafo único. O árbitro ou o tribunal arbitral decidirá no prazo de 10 (dez) dias ou em prazo acordado com as partes, aditará a sentença arbitral e notificará as partes na forma

órgão do Poder Judiciário competente a declaração de nulidade da sentença arbitral, nos casos expressos em lei[445].

A sentença é ato pronto e acabado quando o árbitro profere a sentença arbitral. A intimação das partes é providência posterior, que serve somente para o conhecimento da decisão, a fim de possibilitar o transcurso do prazo para eventuais recursos, como também o trânsito em julgado na hipótese de ausência de impugnação.

6. Espécies de sentença arbitral

Existem três critérios de classificação da sentença arbitral: **a) conteúdo; b) resultado e c) extensão.**

No tocante ao conteúdo, a sentença arbitral pode ser: **a) terminativa**: são as que não resolvem o mérito; **b) definitiva**: são as que resolvem mérito, definindo o direito material aplicável ao caso concreto.

Quanto ao resultado, a sentença arbitral pode ser: **a) declaratória**: é a que afirma a existência ou não de uma determinada relação jurídica e/ou a falsidade de dado documento; **b) constitutiva**: é que possui constituição, modificação ou a extinção de alguma relação jurídica; **c) condenatória**: impõe o cumprimento de certa prestação, sob pena de aplicação de medidas executivas.

Quanto à extensão, a sentença pode ser: **a) total**: é a que faz julgamento integral do caso concreto; **b) parcial**: é a que faz julgamento de parte da questão submetida à jurisdição arbitral.

do art. 29 (Proferida a sentença arbitral, dá-se por finda a arbitragem, devendo o árbitro, ou o presidente do tribunal arbitral, enviar cópia da decisão às partes, por via postal ou por outro meio qualquer de comunicação, mediante comprovação de recebimento, ou, ainda, entregando-a diretamente às partes, mediante recibo).

[445] Vide artigo 33 da Lei 9.307/96: A parte interessada poderá pleitear ao órgão do Poder Judiciário competente a declaração de nulidade da sentença arbitral, nos casos previstos nesta Lei.

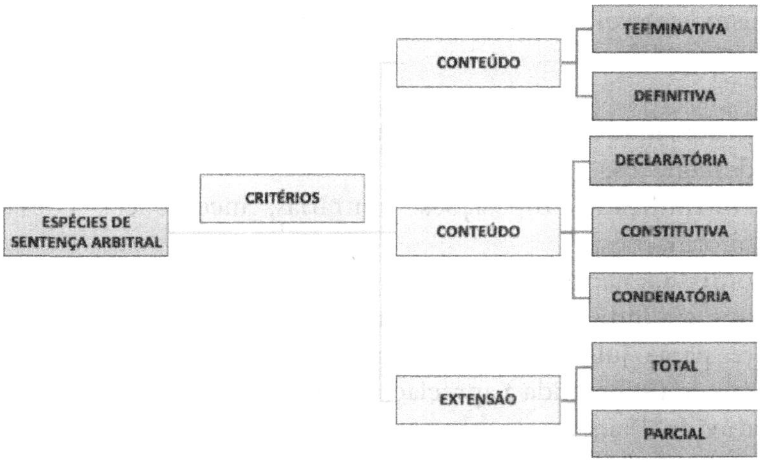

7. Sentença arbitral e coisa julgada

Em conformidade com o artigo 29 da Lei 9.307/96, o árbitro ao proferir a sentença arbitral, esgota a sua função jurisdicional, colocando fim à arbitragem. Contra a sentença arbitral cabe eventual pedido de esclarecimentos (embargo arbitral), cujo resultando integrará a sentença arbitral.

Exceção no embargo arbitral, após sentença arbitral, não há atividade alguma a ser desenvolvida pelo árbitro: não há recurso da sentença arbitral, não há medida satisfativa a ser predisposta pelos árbitros, não há providências complementares de que se devam ocupar os julgadores. Porém, se as partes se recusarem ao seu cumprimento espontâneo, o vencedor poderá recorrer à jurisdição estatal para exigi-lo coercitivamente.

A decisão arbitral é soberana e produz efeitos imediatos, não dependendo de homologação pelo juiz togado, consoante dispõe o art. 31 da Lei n. 9.307/1996. No mais, ela é título executivo judicial arrolado no inciso VII do art. 515 do Código de Processo Civil.

8. Pedido de esclarecimentos

Pedido de esclarecimentos[446] é requerimento que visa corrigir vício contido em sentença arbitral, para seu esclarecimento ou integração. É um

[446] É chamado também de embargos de declaração arbitrais face à semelhança com os embargos de declaração no Código de Processo Civil.

mecanismo cabível contra sentença arbitral que contenha (artigo 30 da Lei 9.307/96)[447]:

a) **obscuridade**: falta de clareza, confusão, termos complexos e desconexos;
b) **contradição**: proposições contrárias, incoerência, colisão de informações;
c) **omissão:** não aprecia questões, lacuna, esquecimento, não disse o que era indispensável dizer; não apreciação de questões relevantes para o julgamento; ou não manifestação sobre algum tópico da matéria submetida à apreciação arbitral;
d) **dúvida**[448]: incerteza sobre a realidade do fato;
e) **erro material:** "toda divergência ocasional entre a ideia e sua representação, objetivamente reconhecível, que demonstre não traduzir o pensamento ou a vontade do prolator"[449]. Erros materiais são erros evidentes (reconhecidos *primu ictu oculi*), enganos de redação, erros de cálculo. Sua correção, sem prévia manifestação da parte contrária, não viola o princípio do contraditório.

[447] Artigo 30 da Lei 9.307/96: No prazo de 5 (cinco) dias, a contar do recebimento da notificação ou da ciência pessoal da sentença arbitral, salvo se outro prazo for acordado entre as partes, a parte interessada, mediante comunicação à outra parte, poderá solicitar ao árbitro ou ao tribunal arbitral que: I – corrija qualquer erro material da sentença arbitral; II – esclareça alguma obscuridade, dúvida ou contradição da sentença arbitral, ou se pronuncie sobre ponto omitido a respeito do qual devia manifestar-se a decisão. Parágrafo único. O árbitro ou o tribunal arbitral decidirá no prazo de 10 (dez) dias ou em prazo acordado com as partes, aditará a sentença arbitral e notificará as partes na forma do art. 29.

[448] Parte da doutrina entende que a dúvida decorre da contradição, obscuridade, lacuna da decisão ou do erro material contido na sentença arbitral. (Barbosa Moreira, José Carlos. *Estrutura da Sentença Arbitral.* In: Garcez, José Maria Rossani; Baptista Martins, Pedro Antônio (coord.). *Reflexões sobre arbitragem: in memoriam do Desembargador Cláudio Vianna de Lima.* São Paulo: LTR, 2002; Carmona, Carlos Alberto. *Arbitragem e Processo: um comentário à lei 9307/96.* São Paulo: Atlas, 2004).

[449] Wambier, Teresa Arruda Alvim. *Omissão judicial e embargos de declaração.* São Paulo: RT, 2005.

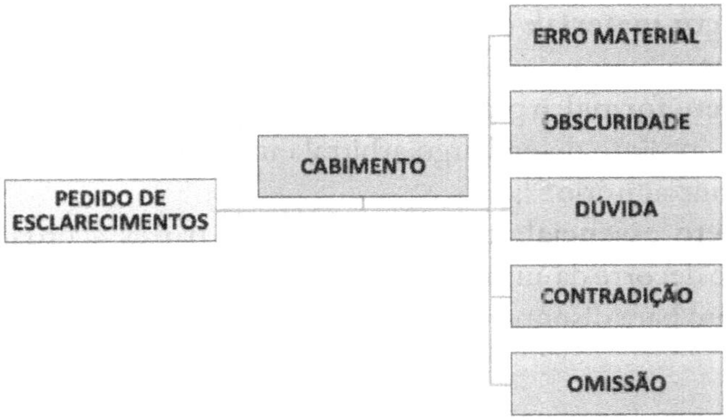

Além do princípio do acesso à justiça no qual está incluída o acesso à justiça arbitral, como meio alternativo de resolução de conflitos, outro princípio fundamental para a fundamentação na utilização do pedido de esclarecimentos é o princípio do devido processo legal arbitral, por força do qual a sentença arbitral deve ser uma decisão completa, coerente e inteligível acerca das pretensões das partes. Daí se extrai, portanto, que não se pode afastar o cabimento do pedido de esclarecimentos, nos termos do artigo 30 da lei 9.307/96.

É pedido cujo prazo de interposição é de 05 (cinco) dias, salvo outro prazo acordado entre as partes, nos termos do artigo 30 da Lei 9.307/96[450].

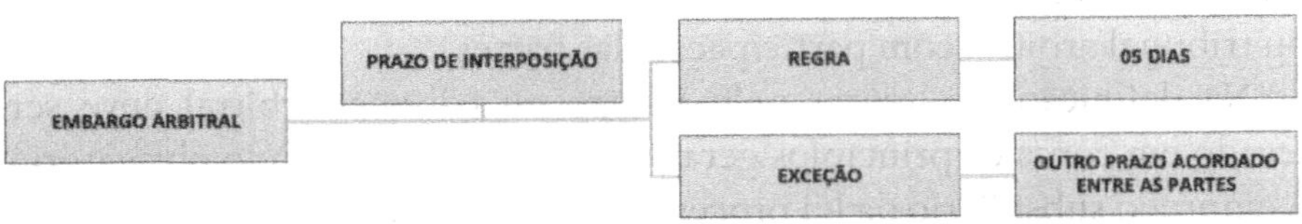

Em relação ao outro prazo acordado entre as partes pode-se falar em três aspectos:

[450] O prazo é definido pelos árbitros na sentença ou por analogia fazem do Código de Processo Civil aos embargos de declaração. Ou é definido no termo inicial quando da instalação do procedimento arbitral.

a) **aspecto material:** o prazo pode ser ampliado ou reduzido pelas partes;
b) **aspecto formal**: o prazo acordado não pode inviabilizar ou dificultar a oposição do embargo arbitral em prejuízo ao pleno exercício do contraditório[451];
c) **aspecto essencial:** a possibilidade das partes acordarem outro prazo decorre da autonomia de vontade permitida em sede de arbitragem para dispor sobre os aspectos do procedimento arbitral.

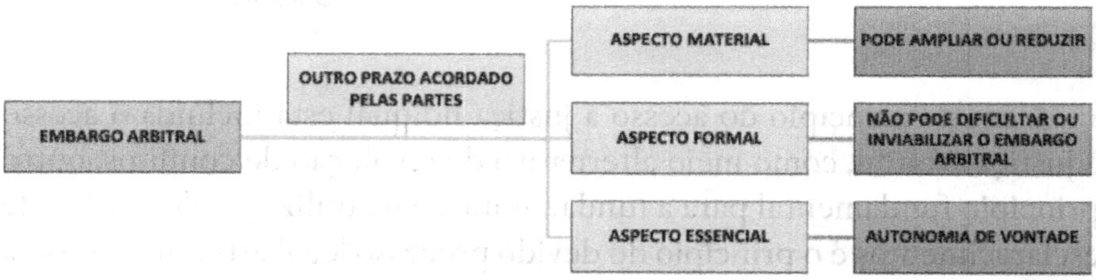

O artigo 30 da Lei 9.307/96 não esclarece sobre a contagem do prazo de interposição do pedido de esclarecimentos, de forma que os critérios podem ser definidos pelas partes em convenção de arbitragem, com respeito às normas fundamentais do devido processo legal.

No caso de omissão ou falta de consenso ou inviabilidade sobre os critérios para contagem do prazo, a questão deve ser resolvida pelo árbitro ou tribunal arbitral com participação das partes.

Na definição das regras pelo árbitro ou tribunal arbitral deve ser levado em conta os princípios gerais do processo, não sendo obrigatório o emprego subsidiário da lei processual civil. No entanto, no silêncio das partes e/ou árbitro ou tribunal arbitral, serão aplicados os preceitos previstos na lei processual civil sobre contagem de prazo.

[451] PARENTE, Eduardo Albuquerque. *Processo Arbitral e sistema*. São Paulo: Atlas, 2002.

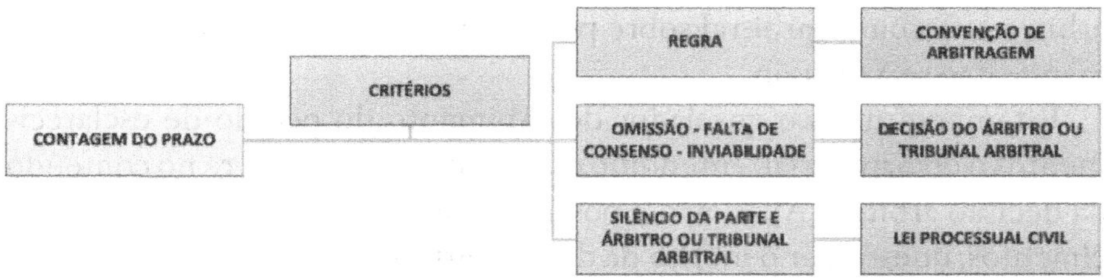

O termo inicial do prazo de interposição do pedido de esclarecimentos é o recebimento da notificação ou da ciência pessoal da sentença arbitral, nos termos do artigo 30 da Lei 9.307/96, ou seja, da data da intimação da sentença arbitral.

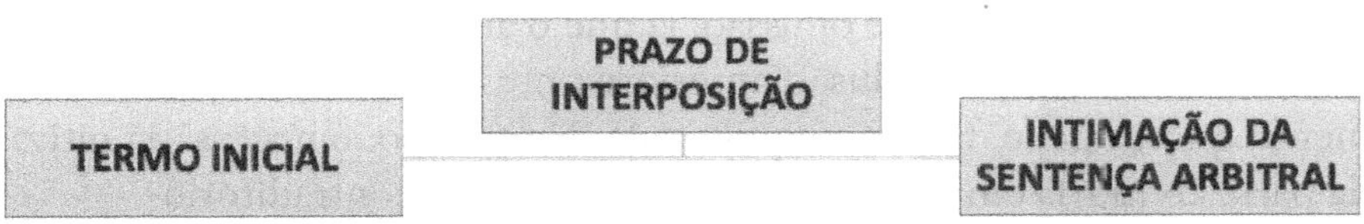

Nos casos de obscuridade ou contradição o pedido de esclarecimentos tem por finalidade o esclarecimento do teor da decisão já proferida pelo árbitro ou tribunal arbitral.

No caso do pedido de esclarecimentos ser oposto para esclarecer obscuridade, sua finalidade é permitir que se confira ao pronunciamento arbitral a clareza necessária para a sua compreensão como ato decisório.

Quando o pedido de esclarecimentos for apresentado para eliminar contradição, sua finalidade é esclarecer o verdadeiro sentido da decisão proferida, de forma a que o pronunciamento não contenha postulados ou afirmações incompatíveis entre si.

No caso de o pedido de esclarecimentos oposto ao fundamento de a sentença arbitral conter uma omissão, a sua finalidade é a integração da decisão, pois o árbitro ou tribunal arbitral terá que se pronunciar a respeito do que já deveria ter sido enfrentando na decisão original. O artigo 30, inciso II, da Lei 9.307/96[452] estabelece que é necessário pronúncia do

[452] Artigo 30, II da Lei 9.307/96: No prazo de 5 (cinco) dias, a contar do recebimento da notificação ou da ciência pessoal da sentença arbitral, salvo se outro prazo for acordado

árbitro ou tribunal arbitral sobre ponto omitido a respeito do qual devia manifestar-se a decisão.

É também motivo ensejador do cabimento do pedido de esclarecimentos o erro material, entendido como o que não interfere no conteúdo da decisão arbitral. Aliás, não é possível, por meio do pedido de esclarecimentos, questionar o mérito da decisão arbitral.

Em regra, não cabe efeito infringente no pedido de esclarecimentos, pois, como recurso *inaudita altera pars*, ou seja, sem oitiva da parte contrária, seu objetivo é tornar a decisão clara e precisa.

Pode acontecer do pedido de esclarecimentos veicular pretensão que, caso acolhida, acarreta modificação da decisão questionada. É o **pedido de esclarecimentos com efeitos modificativos ou infringentes**, que é possível apenas no caso de omissão, já que o árbitro ou tribunal arbitral pode verificar que a conclusão anteriormente apontada, no pronunciamento questionado, ter sido equivocada. Neste caso, é necessária oitiva da parte contrária em homenagem ao princípio do contraditório.

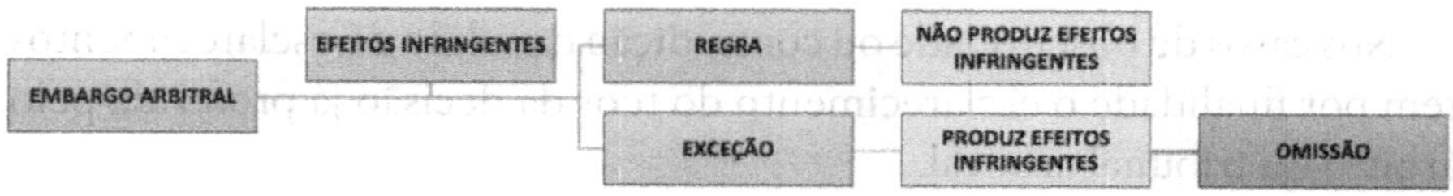

O pedido de esclarecimentos arbitral é cabível no prazo de 05 (cinco) dias, salvo outro prazo acordado pelas partes, por meio de petição dirigida ao próprio órgão prolatora da decisão questionada. Na petição, deverá a parte interessada indicar o erro material, obscuridade, omissão ou contradição que pretende ver sanado.

O procedimento para apreciação do pedido de esclarecimentos é iniciado com a apresentação da petição pela parte interessada, mediante comunicação à outra parte, ao órgão prolator da decisão arbitral.

entre as partes, a parte interessada, mediante comunicação à outra parte, poderá solicitar ao árbitro ou ao tribunal arbitral que: II – esclareça alguma obscuridade, dúvida ou contradição da sentença arbitral, ou se pronuncie sobre ponto omitido a respeito do qual devia manifestar-se a decisão.

O julgamento será feito pelo árbitro ou tribunal arbitral, prolator da decisão no prazo de 10 dias, salvo outro prazo acordado entre as partes. No prazo convencionado, as partes podem acordar em aumentar ou diminuir o prazo legal (10 dias), mediante previsão na convenção de arbitragem.

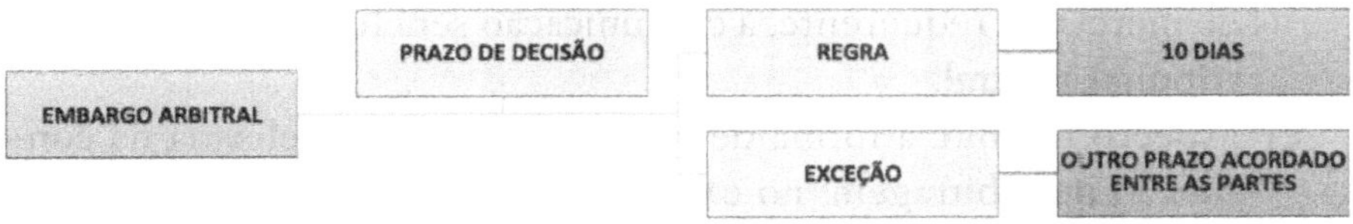

A não prolação da decisão arbitral sem sede de o pedido de esclarecimentos no prazo legal ou convencionado, a parte interessada deverá notificar o árbitro ou o presidente do tribunal arbitral, concedendo-lhe o prazo de 10 (dez) dias para a prolação e apresentação da sentença arbitral, por analogia, nos termos do artigo 12, inciso III da Lei 9.307/96[453].

Na ausência de notificação da parte interessada, ocorre prorrogação tácita no prazo da decisão, nos termos do artigo 23, §2º da lei 9.307/96[454]. É possível a responsabilização do árbitro ou tribunal arbitral pela demora, desde que comprovada culpa grave ou dolo.

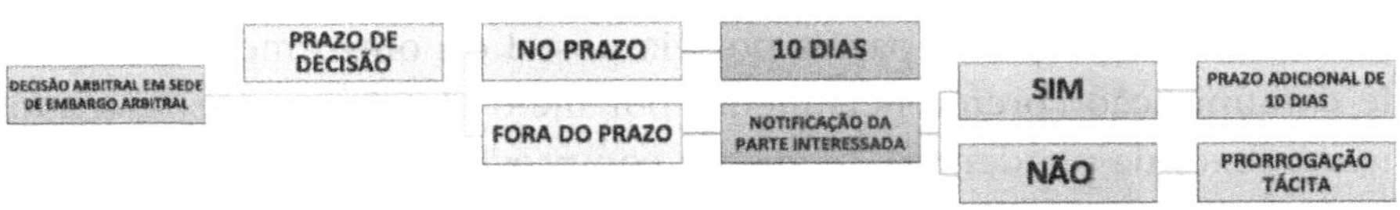

No artigo 30 da Lei 9.307/96 deve-se compreender por comunicação da oposição do pedido de esclarecimentos à outra parte nos seguintes aspectos:

453 Artigo 12, III, da Lei 9.307/96: Art. 12. Extingue-se o compromisso arbitral: III – tendo expirado o prazo a que se refere o art. 11, inciso III, desde que a parte interessada tenha notificado o árbitro, ou o presidente do tribunal arbitral, concedendo-lhe o prazo de dez dias para a prolação e apresentação da sentença arbitral.

454 Artigo 23, §2º da Lei 9.307/96: Art. 23. § 2º As partes e os árbitros, de comum acordo, poderão prorrogar o prazo para proferir a sentença final.

a) **aspecto finalístico:** dar ciência sobre o prosseguimento do processo com a oposição do pedido de esclarecimentos e, de que a referida oposição interrompe o prazo para ajuizamento da eventual demanda anulatória de sentença arbitral;
b) **aspecto subjetivo:** a comunicação é feita pelo requerente; no caso de inércia do requerente, a comunicação será feita pelo árbitro ou tribunal arbitral;
c) **aspecto formal**: a forma de comunicação é estabelecida na convenção de arbitragem; no caso de omissão, a forma será definida pelo árbitro ou tribunal arbitral; no silêncio das partes e do árbitro ou tribunal arbitral, cabe aplicar a lei processual civil.

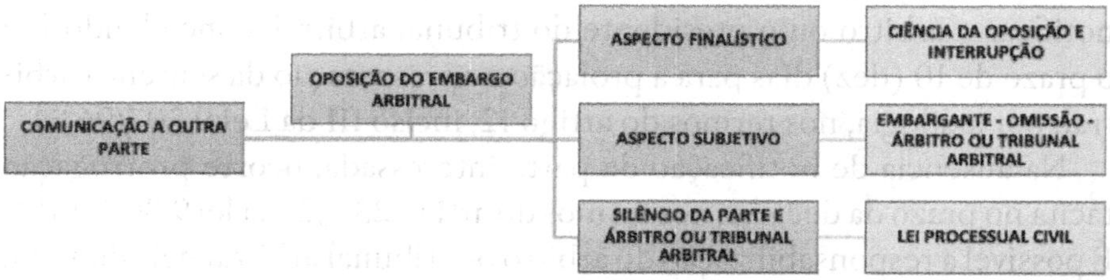

A decisão proferida em sede de o pedido de esclarecimentos será objeto de notificação às partes por via postal ou outro meio qualquer de comunicação (preferencialmente por meio eletrônico aperfeiçoado no contexto da pandemia), mediante comprovação de recebimento, ou ainda, entrega direta mediante recibo, nos termos do artigo 29 da Lei 9.307/96[455].

A intimação das partes, imposição do contraditório, além da cientificar as partes da decisão em sede do pedido de esclarecimentos, comunica o início do prazo da ação anulatória, nos termos do artigo 33, §1º da Lei 9.307/96[456].

[455] Artigo 29 da Lei 9.307/96: Proferida a sentença arbitral, dá-se por finda a arbitragem, devendo o árbitro, ou o presidente do tribunal arbitral, enviar cópia da decisão às partes, por via postal ou por outro meio qualquer de comunicação, mediante comprovação de recebimento, ou, ainda, entregando-a diretamente às partes, mediante recibo.
[456] Artigo 33, §1º da Lei 9.307/96: A demanda para a declaração de nulidade da sentença arbitral, parcial ou final, seguirá as regras do procedimento comum, previstas na

No caso de acolhimento do pedido de esclarecimentos, o árbitro ou tribunal arbitral, nos termos do artigo 30, parágrafo único[457], na decisão arbitral em sede de o pedido de esclarecimentos, aditará a sentença arbitral, ou seja, corrige erro material ou esclarece alguma obscuridade, contradição, dúvida ou omissão a pedido das partes.

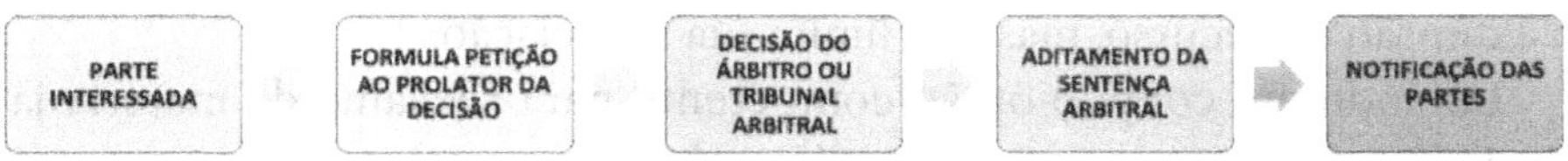

No caso de não acolhimento do pedido de esclarecimentos, nada impede a possibilidade de anulação da sentença arbitral no Poder judiciário, nos termos do artigo 32 da Lei 9.307/96, até porque, a palavra final na compatibilização formal da arbitragem é do Poder judiciário.

Na arbitragem privada é importante ressaltar que o desenvolvimento de todo o procedimento arbitral, incluindo a sentença arbitral deve respeitar os princípios gerais do processo, de forma a dignificar a regularidade do processo evitando eventuais e futuras nulidades.

Neste contexto, entendemos que no caso de julgamento procedente do pedido de esclarecimentos com aditamento da sentença arbitral, é necessário prévio contraditório nos seguintes termos: após oposição, o árbitro ou tribunal arbitral deverá notificar a parte embargada para em prazo razoável antes do julgamento fazer sua manifestação.

A todo o momento o árbitro ou tribunal arbitral, responsável pela condução regular e válida do procedimento arbitral, deve fiscalizar a aplicação dos princípios gerais do processo, mesmo diante de omissão ou afastamento das partes na convenção de arbitragem.

Discute-se se existe ou não efeito devolutivo no pedido de esclarecimentos. Sobre o conceito de efeito devolutivo há dois posicionamentos: a) o primeiro afirma que o efeito devolutivo é a possibilidade de transferir

Lei nº 5.869, de 11 de janeiro de 1973 (Código de Processo Civil), e deverá ser proposta no prazo de até 90 (noventa) dias após o recebimento da notificação da respectiva sentença, parcial ou final, ou da decisão do pedido de esclarecimentos.

[457] Artigo 30, parágrafo único da Lei 9.307/96: O árbitro ou o tribunal arbitral decidirá no prazo de 10 (dez) dias ou em prazo acordado com as partes, aditará a sentença arbitral e notificará as partes na forma do art. 29.

o reexame da matéria já julgada para o mesmo órgão prolator da decisão; b) o segundo afirma que o efeito devolutivo é a possibilidade de transferir o reexame da matéria já julgada para o mesmo órgão prolator da decisão ou outro órgão superior. Para alguns doutrinadores, há o sentido restrito do efeito devolutivo, em que sua aplicação fica limitada aos recursos em que há o reexame do mérito. Cabe ressalvar que o pedido da parte limita a extensão do recurso, mas não limita sua apreciação.

Levando em conta o órgão competente para reexame da matéria já decidida, existem as seguintes espécies de recursos: **1) iterativo**: a matéria é devolvida ao próprio órgão julgador; **2) reiterativo**: a matéria é devolvida para órgão de instância superior; **3) misto:** a matéria é devolvida tanto para o órgão julgador quanto para o da instância superior.

Neste contexto, entendemos que a interposição do pedido de esclarecimentos não produz efeito devolutivo, pois a apreciação do recurso não cabe a órgão distinto daquele que proferiu a decisão recorrido. No entanto, pode-se afirmar, que produz efeito iterativo, já que seu julgamento cabe ao próprio órgão prolator da decisão embargada.

Parte da doutrina, com fundamento no Código de Processo civil, entende que a interposição do pedido de esclarecimentos, desde que tempestiva, interrompe o prazo da ação de nulidade, sendo reiniciado após a possível correção[458].

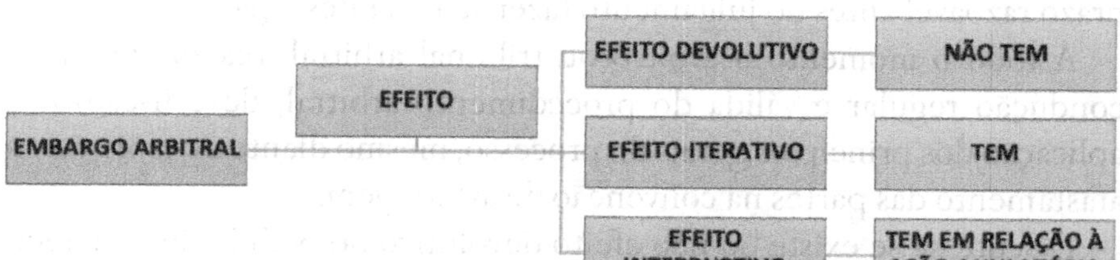

É importante registrar que, diferente do que ocorre com os pronunciamentos judiciais, a arbitragem não admite recursos para questionar o conteúdo (mérito) da sentença arbitral, nem no Judiciário, nem em outra instância arbitral. Porém, nada impede, que se questione em juízo a vali-

[458] ALVIM, J.E.Carreira. *Direito Arbitral*. Rio de Janeiro: Forense, 2004.

dade da sentença arbitral em situações relacionadas à vícios durante o procedimento arbitral ou na convenção de arbitragem.

Sobre o cabimento de o pedido de esclarecimentos contra sentença arbitral, existem dois posicionamentos doutrinários:

a) **majoritário**: defende que é possível o pedido de esclarecimentos, cujo objetivo é corrigir erro matéria ou esclarecer sentença arbitral prolatada, nos termos do artigo 30 da Lei 9.307/96;
b) **minoritário**: não é possível a interposição de pedido de esclarecimentos contra sentença arbitral, nos termos do artigo 18 da Lei 9.307/96.

Em relação ao posicionamento doutrinário de não admitir a interposição de o pedido de esclarecimentos contra sentença arbitral, com fundamento no artigo 18 da lei 9.307/96[459], cabe registrar que a mens legis do artigo 18 é impedir a interposição de o pedido de esclarecimentos perante o Poder Judiciário, e não restringir a interposição do pedido de esclarecimentos contra pronunciamento arbitral obscuro, contraditório ou omisso.

No entanto, nada impede, por força da convenção de arbitragem, a previsão do pedido de esclarecimentos da sentença arbitral, dependendo, apenas, da vontade das partes em determinar o duplo grau de jurisdição arbitral, a fim de que a sentença seja por outro árbitro revista ou por um colégio de árbitro[460].

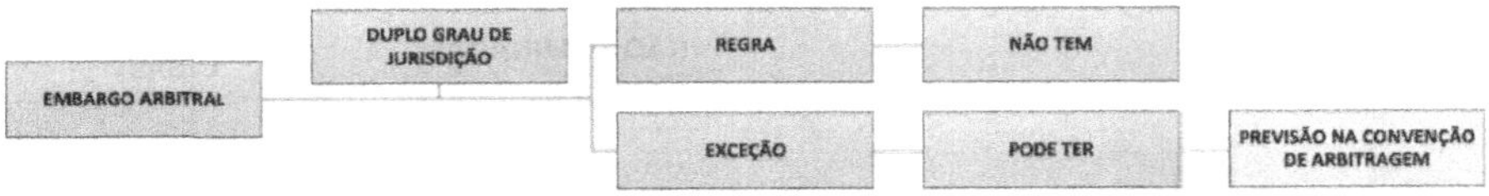

[459] Artigo 18 da Lei 9.307/96: O árbitro é juiz de fato e de direito, e a sentença que proferir não fica sujeita a recurso ou a homologação pelo Poder Judiciário.

[460] Santos, Francisco Cláudio de Almeida. "Considerações gerais sobre a arbitragem e seu reordenamento". Revista do Processo, São Paulo, ano 22, v. 85, p. 200-211, jan./mar., 1997.

9. Anulação da sentença arbitral

A sentença arbitral deve ser proferida pelo árbitro ou tribunal arbitral em conformidade com os princípios e normas que regem a arbitragem. Qualquer inobservância dessas exigências implicará um vício formal, portanto, inválido. É o que se tem, por exemplo, no caso de uma sentença que foi proferida por sujeito que não poderia ter exercido a condição de árbitro.

Desta forma, pode-se afirmar que é inválida a sentença arbitral que tenha sido praticado com inobservância de alguma norma jurídica, seja princípio ou regra. Cabe ressalvar que existe, assim como no direito processual, **invalidades cominadas**, em que a lei de forma expressa atribui invalidade à sentença arbitral defeituosa; e **não cominadas**, em que a sentença arbitral será reputada inválida, mesmo que não haja expressa cominação legal.

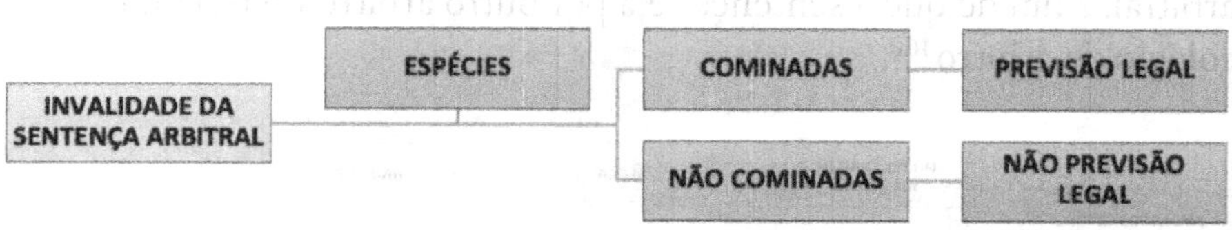

A sentença arbitral possui aspectos formais, que dizem respeito à sua estrutura decisória, de forma que, é considerada inválida a sentença arbitral que não preencha os seus requisitos formais, nos termos do artigo 26 da Lei 9.307/96. A invalidade da sentença arbitral resulta de vício de forma, ou seja, vício no tempo, lugar e modo pelo qual a sentença foi proferida. Já a validade da sentença arbitral representa ato legítimo que garante a resolução adequada da controvérsia.

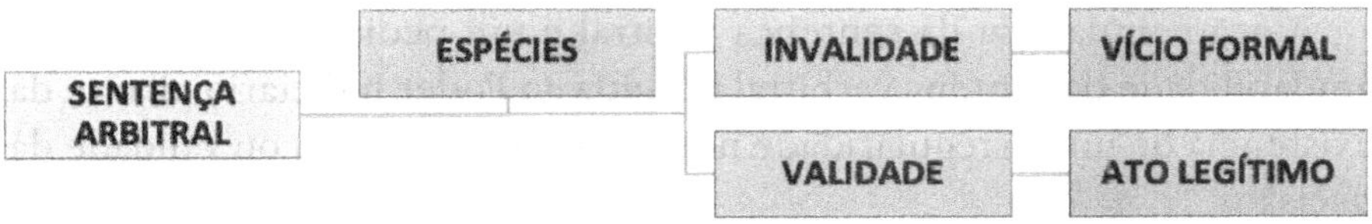

Além da invalidade estrutural resultante da inobservância dos requisitos formais da sentença arbitral, será, pois, inválida a sentença arbitral quando for constada irregularidade, seja no procedimento arbitral, seja na convenção de arbitragem.

A irregularidade consiste na inobservância de alguma norma jurídica (princípio ou regra) que estabeleça uma forma a ser respeitada quando de sua prática. É importante acentuar que, a forma na arbitragem representa fator de segurança jurídica e respeito à instrumentalidade das formas adequadas de produção dos resultados.

No caso de inobservância de norma cogente (de observância obrigatória, como por exemplo, o respeito ao princípio do contraditório) há nulidade da sentença arbitral; ao passo que, a inobservância de norma dispositiva (aplicada nos casos em que as partes não disponham de outro modo, sendo livres para estabelecer o modo como será regida sua relação), há anulabilidade da sentença arbitral.

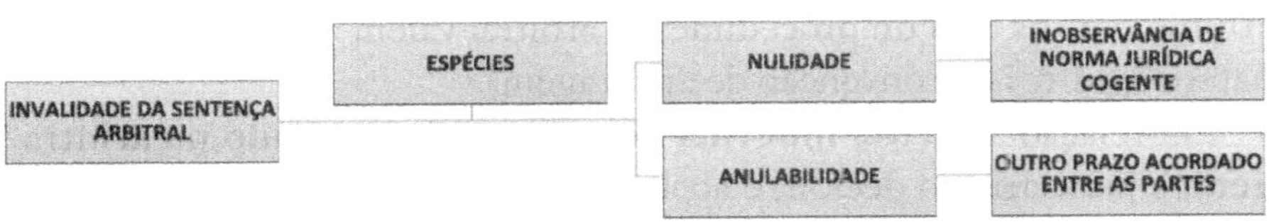

O Poder Judiciário pode ser provocado, por meio da propositura de ação anulatória, nos termos do artigo 33 da Lei 9.307/96[461], a examinar a validade da decisão arbitral, em face da irregularidade no procedimento ou na convenção pela inobservância dos princípios ou normas que regem a arbitragem.

461 Artigo 33 da Lei 9.307/96: A parte interessada poderá pleitear ao órgão do Poder Judiciário competente a declaração de nulidade da sentença arbitral, nos casos previstos nesta Lei.

A ação anulatória da sentença arbitral é um pedido de nulidade ou anulabilidade da sentença arbitral dirigida ao Poder Judiciário, diante da existência de uma irregularidade no âmbito da existência ou validade da decisão.

Nesta ação judicial anulatória, o juiz pode discutir a validade da sentença arbitral, porém não pode modificar ou discutir o teor da decisão arbitral. O juiz não tem competência para analisar o mérito da sentença arbitral, para verificar se o árbitro ou tribunal arbitral julgou bem ou mal a controvérsia entre as partes.

A propositura da ação anulatória é feita após realizado o julgamento pelo árbitro ou tribunal arbitral, com a prolação da sentença arbitral, e versa sobre irregularidades de forma que afetem a sentença arbitral.

Em regra, o momento do controle judicial por meio do ajuizamento da ação anulatória é após a prolação da sentença arbitral. A justificativa para a escolha do momento posterior à sentença contribui para celeridade na obtenção de uma solução para a controvérsia, além de garantir conformidade com o devido processo legal e autonomia de vontade das partes.

No entanto, é possível o questionamento de decisão arbitral que não admite ingresso de interessado no procedimento arbitral, a qualquer momento, já que trata-se de um terceiro atingido por ato praticado na arbitragem (os atos do procedimento arbitral valem apenas para os signatários, partes da convenção de arbitragem).

Em relação à **recusa indevida do terceiro interessado na arbitragem**, o judiciário ao decidir, e acolher a demanda, não pode compelir o árbitro ou tribunal arbitral à aceitação do terceiro no procedimento arbitral, de forma que sua decisão implicará na realização de nova arbitragem com escolha de outros árbitros ou tribunal arbitral, ou ainda, na revisão da decisão arbitral com a integração do interessado.

A ação anulatória deve ser proposta no prazo de 90 dias após recebimento da notificação da decisão, nos termos do artigo 33, §1º da Lei 9.307/96[462].

[462] Artigo 33, §1º da Lei 9.307/96: § 1º A demanda para a declaração de nulidade da sentença arbitral, parcial ou final, seguirá as regras do procedimento comum, previstas na Lei nº 5.869, de 11 de janeiro de 1973 (Código de Processo Civil), e deverá ser proposta no

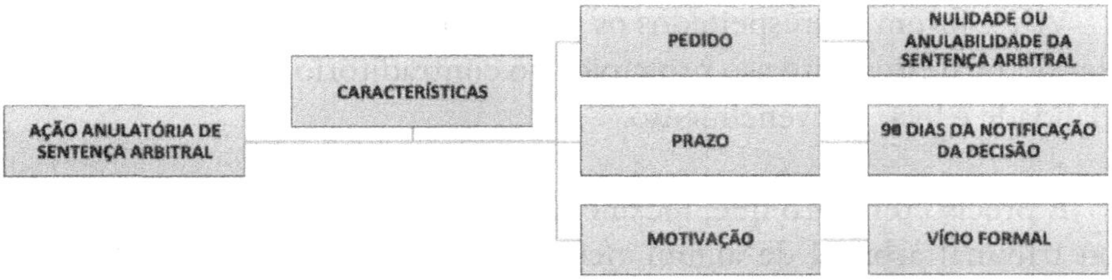

Existe um rol de hipóteses legais que ensejam a nulidade da sentença arbitral no artigo 32 da Lei 9.307/96. Discute-se se o referido rol é taxativo ou não. Podemos afirmar que, em regra, as partes não podem estabelecer outras hipóteses de nulidade ou anulabilidade na convenção de arbitragem, além das que estão previstas na lei de arbitragem. No entanto, é possível, em casos excepcionais, a utilização da via declaratória ou constitutiva para atacar a sentença arbitral[463], como é o caso do julgamento pela via arbitral de questão de estado. São casos de nulidade da sentença arbitral:

I – for nula a convenção de arbitragem: não há o real compromisso em usar a arbitragem

II – emanou de quem não podia ser árbitro: o autor da decisão não podia ter exercido a condição de árbitro.

III – não contiver os requisitos do art. 26 desta Lei: sentença não cumpriu os requisitos formais da lei

IV – for proferida fora dos limites da convenção de arbitragem: sentença extrapolou limites da convenção de arbitragem.

VI – comprovado que foi proferida por prevaricação, concussão ou corrupção passiva: for comprovada a ocorrência de condutas durante o procedimento arbitral

VII – proferida fora do prazo, respeitado o disposto no art. 12, inciso III, desta Lei: decisão foi proferida fora do prazo.

prazo de até 90 (noventa) dias após o recebimento da notificação da respectiva sentença, parcial ou final, ou da decisão do pedido de esclarecimentos.

[463] Carmona, Carlos Alberto. Arbitragem e Processo: um comentário à lei 9.307/96. São Paulo: Atlas, 2004.

VIII – forem desrespeitados os princípios de que trata o art. 21, § 2º, desta Lei: desrespeito aso princípios do contraditório, igualdade, imparcialidade e livre convencimento.

É preciso ter claro que, mesmo com o não acolhimento pelo árbitro ou tribunal arbitral de algum vício de forma referente à constituição ou desenvolvimento da arbitragem, desde que não sujeitos à preclusão, podem ser alegados perante o Poder Judiciário em sede de ação anulatória, nos termos do artigo 20, §2º da lei 9.307/96.

Após análise da ação anulatória, o Poder Judiciário pode julgar improcedente, caso em que a sentença arbitral não será anulada, ou procedente, caso em que a parte interessada pode entrar com uma ação judicial a fim de discutir o assunto ou iniciar um novo procedimento de arbitragem.

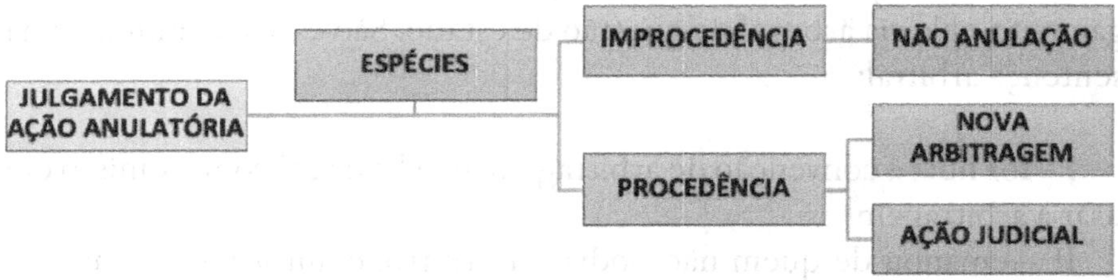

A decretação da nulidade da sentença arbitral também poderá ser requerida na impugnação ao cumprimento da sentença, nos termos dos arts. 525 e seguintes do Código de Processo Civil, se houver execução judicial. No Brasil, são dois os instrumentos aptos a impugnar e declarar a nulidade da sentença arbitral[464]: **a) Ação declaratória de nulidade**[8] (artigo 33 da Lei de Arbitragem), sujeita às regras do procedimento comum e ao prazo decadencial de noventa dias; b) Em sede de **impugnação ao cumprimento de sentença** (artigo 33, § 3º da Lei de Arbitragem), cabível em caso de execução judicial de sentença arbitral de tônus condenatório e sujeita às regras e prazos disciplinados nos artigos 525 e seguintes do CPC.

[464] ARMELIN, Donaldo. Notas sobre ação rescisória em matéria arbitral. In: *Revista de Arbitragem e Mediação*, jan. 2004

10. Execução da sentença arbitral

Com o advento da lei nº 11.232/05 a satisfação da tutela condenatória é feita de duas formas: **a) no caso de execução de título executivo extrajudicial, execução contra Fazenda Pública e execução de alimentos**: processo de execução diferente e autônomo do processo de conhecimento; **b) nos demais títulos executivos judiciais**: temos um único processo chamando sincrético, dividido em duas fases: 1) fase cognitiva; 2) fase executiva com a realização de atos materiais de invasão da esfera patrimonial do devedor[465].

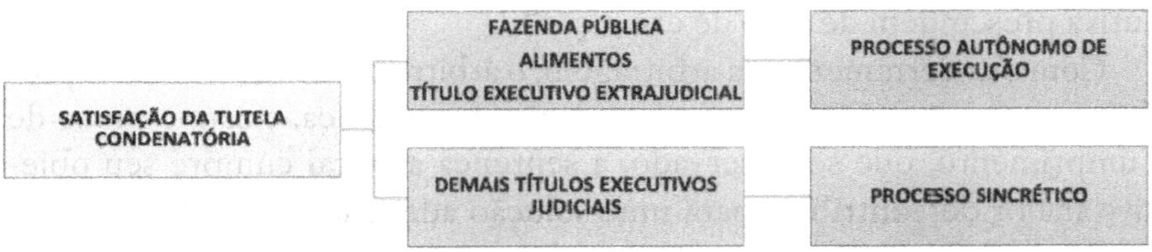

Neste contexto de transformações no processo civil, pode-se afirmar que não havendo o cumprimento espontâneo da sentença arbitral, temos duas situações: **a) sentença arbitral estrangeira**: será executada segundo as leis do país onde fora prolatada, nos termos da legislação brasileira e da Convenção de Nova Iorque, da qual o Brasil é signatário; **b) sentença arbitral nacional:** será objeto do procedimento de cumprimento de sentença[466], nos termos da Lei da Arbitragem e o Código de Processo Civil.

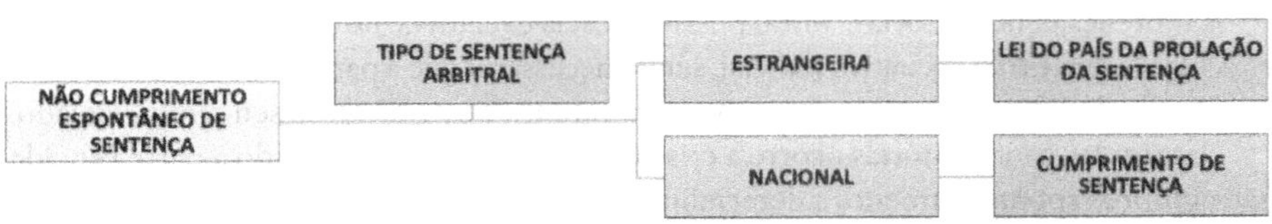

465 Yarshell, Flávio Luiz; Bonício, Marcelo José Magalhães. *Execução civil: novos perfis*. São Paulo: RCS Ed, 2006.

466 Yarshell, Flávio Luiz; Bonício, Marcelo José Magalhães. *Execução civil: novos perfis*. São Paulo: RCS Ed, 2006; Ranzolini, Ricardo. *Controle judicial da arbitragem*. Rio de Janeiro: Ed. GZ, 2011.

A ideia original da arbitragem é de que a sentença arbitral seja objeto de cumprimento voluntário pelas partes, de forma a concretizar a obtenção de decisões ágeis e técnicas para a solução das controvérsias[467].

A sentença arbitral, como título executivo judicial[468], deve ser objeto de cumprimento espontâneo do vencido. No entanto, diante do inadimplemento voluntário[469] surge a necessidade da participação do Poder Judiciário com a prestação de uma tutela jurisdicional executiva que garantia satisfação coativa do bem da vida.

Parte da doutrina[470] entende que só a sentença arbitral condenatória é título executivo, de forma que a sentença arbitral declaratória e constitutiva prescindem de ação de execução[471].

Com o encerramento da arbitragem, o árbitro ou tribunal arbitral profere a sentença arbitral. Após a prolação da sentença, existe o prazo de cumprimento, que se observado, a sentença arbitral cumpre seu objetivo maior de contribuir para uma solução adequada das controvérsias, melhorando o relacionamento pessoal.

Acontece que se no prazo estipulado para cumprimento da sentença, não houver seu cumprimento, a outra parte pode recorrer ao Poder Judi-

467 "[...] a tendência natural é o cumprimento espontâneo das decisões arbitrais. Ora, é intuitivo que se submeta o vencido à posição de quem foi por ele próprio eleito para resolver uma questão exatamente pela confiança e credibilidade na sua capacidade de encontrar a melhor solução para o conflito" (Cahali, Francisco José. *Curso de arbitragem.* São Paulo: Revista dos Tribunais, 2013).

468 A sentença condenatória arbitral possui eficácia executiva, no sentido de ser considerada pela lei um título executivo judicial, sendo necessário que a parte vencedora ajuíze um processo judicial autônomo de executivo para garantir a satisfação do seu direito violado.

469 Nas tutelas condenatórias ocorre a crise de inadimplemento quando a parte vencida não cumpre espontaneamente a determinação na sentença.

470 Em sentido oposto afirmando que a sentença declaratória é título executivo judicial, nos termos do artigo 475-N, I (Zavascki, Teori Albino. *Título Executivo e Liquidação.* São Paulo: Editora Revista dos Tribunais, 1999.

471 Armelin, Donaldo. *A ação declaratória em matéria arbitral.* In: Revista de Arbitragem e Mediação. São Paulo, v.3, n.9, 108-119, abr/jun 2006; De Lucca, Rodrigo Ramina. *Inexequibilidade das Sentenças Declaratórias.* In: Revista Dialética de Direito Processual, São Paulo, n.92, p. 109-121, nv 2010; Carmona, Carlos Alberto. *Novidades sobre execução civil: observações sobre a lei 11232/05.* In: Renault, Sérgio; Bottini, Pierpaolo; Renault, Sérgio. *A nova execução de título judicial.* São Paulo: Saraiva, 2006.

ciário mediante a propositura do pedido de cumprimento da sentença, cujo objetivo é obrigar uma das partes a cumprir uma decisão ou acordo que não foi seguido de modo voluntário[472].

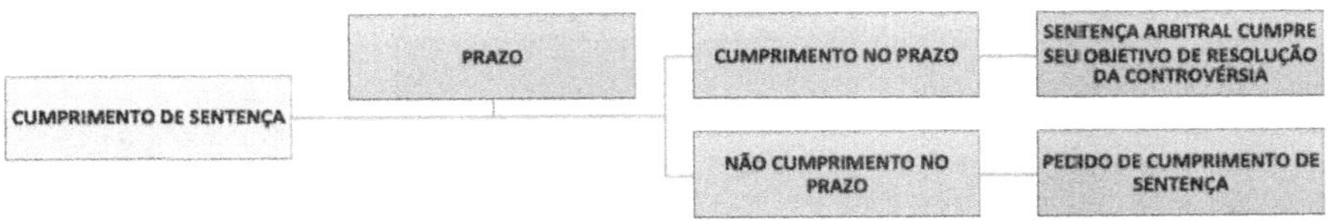

É importante ressaltar que, o árbitro ou tribunal arbitral não tem poder de obrigar as partes a cumprir sentença arbitral. Apenas o Poder Judiciário tem competência para fazer alguém cumprir uma determinação, podendo determinar medidas como o arresto e penhora.

Após ajuizamento do pedido de cumprimento de sentença, por meio de petição inicial, acompanhada de demonstrado atualizado do débito no juízo cível competente, ocorre a citação pessoa ou por edital do executado pode apresentar defesa no sentido de pedir a suspensão do processo e anulação da decisão arbitral, por meio da impugnação ao cumprimento de sentença.

472 "Advirta-se, neste momento, e uma vez mais, ser excluída da arbitragem parcela importante da jurisdição: a *coercio* e a *execucio*, e assim, se necessária a imposição destes atos coercitivos ou executórios para a satisfação material do provimento deferido, indispensável a participação do Poder Judiciário." (CAHALI, Francisco José. *Curso de arbitragem*. São Paulo: Revista dos Tribunais, 2013).

Capítulo 8
Poder Judiciário e Arbitragem

1. Separação de Poderes: Poder Judiciário

O princípio da Separação de Poderes, previsto no art. 2º da Constituição Federal, além de reconhecer a divisão funcional e orgânica do Poder, cria um sistema de freios e contrapesos, que evita a predominância de um Poder sobre o outro, contendo o arbítrio estatal e efetivando os direitos e garantias fundamentais[473].

Dessa forma, em face do princípio da Separação de Poderes, pode-se afirmar que, quanto à sua vontade, o Estado a manifesta pelos seus poderes, que são o Legislativo, o Executivo e o Judiciário. São imanentes e estruturais, com funções (exercidas no cumprimento do dever de alcançar o interesse público, mediante o uso dos poderes conferidos pela ordem jurídica) típicas e atípicas. A função típica do Legislativo é elaborar lei. A do Executivo é converter a lei em ato individual e concreto. A do Judiciário é a aplicação coativa da lei aos litigantes.

A divisão funcional do poder foi reconhecida por Aristóteles na Antiguidade Clássica ao entender pela existência de três funções em todo governo: legislar, executar as leis e julgar os conflitos. A divisão orgânica do poder (cada função deveria ser exercida por um órgão específico) surgiu no pensamento de Locke (reconhecer a existência do legislativo, executivo, federativo e prerrogativo) e mais tarde sistematizada por Montesquieu, em 1748, em sua obra *O espírito das leis* ("Quando na mesma pessoa, ou no mesmo corpo de magistrados, o poder legislativo se junta ao execu-

[473] MS 25.668/DF, Rel. Min. Celso de Mello, *DF* 4-8-2006; MONTESQUIEU. *Do espírito das leis*. São Paulo: Nova Cultural, 1977. Coleção Os pensadores.

tivo, desaparece a liberdade; pode-se temer que o monarca ou o senado promulguem leis tirânicas, para aplicá-las tiranicamente")[474].

A fórmula da separação de poderes surgiu como reação ao poder absolutizado gerador de arbitrariedades[475], tendo sido adotado pela maioria dos Estados, e consagrada como princípio fundamental na Declaração Universal dos Direitos do Homem e do Cidadão, e do constitucionalismo moderno. No desenho original, a separação de poderes foi concebida como uma técnica de limitação do poder estatal com o reconhecimento de funções compartilhadas. Com a dinâmica evolutiva, surge uma nova configuração nesta fórmula clássica, com o aparecimento do ativismo judicial e da judicialização das políticas públicas.

2. Função jurisdicional

Nos dias atuais, no mundo ocidental, é possível afirmar a existência de três funções no Estado: a legislativa, a administrativa ou executiva e a jurisdicional. Tais funções são distribuídas entre três poderes, de forma predominante e não exclusiva. A divisão orgânica foi idealizada por Montesquieu, visando impedir a concentração de poderes para preservar a liberdade dos homens contra os abusos e tiranias dos governantes.

Os critérios de distinção das funções do Estado são: *a) orgânico ou subjetivo:* a função é identificada pelo sujeito que produz a função; *b) objetivo:* leva em conta a atividade. O critério objetivo é subdivido em dois: 1) material ou substancial: a função é identificada pelos seus elementos intrínsecos; 2) formal: a função é identificada pelo tratamento normativo. O critério aceito pela maioria doutrinária é o objetivo formal.

O critério orgânico é falho, pois cada poder tem funções típicas e atípicas. O critério objetivo material não pode ser usado, pois em Direito uma coisa é o que é por força da qualificação atribuída pelo próprio Direito; além do que os critérios intrínsecos serem falhos para distinção. O melhor critério é o objetivo formal: a) legislativo: é exercido por normas gerais,

[474] COMPARATO, Fábio Konder. *Ética:* direito, moral e religião no mundo moderno. São Paulo: Companhia das Letras, 2006; MONTESQUIEU. *Do espírito das leis.* São Paulo: Nova Cultural, 1977. Coleção Os pensadores.

[475] HAMILTON, Alexander; JAY, John; MADISON, James. *O Federalista.* Rio de Janeiro: Editora Nacional de Direito, 1959

normalmente abstratas, que inovam inicialmente a ordem jurídica, isto é, que se fundam de forma direta e imediata da CF; b) jurisdicional: é exercido por decisões que resolvem controvérsias com força de coisa julgada; c) administrativo: é exercido pelo Estado ou quem lhe faça as vezes na intimidade de uma estrutura e regime hierárquicos e que no sistema constitucional brasileiro se caracteriza pelo fato de ser desempenhada por comportamentos infra legais ou, de forma excepcional, infraconstitucionais, submissos todos ao controle de legalidade do Judiciário.

A Função Legislativa é exercida por normas gerais, normalmente abstratas, que inovam inicialmente a ordem jurídica, isto é, que se fundam de forma direta e imediata na CF; a **Função Jurisdicional** é exercida por decisões que resolvem controvérsias com força de coisa julgada; a Função Administrativa é exercida pelo Estado ou por quem lhe faça as vezes, na intimidade de uma estrutura e regime hierárquicos, e no sistema constitucional brasileiro se caracteriza pelo fato de ser desempenhada por comportamentos infra legais ou, de forma excepcional, infraconstitucionais, submissos todos ao controle de legalidade do Judiciário.

Em relação às funções do Estado, a jurisdição depende da iniciativa da parte interessada, mediante o ajuizamento de uma ação, visando aplicar a lei a uma pretensão de direito material, por meio de processo. Tem caráter substitutivo, e o juiz atua como parte alheia à demanda. A Administração, por sua vez, pode ser exercida de ofício ou por requerimento do interessado, visando promover o bem comum, por meio de procedimentos. Tem caráter originário ou primário e atua como parte interessada.

Jurisdição é a aplicação do direito preexistente. Na legislação, a atividade é constitutiva, pois o legislador tem como função criar normas jurídicas. A jurisdição não é atividade exclusiva do Poder Judiciário. Os demais Poderes, Legislativo e Executivo, também a exercem, porém de forma atípica. A doutrina acentua que o exercício da jurisdição por órgãos alheios ao Judiciário é denominado **jurisdição anômala**. Contudo, há quem sustente que se trata de função estatal exercida com exclusividade pelo Poder Judiciário.

3. Jurisdição

No sentido etimológico, jurisdição vem do latim *jurisdictio* (*juris* – direito; *dictio* – dizer), que significa "dizer o direito". No sentido amplo, jurisdição é poder de conhecer e decidir com autoridade os conflitos existentes na sociedade.

No sentido restrito, é o poder-dever de julgar um caso concreto de acordo com o ordenamento jurídico, por meio de um processo. É uma função soberana estatal, necessária para manter a ordem social. No sentido teleológico, a jurisdição visa aplicar as normas do direito objetivo público ou privado em relação a uma pretensão.

Sobre o conceito de jurisdição, há os seguintes posicionamentos: a) Chiovenda: é a função do Estado que tem por escopo a atuação da vontade concreta da lei por meio da substituição, pela atividade de órgãos públicos, da atividade de particulares ou de outros órgãos públicos; b) Carnelutti: é uma função de busca da justa composição da lide. A posição majoritária é usar os dois conceitos, já que são complementares, de forma que **jurisdição** é uma função do Estado de atuar a vontade concreta da lei, com o fim de obter a justa composição da lide.

A jurisdição pode ser analisada de diversas formas: **a) como poder**, ou seja, emanação ou parcela da soberania nacional; **b) como função**[476], ou seja, a incumbência do juiz de aplicar, por meio do processo, lei aos casos concretos; **c) como atividade**, ou seja, a diligência do juiz de dar a cada um o que é seu; **d) como dever**, ou seja, já que o juiz é obrigado a agir diante de um caso concreto que lhe seja apresentado.

4. Relação entre juízo arbitral e juízo estatal

O relacionamento entre o árbitro e o Judiciário é de cooperação, e não de subordinação, já que ambos são funções complementares que atuam na realização da justiça[477].

Na atuação cooperativa, o Judiciário fornece suporte e assistência nas atividades do juízo arbitral, em especial na prática de atos constritivos ou executórios, para implementar as decisões arbitrais, ou mesmo assegurar

[476] É a atividade exercida no cumprimento do dever de alcançar o interesse público mediante o uso dos instrumentos necessários conferidos pela ordem jurídica.

[477] Amaral, Paulo Osternack. *A concessão de medidas urgentes em processo arbitral envolvendo o poder público.* In: Revista de Processo, ano 33, nº 157, São Paulo: Revista dos Tribunais, 2008, pp. 18/50.

a jurisdição arbitral[478]. Neste relacionamento cooperativo, o Judiciário deve auxiliar o juízo arbitral na busca da pacificação social:

a) **instituição da arbitragem**: não havendo acordo prévio sobre a forma de instituir a arbitragem, a parte interessada manifestará à outra parte sua intenção de dar início à arbitragem, por via postal ou por outro meio qualquer de comunicação, mediante comprovação de recebimento, convocando-a para, em dia, hora e local certos, firmar o compromisso arbitral.
Não comparecendo a parte convocada ou, comparecendo, recusar-se a firmar o compromisso arbitral, poderá a outra parte ajuizar execução específica para obter uma sentença substitutiva da vontade da parte adversa.
Neste caso, o compromisso poderá ser firmado espontaneamente em audiência, ou o juiz poderá estabelecer o compromisso arbitral, considerando a cláusula compromissória e a Lei de Arbitragem. Além disso, a intervenção judicial somente serve para compelir a outra parte a comparecer em juízo, sem julgar o mérito do litígio.
b) **existência, validade e eficácia da cláusula compromissória:** em regra, é decisão arbitral (princípio da competência-competência); porém, no caso de nulidade absoluta, a decisão é judicial.

5. Interações entre Poder Judiciário e arbitragem

5.1. Carta arbitral[479]

Carta[480] arbitral é meio pelo qual o árbitro ou tribunal arbitral solicita a cooperação do Poder Judiciário[484] para praticar ou determinar o cum-

[478] "A relação entre cortes nacionais e tribunais arbitrais oscila entre uma coabitação forçada e uma verdadeira parceria" (BLACKABY, Nigel; HUNTER, Martin; PARTASIDES, Constantine; REDFERN, Alan. Redfern A. Redfern and Hunter on International Arbitration. New York: Oxford University Press, 2015).

[479] O árbitro ou tribunal arbitral poderá expedir carta arbitral para que o órgão jurisdicional pratique ou determine o cumprimento do ato solicitado pelo árbitro ou tribunal arbitral.

[480] (...) Uma carta, em sentido técnico-processual, é realmente uma carta, ou seja, uma mensagem com o que o juiz solicita a outro a cooperação de que tenha necessidade para

primento de ato, como por exemplo, a condução de alguma testemunha renitente, nos termos do artigo 237, inciso IV do CPC[482]. O parâmetro do objeto da carta arbitral consta no artigo 69 do CPC com uma lista não taxativa, incluindo intimação ou notificação de ato; a obtenção e apresentação de provas e a coleta de depoimentos; e a efetivação de tutela provisória[483].

É um instrumento de efetivação da cooperação formal entre juízo arbitral e Poder Judiciário para realização de diligências e medidas do juízo arbitral. Na verdade, a carta arbitral é instrumento de cooperação entre árbitro e juiz estatal para prática atos que requerem emprego de força, já que o árbitro em sua jurisdição decorrente da autonomia da vontade das partes não tem poderes coercitivos[484].

o cumprimento da função jurisdicional" (Dinamarco, Cândido Rangel. Instituições de Direito Processual Civil II. São Paulo: Malheiros, 2005).

481 "(...) a carta arbitral é um instrumento que confere maior eficiência a este método adequado de solução de conflitos, permitindo que o árbitro exerça o seu múnus de forma ainda mais segura e eficaz, com a devida cooperação do juiz estatal". (Forbes, Carlos Suplicy de Figueiredo; Kobayashi, Patrícia Shiguemi in: 20 anos da lei de arbitragem: homenagem a Petrônio R. Muniz. Coord. Carlos Alberto Carmona, Selma Ferreira Lemes, Pedro Batista Martins. São Paulo: Atlas, 2017).

482 Artigo 237, IV, do CPC: Será expedida carta: IV – arbitral, para que órgão do Poder Judiciário pratique ou determine o cumprimento, na área de sua competência territorial, de ato objeto de pedido de cooperação judiciária formulado por juízo arbitral, inclusive os que importem efetivação de tutela provisória.

483 Artigo 69 do CPC: O pedido de cooperação jurisdicional deve ser prontamente atendido, prescinde de forma específica e pode ser executado como: (...) § 2o Os atos concertados entre os juízes cooperantes poderão consistir, além de outros, no estabelecimento de procedimento para: I – a prática de citação, intimação ou notificação de ato; II – a obtenção e apresentação de provas e a coleta de depoimentos; III – a efetivação de tutela provisória; IV – a efetivação de medidas e providências para recuperação e preservação de empresas; V – a facilitação de habilitação de créditos na falência e na recuperação judicial; VI – a centralização de processos repetitivos; VII – a execução de decisão jurisdicional.

484 4 "A Lei nº 13.129, de 26 de maio deste ano, que modifica a Lei nº 9.307 (Lei de Arbitragem – LA), de 1996, institui a carta arbitral como forma de comunicação dos árbitros com os juízes, com a finalidade de executar ato determinado pelo árbitro no curso da arbitragem, tais como o cumprimento de medida cautelar ou a condução de testemunha que se recusa a comparecer. O árbitro tem jurisdição, mas não tem o poder de constrição do juiz, por isso a necessidade da colaboração judicial". Lemes, Selma Maria Ferreira. A carta arbitral e a arbitragem na Lei das S.A. Artigo publicado no Valor Econômico em

Uma atuação colaborativa e integrada do juízo arbitral e o Poder judiciário contribui para o bom funcionamento do acesso à justiça. No sistema jurisdicional multiportas a jurisdição arbitra configura método adequado e efetivo de resolução de conflitos, contribuindo para a pacificação social[485].

Se de um lado facilita as atividades do árbitro ou tribunal arbitral, já que o judiciário atua como colaborador na efetivação das medidas legais solicitadas, de outro, colabora para diminuir os processos na carga de trabalho do judiciário.

A solicitação da cooperação judicial é justificada pelo fato do árbitro ou tribunal arbitral, apesar de possuir jurisdição, não ter o poder de constrição do juiz estatal.

Sempre que o árbitro ou tribunal arbitral precisar solicitar a prática de ato ao órgão jurisdicional, deverá expedir uma carta arbitral, nos termos do artigo 22-C da lei 9.307/96[486].

A carta arbitral deve cumprir, no que couber, os requisitos das cartas precatória, rogatória e de ordem, devendo ser instruída com a convenção de arbitragem e com as provas da nomeação do árbitro e de sua aceitação da função, nos termos do artigo 260, §3º do CPC.

Neste contexto na carta arbitral deve constar: a) indicação do juízo arbitral de origem e órgão jurisdicional de cumprimento do ato solicitado

17.07. 2015. Disponível em: https://valor.globo.com/legislacao/noticia/2015/06/17/a--carta-arbitral-e-a-arbitragem-na-lei-das-s-a.ghtml. Acesso em: 01/08/2019); "...falta o *imperium* necessário à atividade executiva, é ao juiz togado que a lei confere o poder de providenciar a implementação das medidas coercitivas, mesmo quando dentro do juízo arbitral" (Júnior, Humberto Theodoro. Curso de Direito Processual Civil. V. III, rio de Janeiro: Ed. Forense, 2015).

485 Pinho, Humberto Dalla Bernardina de. Stancati, Maria M. S. Martins. *A ressignificação do princípio do acesso à justiça à luz do art. 3º do CPC de 2015*. In: Revista de processo, v. 254, abril/2016, São Paulo: Revista dos Tribunais, p. 20; Gouveia, Lucio Grassi de. A função legitimadora do princípio da cooperação intersubjetiva no processo civil brasileiro. In: Revista de processo, v. 172, junho/2009, São Paulo: Revista dos Tribunais, p. 35.

486 Artigo 22-C da Lei 9307/96: O árbitro ou o tribunal arbitral poderá expedir carta arbitral para que o órgão jurisdicional nacional pratique ou determine o cumprimento, na área de sua competência territorial, de ato solicitado pelo árbitro. Parágrafo único. No cumprimento da carta arbitral será observado o segredo de justiça, desde que comprovada a confidencialidade estipulada na arbitragem.

(o foro de distribuição deverá ser o competente para julgar a causa); b) menção do ato processual que lhe constitui o objeto; c) inteiro teor do despacho solicitando a diligência; d) encerramento, com a assinatura do árbitro ou dos membros do tribunal arbitral. Deve, ainda, constar da carta arbitral, além da convenção de arbitragem e com as provas da nomeação do árbitro e de sua aceitação da função, nos termos do artigo 260, §3º do CPC, qualquer outro documento que precise ser examinado na diligência, nos termos do artigo 260, §1º do CPC[487].

Na carta arbitral deverá ser fixado prazo para cumprimento, que seja proporcional à natureza e complexidade do ato solicitado, atendendo ao procedimento específico de cooperação entre jurisdição arbitral e estatal, nos termos do artigo 261 do CPC[488]. Ainda há que se esclarecer de que a regra é a de que a discrição e sigilosidade deve ser objeto de acordo no momento do termo inicial.

As partes devem ser intimadas da expedição da carta e, uma vez expedida, deverão acompanhar seu cumprimento junto ao órgão jurisdicional destinatário, a este competindo a prática do ato. A fiscalização das partes é importante para que seja cumprido o ato, num contexto cooperativo na convivência entre jurisdição estatal e arbitral.

A carta arbitral possui elementos que permitem sua configuração como meio de cooperação:

a) **elemento subjetivo**: diz respeito às pessoas envolvidas no ato cooperativo, de forma que:

   - **o sujeito ativo**: responsável pela expedição da carta arbitral contendo a solicitação da prática do ato é o árbitro ou tribunal

[487] Artigo 260, §1º do CPC: O juiz mandará trasladar para a carta quaisquer outras peças, bem como instruí-la com mapa, desenho ou gráfico, sempre que esses documentos devam ser examinados, na diligência, pelas partes, pelos peritos ou pelas testemunhas.

[488] Artigo 261 do CPC: Em todas as cartas o juiz fixará o prazo para cumprimento, atendendo à facilidade das comunicações e à natureza da diligência. § 1º As partes deverão ser intimadas pelo juiz do ato de expedição da carta. § 2º Expedida a carta, as partes acompanharão o cumprimento da diligência perante o juízo destinatário, ao qual compete a prática dos atos de comunicação. § 3º A parte a quem interessar o cumprimento da diligência cooperará para que o prazo a que se refere o caput seja cumprido.

arbitral, incluindo o presidente da câmara de arbitragem ou o secretário executivo, bem como a parte interessada, desde que em cumprimento da decisão arbitral; a identificação do árbitro deve ser feita pelo nome completo, identificando-os pela convenção de arbitragem celebrada entre as partes, o instrumento de indicação de cada um dos árbitros e a sua respectiva aceitação; a fim de facilitar a comunicação entre árbitro e juiz estatal, é recomendável a indicação do endereço de contato do Tribunal Arbitral, representado pelo seu Presidente, ou, caso a arbitragem seja institucional, o endereço da instituição arbitral.

- **o sujeito passivo**: é o destinatário, que prestará a cooperação solicitada é o órgão jurisdicional nacional identificado pelo Estado, comarca e pela modalidade de juízo.

b) **elemento objetivo**: diz respeito ao objeto da carta arbitral, que será um pedido de prática de ato processual ou para determinar cumprimento de ato solicitado pelo árbitro;

c) **elemento limitativo**: a carta arbitral será atendida pelo órgão jurisdicional nacional no limite de sua área de competência territorial; e comprovada a confidencialidade estipulada na arbitragem[489], será observado no cumprimento da carta o limite do segredo de justiça[490]; o acordo de confidencialidade estabelecendo sigilo na arbitragem[491]: 1) só pode ser aplicado nos casos em que

[489] A comprovação é feita por previsão expressa das partes ou previsão no regulamento arbitral. Cabe ressaltar que no caso de arbitragem na Administração Pública deve ser observado o princípio da publicidade, nos termos do artigo 2º, §3º da lei 9307/96.

[490] Artigo 189, IV do CPC: Os atos processuais são públicos, todavia tramitam em segredo de justiça os processos: IV – que versem sobre arbitragem, inclusive sobre cumprimento de carta arbitral, desde que a confidencialidade estipulada na arbitragem seja comprovada perante o juízo.

[491] Como todas as instituições expressamente determinam que a arbitragem será sigilosa, é certo dizer que, no Brasil, a regra geral é a da confidencialidade na imensa maioria dos casos, em decorrência das regras aplicáveis ao procedimento, livremente escolhidas pelas partes. Assim, na generalidade dos casos, os procedimentos arbitrais serão sigilosos, obrigando-se os árbitros, câmaras e partes a respeitar o dever de sigilo. (BRAGHETTA, Adriana. "Notas sobre a confidencialidade na arbitragem". In: Revista do Advogado. Ano XXXIII, nº 119, abril, 2013, pp. 7-12)

for pactuado; 2) pode ser celebrado antes ou após instauração da arbitragem; 3) pode ser inserido na cláusula compromissória ou referido no regulamento arbitral.

d) **elemento finalístico:** a carta arbitral como mecanismo regulamentado na legislação processual civil visa cooperação no âmbito da administração da justiça[492], seja para aprimorar as provas já produzidas no âmbito do juízo arbitral, seja para adicionar informações e/ou documentos para esclarecimento de fatos[493].

e) **elemento probatório**: a carta arbitral deve ser instruída pela ordem do árbitro ou tribunal arbitral que determinou a sua expedição; a petição que solicitou a providência ao árbitro ou tribunal arbitral; convenção de arbitragem[494]; as provas da nomeação do árbitro e de sua aceitação da função; e apesar do artigo 260 do CPC exigir como requisito da carta o instrumento de mandato conferido ao advogado, o entendimento é de que na arbitragem a lei não exige a constituição de advogado. Mas, se houver participação de advogado[495], o instrumento de mandato também deverá ser apresentado pelos eventuais patronos constituídos pelas partes para acompanhamento das diligências;

f) **elemento formal**: a carta arbitral deve ser feita com observância dos requisitos legais. Visando facilitar a redação e expedição deste instrumento de cooperação, o Comitê Brasileiro de Arbitragem

[492] Armelin, Donaldo. Arbitragem e o Novo Código De Processo Civil. Revista de Arbitragem e Mediação. vol. 28/2011. p. 131 - 137. Jan - Mar. 2011; LEMES, Selma Maria Ferreira. Anotações sobre a Nova Lei de Arbitragem. Revista de Arbitragem e Mediação. vol. 47/2015. p. 37 - 44. Out - Dez. 2015.

[493] Cahali, Francisco José. Curso de arbitragem: medição - conciliação - resolução CNJ 125/10. São Paulo: Revista dos Tribunais, 2015.

[494] A comprovação pode ser feita: (a) cópia do contrato que contém a cláusula compromissória; (b) cópia do compromisso arbitral, assinado nos termos do art. 10 da Lei 9.307/1996; (c) cópia do Termo de Arbitragem ou Ata de Missão assinado pelas partes e pelos árbitros; (d) petição das partes indicando os árbitros e a indicação o Presidente do Tribunal Arbitral, acompanhadas de sua aceitação, formalizada pela assinatura do Termo de Independência.

[495] Artigo 103 do CPC: A parte será representada em juízo por advogado regularmente inscrito na Ordem dos Advogados do Brasil.

(CBAr) disponibilizou em seu site um modelo de carta formulado em atenção aos requisitos legais do novo instrumento[496].

A valoração da pertinência que permite a expedição ou da carta arbitral, bem como do seu conteúdo, com especificação de ato processual é competência do árbitro ou tribunal arbitral, que deve levar em conta o contraditório e as regras do procedimento arbitral.

O Poder judiciário, entretanto, não pode imiscuir-se nessa apreciação, sendo-lhe vedado exercer o controle judicial sobre a pertinência e o mérito da carta arbitral[497]. Se pudesse o juiz fazê-lo, faria obra do árbitro ou tribunal arbitral, violando, dessarte, a autonomia da jurisdição arbitral e sua convivência em harmonia com a jurisdição estatal.

No entanto, apesar do Judiciário não poder reexaminar o conteúdo da carta arbitral, devendo agir como colaborador, e no exercício do seu poder de império, cumprir a providência solicitada, deve aferir aspectos de legalidade, antes de cumprimento da medida[498].

A pertinência e o mérito da carta arbitral constituem critérios ditados pelo poder arbitral, o qual, desde que utilizado dentro dos permissivos legais e com respeito aos princípios gerais do processo, é intangível pelo Poder Judiciário, de sorte que a verificação das razões decisivas sobre a expedição e/ou de mérito da carta arbitral escapam ao controle jurisdicional do Estado. Ao Judiciário compete tão somente a apreciação formal e a constatação da existência ou não de vícios de nulidade da carta arbitral.

Antes da previsão da carta arbitral na lei de arbitragem, a cooperação entre o árbitro e juiz estatal era feita por meio de ofício expedido

[496] Disponível em: http://cbar.org.br/site/carta-arbitral. Acesso em 07 de agosto de 2019.

[497] "O juiz deve cumprir aquilo que consta da carta arbitral, não podendo reapreciar aquilo já decidido e/ou definido pelo árbitro, uma vez que ele não tem poderes jurisdicionais para tanto". (Beraldo, Leonardo de Faria. O Impacto do Novo Código de Processo Civil na Arbitragem. Revista de Arbitragem e Mediação. vol. 49/16. p. 175 - 200. Abr - Jun. 2016); Fichtner, José Antonio; Mannheimer, Sergio Nelson; Monteiro, André Luís. Cinco pontos sobre a arbitragem no projeto do novo Código de Processo Civil. Revista de Processo, São Paulo, RT, 2012, n. 205.

[498] Carreteiro, Mateus Aimore. Tutelas de urgência e arbitragem. São Paulo: Revista dos Tribunais, 2017.

pelo árbitro ou tribunal arbitral ao órgão jurisdicional competente, com os alicerces da carta precatória[499]. Ao receber ofício, o juiz verificava a regularidade da situação: **a) se a decisão fosse pela regularidade**: o juiz determinava as providências solicitadas pelo árbitro ou tribunal arbitral; **b) se a decisão fosse negativa (recusa)**: o juiz informava o árbitro ou tribunal arbitral do motivo da recusa no cumprimento e realizava a devolução do ofício.

Uma vez expedida, a carta arbitral, novidade da Lei 13.129/15, pode ser cumprida ou não. Se for cumprida, o ato solicitado pelo árbitro ou tribunal arbitral será realizado, e a carta será devolvida ao juízo arbitral de origem no prazo de 10 (dez) dias, independentemente de traslado, desde que pagas as custas pelas partes[500]. Se não for cumprida, o ato solicitado não será praticado, devendo o órgão jurisdicional devolver a carta ao juízo arbitral com justificativa ou motivação da sua decisão. Em relação ao não cumprimento da carta arbitral pelo órgão jurisdicional temos duas espécies:

a) **não cumprimento dos requisitos formais**: nos termos do artigo 267 do CPC: a carta não estiver revestida dos requisitos legais ou faltar ao juiz competência em razão da matéria ou da hierarquia[501] ou o juiz tiver dúvida acerca de sua autenticidade. Neste caso, o órgão jurisdicional devolve a carta ao juízo arbitral com a devida motivação, ressaltando que se o não cumprimento for em razão da

[499] "Essa comunicação entre o árbitro (ou tribunal arbitral) e o Estado-juiz funciona como se fosse uma carta precatória, em que um órgão requisita a outro, não havendo entre eles qualquer hierarquia funcional, a prática de um ato processual. O árbitro-deprecante, assim, requisitará ao juízo-deprecado a condução coercitiva da testemunha que comprovadamente tenha sido intimada a comparecer para prestar depoimento e, sem motivo justificado, tenha deixado de atender à convocação." (Câmara, Alexandre Freitas. Das Relações entre a Arbitragem e o Poder Judiciário. In. Revista Brasileira de Arbitragem, ed. IOB. 2005, Volume II).

[500] Artigo 268 do CPC: Cumprida a carta, será devolvida ao juízo de origem no prazo de 10 (dez) dias, independentemente de traslado, pagas as custas pela parte.

[501] Artigo 267, parágrafo único do CPC: No caso de incompetência em razão da matéria ou da hierarquia, o juiz deprecado, conforme o ato a ser praticado, poderá remeter a carta ao juiz ou ao tribunal competente.

incompetência por matéria ou hierarquia, o juiz deprecado, conforme o ato a ser praticado, poderá remeter a carta ao juiz ou ao tribunal competente;

b) **não cumprimento por discordância da decisão arbitral**: neste caso a questão é complexa, em razão do judiciário não poder reexaminar o conteúdo da decisão arbitral. Neste caso, recomenda-se que, antes do judiciário recusar o cumprimento da carta, expedir ofício comunicando a situação jurídica. Na insistência da recusa pelo judiciário, entendemos que se a recusa for relacionada com a concessão de tutelas de urgência, a parte prejudicada pode interpor agravo de instrumento, nos termos do artigo 1015, I do CPC[502]; porém, nos demais casos, entende-se que a parte prejudicada deve propor ação anulatória.

5.2. Medidas de urgência

Antes do advento da Lei nº 13.129/15 era vedada a decretação de medidas cautelares e coercitivas pelo juízo arbitral.

Como advento da Lei nº 13.129/15, as tutelas de urgências podem ser:

a) **preparatórias:** quando instituída a arbitragem, as partes poderão recorrer ao Poder Judiciário para a concessão de medida cautelar ou de urgência. Cessa a eficácia da medida cautelar ou de urgência se a parte interessada não requerer a instituição da arbitragem no prazo de 30 (trinta) dias, contado da data de efetivação da respectiva decisão;

b) **incidentais**: estando já instituída a arbitragem, a medida cautelar ou de urgência será requerida diretamente aos árbitros.

502 Artigo 1015, I, do CPC: Cabe agravo de instrumento contra as decisões interlocutórias que versarem sobre: I – tutelas provisórias.

Capítulo 9
Conflitos e Arbitragem

1. Fenômeno dos conflitos humanos

O fenômeno dos conflitos[503] é fator inerente às relações humanas[504]. As suas inúmeras e conhecidas manifestações levam-nos a concluir que não vamos analisar uma realidade nova ou sequer recente. Além disso e como seria aliás de esperar, trata-se de uma realidade complexa e mutável pelas transformações que afetam a sociedade[505].

[503] "[...] é uma situação em que há uma concorrência entre as partes conflitantes, as quais têm consciência da incompatibilidade de suas posições e desejam, cada uma delas, ocupar uma posição oposta aos desejos da outra. Simplificando, o conflito surge quando uma pessoa, buscando alcançar seus objetivos ou satisfazer seus desejos, age de uma forma que contraria os interesses de uma outra pessoa; esta, então, em resposta, reage, tomando uma atitude que provocará uma nova (re)ação da primeira pessoa, e assim prossegue" (Costa, Andréia da Silva. Comentários sobre a natureza dos conflitos. In: SALES, Lília Maia de Morais; Andrade, Denise Almeida de (Org.). Mediação em perspectiva: orientações para mediadores comunitários. Fortaleza: Universidade de Fortaleza, 2004).

[504] "O conflito é um elemento dos mais corriqueiros e intensos nas diversas sociedades e, ao mesmo tempo, um componente relativamente pouco estudado em consonância à sua relevância" (Alcântara Junior, J. O. Georg Simmel e o conflito social. Caderno Pós Ciências Sociais. São Luís, v. 2, n. 3, jan./jun. 2005).

[505] "[...] Nascido do antigo latim, a palavra conflito tem como raiz etimológica a ideia de choque, ou ação de chocar, de contrapor ideias, palavras, ideologias, valores ou armas. Por isso, para que haja conflito é preciso, em primeiro lugar, que as forças confrontantes sejam dinâmicas, contendo em si próprias o sentido da ação, reagindo umas sobre as outras. Na tentativa de uma explicação mais esmiuçada para a palavra conflito, tem-se que consiste em um enfrentamento entre dois seres ou grupos da mesma espécie que manifestam, uns a respeito dos outros, uma intenção hostil, geralmente com relação a um direito. para manter esse direito, afirmá-lo ou restabelecê-lo, muitas vezes lançam mão da violência, o que pode trazer como resultado o aniquilamento de um dos conflitantes. Essa definição

Quanto à sua projeção no ambiente humano, pode-se dizer que a extensão por ele adquirida faz com que as partes litigantes possuam uma visão negativa, considerando o conflito um problema, uma crise que gera insegurança e intranquilidade[506], mas que deve alcançar uma concepção positiva[507] fundamentada na busca do melhor fim do conflito[511].

de conflito pode ser desmembrada em alguns aspectos importantes. Primeiramente, se avista que o enfrentamento é voluntário, de modo que um homem, ao tropeçar em uma pedra, colide com a mesma e não conflita com ela, justamente porque no primeiro caso não se avista a intenção de conflitar que se percebe no segundo. A 'vontade conflitiva' pode se direcionar a uma única pessoa ou a um grupo. Num segundo momento, avista-se a necessidade de que os antagonistas sejam da mesma espécie, pois não se denomina conflito o enfrentamento entre um homem e um animal. Adiante, a intencionalidade conflitiva implica na vontade hostil de prejudicar o outro, porque é considerado um inimigo ou porque assim se quer que seja. [...] outro aspecto é o objeto do conflito, que geralmente é um direito entendido não apenas como uma disposição formal, mas também como uma reivindicação de justiça. O conflito trata de romper a resistência do outro, pois consiste no confronto de duas vontades, quando uma busca dominar a outra com a expectativa de lhe impor a sua solução. Essa tentativa de dominação pode se concretizar através da violência direta ou indireta, através de ameaça física ou psicológica. No final, o desenlace pode nascer do reconhecimento da vitória de um sobre a derrota do outro. Assim, o conflito é uma maneira de ter razão independentemente dos argumentos racionais (ou razoáveis), a menos que ambas as partes tenham aceito a arbitragem de um terceiro. Então, percebe-se que não se reduz a uma simples confrontação de vontades, ideias ou interesses. É um procedimento contencioso no qual os antagonistas se tratam como adversários ou inimigos" (SPENGLER, Fabiana Marion. O conflito, o monopólio estatal de seu tratamento e as novas possibilidades: a importância dos remédios ou remédios sem importância? In: SPENGLER, Fabiana Marion; LUCAS, Doglas Cesar. (Orgs.). Conflito, jurisdição e direitos humanos: (des)apontamentos sobre um novo cenário social. Ijuí: UNIJUI, 2008. (Coleção direito, política e cidadania; n. 19).

506 "O conflito, normalmente, é compreendido como algo ruim para a pessoa, para a família e para a sociedade. Um momento de instabilidade, de sofrimento, de angústia pessoal dificilmente é percebido como um momento de possível transformação. O termo crise é atribuído a situações caóticas, negativas, sem esperanças. A mediação propõe desmistificar essas premissas, possibilitando que o conflito e a contradição sejam vistos como situações próprias das relações humanas, necessárias para o seu aprimoramento. Por este motivo, devem ser tratados com tranquilidade" (SALES, Lília Maia de Morais. Mediação de conflitos: família, escola e comunidade. Florianópolis: Conceito, 2007).

507 [...] redefinir a noção de conflito implica no reconhecimento do mesmo como uma parte da vida que pode ser utilizada como oportunidade de aprendizagem e crescimento pessoal. Considerando-se que o conflito é inevitável, a aprendizagem da habilidade em resolvê-los

O ambiente adverso em redor dos conflitos humanos conjugado com a sua, justifica não apenas a verificação de duas espécies: a) conflito real: é o problema real que gera divergência na interação entre os indivíduos; b) conflito aparente: é o detalhe do real problema que gera divergência na interação entre os indivíduos[509], como também que a resolução depende do Estado- Juiz, numa visão equivocada no contexto da ordem jurídica justa, e infelizmente aperfeiçoada por tradição acadêmica brasileira[510].

torna-se tão educativa e essencial quanto a aprendizagem da matemática, história, geografia etc., [...] (BATTAGLIA, Maria do Céu Lamarão. Mediação escolar: uma metodologia de aprendizado em administração de conflitos. Rogeriana. [S.l.], 2004. Disponível em: . Acesso em: 08 mai. 2008); "O conflito é luz e sombra, perigo e oportunidade, estabilidade e mudança, fortaleza e debilidade. O impulso para avançar e o obstáculo que se opõe a todos os conflitos contêm a semente da criação e da desconstrução" (TZU, Sun. A arte da guerra. Tradução de Sueli Barros Cassal. Porto Alegre: L&PM, 2000).

508 "O conflito humano é um processo gerido pela sociedade segundo um elenco de soluções que se presta ao exame tipológico, desde o acordo negociado até o julgamento coercitivo. Mas, para além de qualquer consideração formal, o próprio estatuto do conflito constitui um ponto problemático: pode ser considerado tanto o fracasso do direito como sua fonte mais universal e mais dinâmica (SCHNITMAN, Dora Fried. Novos paradigmas na resolução de conflitos. In: SCHNITMAN, Dora Fried; LITTLEJOHN, Stephen. (Org.). Novos Paradigmas em Mediação. Tradução de Marcos A. G. Domingues e Jussara Haubert Rodrigues. Porto Alegre: Artes Médicas Sul, 1999); "Os conflitos são inerentes a vida humana, pois as pessoas são diferentes, possuem descrições pessoais e particulares de sua realidade e, por conseguinte, expõem pontos de vista distintos, muitas vezes colidentes. A forma de dispor tais conflitos mostra-se como questão fundamental quando se pensa em estabelecer harmonia nas relações cotidianas. Pode-se dizer que os conflitos ocorrem quando ao menos duas partes independentes percebem seus objetivos como incompatíveis; por conseguinte, descobrem a necessidade de interferência de outra parte para alcançar suas metas" (ASSIER-ANDRIEU, Louis. O direito nas sociedades humanas. Tradução de Maria Ermantina Galvão. São Paulo: Martins Fontes, 2000. (Coleção Justiça e Direito).

509 COSTA, Andréia da Silva. Comentários sobre a natureza dos conflitos. In: SALES, Lília Maia de Morais; ANDRADE, Denise Almeida de (Org.). Mediação em perspectiva: orientações para mediadores comunitários. Fortaleza: Universidade de Fortaleza, 2004; SALES, Lília Maia de Morais. Mediare: um guia prático para mediadores. 2. ed. Fortaleza: Universidade de Fortaleza, 2004; SALES, Lília Maia de Morais. Mediação de conflitos: família, escola e comunidade. Florianópolis: Conceito Editorial, 2007.

510 "[...] nas Faculdades de Direito não é comum o estudo das teorias de conflito. O conflito é ritualizado e simbolizado no litígio, que na visão ortodoxa é um conflito de interesses qualificado por uma pretensão resistida. Para Andrade e Martins a disputa será processualizada perante o Poder Judiciário, que possui o monopólio da jurisdição. São vários

2. Conflitos na arbitragem

A arbitrabilidade objetiva consiste em verificar se a matéria objeto do litígio pode ser resolvida por arbitragem.

As pessoas capazes de contratar poderão valer-se da arbitragem para dirimir litígios relativos a direitos patrimoniais disponíveis. Neste objeto da arbitragem, pode-se ressaltar duas características marcantes: **a) economicidade ou patrimonialidade**: direitos que tenham valor econômico. A expressão pecuniária pode ser direta ou indireta, caso da exigência de prestação *in natura* com a possibilidade de posterior conversão em perdas e danos; **b) comercialidade ou disponibilidade**: direitos que possam ser transacionados livremente por seus titulares; que estejam no comércio, passíveis de alienação, renúncia ou transação[511].

A lei da arbitragem ao prescrever que o objeto da arbitragem são os conflitos envolvendo direitos patrimoniais disponíveis: a) exclui do âmbito da via arbitral coisas *extra commercium*, como questões de estado e capacidade das pessoas[512]; b) inclui matérias patrimoniais sensíveis, ou seja, aquelas nas quais a disponibilidade dos direitos é incerta, e onde a

semestres estudando o direito processual civil clássico, sob o amparo de uma visão míope na qual o mais importante é vencer a causa, custe o que custar. Não formamos negociadores, mediadores, advogados preventivos e estrategistas" (Martins, Paulo Antônio Rodrigues; Andrade, Ana Paula Cabral Barbosa. DISPUTE RESOLUTION BOARD1: Uma Proposta Eficaz de Prevenção e Resolução de Conflitos nos Contratos Relacionados ao Agronegócio.; Conselho para prevenir e resolver conflitos. Linguee. Disponível em: http://www.linguee.com.br/inglesportugues/traducao/dispute+board.html. Acesso em 20 de outubro de 2017).

511 2 O art. 852 do Código Civil brasileiro- É vedado compromisso para solução de questões de estado, de direito pessoal de família e de outras que não tenham caráter estritamente patrimonial; Almeida, Ricardo Ramalho. Arbitragem comercial internacional e ordem pública. Rio de Janeiro: Renovar, 2005.

512 Neste sentido Carlos Alberto Carmona (Arbitragem e processo: um comentário à Lei 9.307/96.São Paulo: Malheiros, 1998, p. 48), para quem "de maneira geral, não estão no âmbito do direito disponível as questões relativas ao direito de família, e em especial ao estado das pessoas (filiação, pátrio poder, casamento, alimentos) –, aquelas atinentes ao direito da sucessão, as que têm por objeto as coisas fora do comércio, as obrigações naturais, as relativas ao direito penal, entre tantas outras, já que ficam estas matérias todas fora dos limites em que pode atuar a autonomia da vontade dos contendentes".

ordem pública tem uma forte tendência a intervir, como por exemplo, matérias referentes ao direito societário[513].

A administração pública direta e indireta poderá utilizar-se da arbitragem para dirimir conflitos relativos a direitos patrimoniais disponíveis. Neste caso, a arbitragem só alcança atos de gestão, em que são praticados pelo Poder Público na mesma situação do particular[514].

3. Arbitragem nos contratos

Um dos principais fatores de atração de negócios ao Brasil está representado pelo cumprimento dos contratos. Inúmeras décadas constata-se um desprestígio ao princípio do *pacta sunt servanta*, a pretexto de uma falsa busca da justiça social, aplicando erroneamente o princípio da *rebus sic standibus* nas relações entre as partes, especialmente no âmbito negocial. Neste contexto, o respeito aos contratos, introduzido pela necessidade de coesão social e equilíbrio nas relações jurídicas, deve ser resgatado e, no processo, adquirir conotações de garantia no exercício das atividades econômicas.

Ocorre que a atividade produtiva e o anseio pela segurança jurídica não permite que mudanças destemperadas a conveniência dos governantes possam alterar projetos e investimentos dos empreendedores. A ampliação do universo do risco gera impactos nos contratos de longa duração, produzindo, no contexto da fertilização recíproca entre segurança jurídica e liberdade econômica a necessidade de preservação da vontade negocial.

O Estado pode e deve garantir Segurança Jurídica em homenagem à estabilidade das relações jurídicas. DEVE, pois além de ser um fim do Estado representativo da ordem na convivência social e da realização do Estado Democrático de Direito, constitui um dever de tutela do direito

513 Lee, João Bosco. Arbitragem comercial internacional nos países do Mercosul. Curitiba: Juruá, 2002.

514 "É possível usar a arbitragem quando se trata de ato de gestão (em que a Administração Pública atua sem o seu poder de império, ou seja, como se fosse um particular na gestão de seus negócios); nessa situação ela se iguala ao particular, ao contrário do que ocorre quando se trata de ato de império" (Di Pietro, Maria Sylvia Zanella. Direito Administrativo. Rio de Janeiro. Forense, 2017).

fundamental de confiança legítima; PODE, porque não há obstáculos dogmáticos à concepção de um Estado provedor da Segurança Jurídica.

Tendo como pano de fundo a necessidade social de manter um mínimo de previsibilidade e estabilidade nas relações, a exigência de segurança jurídica, enquanto expressão do Estado Democrático de Direito possui duas dimensões, a objetiva e a subjetiva. As dimensões da segurança jurídica evidenciam aspectos ou enfoques de um conceito único, interdependentes e essenciais ao reconhecimento e afirmação de um conteúdo essencial da segurança jurídica. As dimensões se complementam, não havendo antagonismo entre elas, já que todas buscam a estabilidade das relações jurídicas[515].

Na dimensão subjetiva, segurança jurídica é o direito fundamental da pessoa de ter estabilidade e conforto na sua vida, nas suas disposições pessoais e nos efeitos jurídicos dos seus próprios atos, num contexto de defesa do cidadão contra o arbítrio estatal consubstanciada na legítima expectativa dos cidadãos contra a instabilidade e de certeza das regras do jogo. A dimensão subjetiva da segurança Jurídica refere-se ao direito de seu titular de confiar nos atos, aos procedimentos e às condutas do Estado nos mais diferentes aspectos da sua atuação. Nesta dimensão, o enfoque é o aspecto individual da segurança jurídica[516].

515 "É comum associar os princípios da segurança jurídica e da proteção da confiança, vendo naquele o lado objetivo e neste, o lado subjetivo da garantia geral da segurança jurídica inerente ao Estado de Direito" (acórdão nº 67/2014 do Tribunal Constitucional de Lisboa); "A segurança jurídica estabelece o dever de buscar um ideal de estabilidade, confiabilidade, previsibilidade e mensurabilidade na atuação estatal." (Ávila. Humberto. Sistema Constitucional Tributário. São Paulo: Saraiva, 2004).

516 "...cada cidadão deve ter a certeza do que pode e deve fazer e estar certo de que caso alguém não cumpra para com ele os deveres que a lei impõe, os órgãos do Estado estarão prontos a defendê-lo" (Sousa, Marcelo Rebelo de. Direito Constitucional, vol. I, Policopiado: Lisboa: Faculdade de Direito, 1979, p. 230); O direito surge quando a pessoa conhece a realidade, de forma a poder prever as situações, e por consequência realizar planejamento de vida. Se o cidadão sabe de antemão o que pode acontecer, prever os efeitos do seu comportamento, do comportamento dos outros, inclusive do Estado terá garantia de estabilidade e certeza na vida; "O ordenamento jurídico protege a confiança suscitada pelo comportamento do outro e não tem mais remédio que protegê-la, porque pode confiar (...) é condição fundamental para uma pacífica vida coletiva e uma conduta

A dimensão objetiva da segurança jurídica representa a garantia do direito dos cidadãos à estabilidade jurídica. Nesta dimensão, o enfoque será reconhecer a segurança Jurídica, numa perspectiva social, ou seja, a segurança Jurídica deve ser definida e compreendida como elemento fundamental e valor básico da coletividade como um todo[517].

A dimensão objetiva põe em pauta a busca de formas de legitimar a atuação do Estado no sentido de fornecer ao cidadão a confiança esperada, o direito de saber com o que podem contar por parte do Estado. Se de um lado o cidadão tem direito a um comportamento confiável do Estado; o Estado fornece tal comportamento adotando uma atuação legítima, ou seja, compatível com os princípios e garantias individuais e coletivas, na gestão da coisa comum, sempre voltado a finalidade precípua de assegurar o bem estar de todos e a convivência harmônica em sociedade[518].

de cooperação entre os homens e, portanto, da paz jurídica" (LARENZ, Larenz. Derecho Justo – Fundamentos de Ética Jurídica. Madrid: Civitas, 1985).

517 "A dimensão objetiva dos direitos fundamentais liga-se ao reconhecimento de que tais direitos, além de imporem certas prestações aos poderes estatais, consagram também os valores mais importantes em uma comunidade política, constituindo, as bases da ordem jurídica da coletividade" (SARMENTO, Daniel. Direitos fundamentais e relações privadas. Rio de Janeiro: Livraria Lumen Juris, 2006).

518 "...para os cidadãos, a actuação dos poderes públicos deve ser sempre uma actuação antevisível, calculável e mensurável. Num Estado de Direito, as pessoas devem poder saber com o que contam. As relações entre o poder e os destinatários têm por isso que ser fundadas a partir da ideia segunda a qual o comportamento dos poderes públicos deve ser um comportamento confiável"; "O Estado atual e o do próximo século XXI precisam de administradores comprometidos com as necessidades do cidadão, que atuem com imparcialidade no exame do que ocorre ao seu redor e que as administrem de modo que expressem confiabilidade originada do uso da solução adequada, aplicando a lei ao fato conhecido e sem desrespeitar o direito subjetivo genérico da cidadania" (DELGADO, José Augusto. Perspectivas do Direito Administrativo para o século XXI in Perspectivas do direito público: estudos em homenagem a Miguel Seabra Fagundes/coordenação Cármen Lúcia Antunes Rocha. Belo Horizonte: Del Rey, 1995).

A segurança jurídica[519] é o mote fundamental na atração de investimentos e melhoria do ambiente de negócios. A segurança jurídica[520] representa um anseio ou necessidade do ser humano[521] de viver em uma sociedade organizada e com proteção jurídica contra perigos, riscos ou contingências do tempo, do espaço e do convívio social[522]. Neste contexto, que os contratos devem ser cumpridos em conformidade com o pactuado[523].

Nas relações contratuais privadas, prevalecerão o princípio da intervenção mínima e a excepcionalidade da revisão contratual. O objetivo perseguido é o de que a força obrigatória do contrato que confere segurança às relações jurídicas resulte no efetivo cumprimento das disposições contratuais pactuadas, fator relevante para o adequado desempenho

519 "A segurança jurídica é o mínimo de previsibilidade necessária que o estado de Direito deve oferecer a todo cidadão, a respeito de quais são as normas de convivência que ele deve observar e com base nas quais pode travar relações jurídicas válidas e eficazes." (Nicolau Junior, Mauro, Segurança jurídica e certeza do direito: realidade ou utopia num Estado Democrático de Direito? in www.jurid.com.br, disponível em 10/03/05, acesso em 29/03/12, p.21).

520 "A segurança é uma necessidade humana básica, considerada uma das principais causas da própria existência do Direito. Se a existência do ordenamento jurídico decorre da necessidade humana de segurança, não há como conceder um ordenamento em que ela não esteja presente... enquanto a concretização da segurança é causa final do Direito, a necessidade da segurança é sua causa eficiente." (Martins, Ricardo Marcondes. Efeitos dos vícios do ato administrativo. Temas de Direito Administrativo 19. São Paulo: Malheiros, 2008).

521 "A segurança e a liberdade são elementos essenciais, logo, ontológicos da relação de cuidado-de-perigo que estrutura todo o comportamento humano" (Costa, José Faria da. Poder e Direito Penal. Revista de Legislação e Jurisprudência. n. 3942. Ano 136º. Janeiro/Fevereiro de 2007. p. 154)

522 Cintra. Marcos. Segurança Jurídica e os Tributos. In Segurança Jurídica no Brasil/organizador Marco Túlio Bottino. São Paulo: RG Editores, 2012; Silva. José Afonso da. Democracia. segurança e garantismo. Notícia do Direito Brasileiro. 2000, Brasília. n.7. p. 163-174; La seguridade es, sobre todo y antes que nada, uma radical necessidade antropológica humana y el "saber a que atenerse" es el elemento constitutivo de la aspiración individual y social a la seguridade; raíz comum de sus distintas manifestaciones em la vida y fundamento de su razón de ser como valor jurídico (Luño, Antônio Enrique Perez)

523 "Contratar é prever. O contrato é um empreendimento sobre o futuro" (Ripert, Georges. A regra moral nas obrigações civis. São Paulo: Editora Bookseller, 2009).

econômico, e se compatibilize uma norma geral de revisão dos contratos, fornecendo o critério da "funcionalidade social do contrato" como parâmetro para que o julgador promova a intervenção quando necessário.

Os contratos civis e empresariais presumem-se paritários e simétricos até a presença de elementos concretos que justifiquem o afastamento dessa presunção, ressalvados os regimes jurídicos previstos em leis especiais, garantido também que: I – as partes negociantes poderão estabelecer parâmetros objetivos para a interpretação das cláusulas negociais e de seus pressupostos de revisão ou de resolução; II – a alocação de riscos definida pelas partes deve ser respeitada e observada; e III – a revisão contratual somente ocorrerá de maneira excepcional e limitada.

4. Arbitragem no Direito do Consumidor

4.1. Admissibilidade da arbitragem

O próprio Código de Defesa do Consumidor, visando o atendimento das necessidades dos consumidores, o respeito à sua dignidade, saúde e segurança, a proteção de seus interesses econômicos, a melhoria da sua qualidade de vida, bem como a transparência e harmonia das relações de consumo, incentiva mecanismos alternativos de solução de conflitos de consumo[524].

Além da previsão normativa no Código de Defesa do Consumidor, a arbitragem depende da livre manifestação de vontade das partes revelada na convenção da arbitragem. A autonomia privada é preservada na

[524] Vide artigo 4º, inciso V do Código de Defesa do Consumidor: A Política Nacional das Relações de Consumo tem por objetivo o atendimento das necessidades dos consumidores, o respeito à sua dignidade, saúde e segurança, a proteção de seus interesses econômicos, a melhoria da sua qualidade de vida, bem como a transparência e harmonia das relações de consumo, atendidos os seguintes princípios: [...] V - **incentivo à criação pelos fornecedores** de meios eficientes de controle de qualidade e segurança de produtos e serviços, assim como **de mecanismos alternativos de solução de conflitos de consumo;** FILOMENO, José Geraldo Brito. *Dos direitos do consumidor*. In: GRINOVER, Ada Pellegrini et al. Código brasileiro de defesa do consumidor: comentado pelos autores do anteprojeto. Rio de Janeiro: Forense Universitária, 2007.

escolha da via arbitral[525], já que o próprio Código de Defesa do Consumidor considera abusiva cláusula que imponha a utilização obrigatória da arbitragem[526].

A escolha de submissão da controvérsia à via arbitral pode ser feita em sede do Juizado Especial. Essa escolha será feita em audiência de conciliação: quando não obtida a conciliação, as partes poderão optar, de comum acordo, pelo juízo arbitral[527].

Em sede do juizado, o juízo arbitral será instaurado, independentemente de termo de compromisso, com a escolha do árbitro pelas partes. O árbitro será escolhido dentre os juízes leigos. O árbitro conduzirá o processo com os mesmos critérios do Juiz, podendo decidir por equidade. Ao término da instrução, ou nos cinco dias subsequentes, o árbitro apresentará o laudo ao Juiz togado para homologação por sentença irrecorrível[528].

525 "Com isso queremos dizer que é possível, nos contratos de consumo, a instituição de cláusula de arbitragem, desde que obedecida, efetivamente, a bilateralidade na contratação e a forma *da manifestação da vontade, ou seja, de comum acordo" (NERY JUNIOR, Nelson.* Da proteção contratual. In: GRINOVER, Ada Pellegrini et al. Código brasileiro de defesa do consumidor: comentado pelos autores do anteprojeto. Rio de Janeiro: Forense Universitária, 2007).

526 Vide artigo 51, inciso VII do Código de Defesa do Consumidor: São nulas de pleno direito, entre outras, as cláusulas contratuais relativas ao fornecimento de produtos e serviços que: VII – determinem a utilização compulsória de arbitragem; "O que o Código pretendeu, na verdade, foi impedir que o fornecedor, servindo-se da sua posição mais favorecida em relação aos consumidores, condicionasse a solução dos eventuais conflitos de relação de consumo a árbitros menos sensíveis à posição de inferioridade dos consumidores, ou, ainda, que desprezasse as regras contidas no aludido Código, através da escolha em contratos de adesão" (CACHAPUZ, Rozane da Rosa. *Arbitragem: alguns aspectos do* processo *e do procedimento na lei nº: 9.307/96.* São Paulo: LED Editora de Direito, 2000.); "O juízo arbitral é importante fator de composição dos litígios de consumo, razão porque o Código não quis proibir sua constituição pelas partes do contrato de consumo. A interpretação a contrário sensu da norma sob comentário indica que, não sendo determinada compulsoriamente, é possível instituir-se a arbitragem" (NERY JUNIOR, Nelson. *Da proteção contratual.* In: GRINOVER, Ada Pellegrini et al. Código brasileiro de defesa do consumidor: comentado pelos autores do anteprojeto. Rio de Janeiro: Forense Universitária, 2007).

527 Vide artigos 24 ao 26, todos da Lei 9.099/95.

528 Vide artigos 24 ao 26, todos da Lei 9.099/95.

4.2. Relação jurídica de consumo

Os conflitos consumeristas envolvem a relação jurídica de consumo consistente num vínculo jurídico entre consumidor e fornecedor, tendo como objeto um produto (qualquer bem, móvel ou imóvel, material ou imaterial) ou serviço (qualquer atividade oferecida no mercado de consumo mediante remuneração. Abrange serviço aparentemente gratuito, em que há uma remuneração indireta na relação de consumo).

Consumidor é a pessoa física ou jurídica (não importa renda ou capacidade financeira), que adquire (compra diretamente) ou utiliza (proveito próprio ou de outrem) produto ou serviço como destinatário final. Consumidor equiparado é a coletividade de pessoas, ainda que indetermináveis que haja intervindo na relação de consumo; pessoas, determináveis ou não, expostas às práticas comerciais ou contratuais abusivas; vítimas de acidente de consumo.

Na doutrina finalista, consumidor é a pessoa física ou jurídica que adquire ou utiliza produto ou serviço para uso próprio ou familiar. Na doutrina maximalista, consumidor é a pessoa física ou jurídica que adquire ou utiliza produto ou serviço para uso próprio, familiar ou profissional. Na teoria finalista mitigada ou finalista aprofundada, admite-se o uso profissional, mas desde que demonstrada a vulnerabilidade[529] no caso concreto: se for pessoa física é presumida na lei; se for pessoa jurídica deve demonstrar no caso concreto.

Fornecedor é o que coloca no mercado de consumo produto ou serviço, praticando atividade com habitualidade. Uma agência de viagem quando vende veículo próprio não tua como fornecedor, já que a compra e venda de veículos não faz parte da atividade comercial da empresa. O fornecedor pode ser pessoa física ou jurídica, nacional ou estrangeira, pública ou privada. Inclusive entes despersonalizados

4.3. Regulamentação jurídica

A relação jurídica de consumo é regida pelo microssistema do CDC[530], que por sua vez, é formado normas de proteção e defesa do consumidor,

[529] Vulnerabilidade pode ser: a) técnica: falta conhecimentos técnicos; b) jurídica ou científica; c) econômica ou fática: posição de inferioridade diante do poderio econômico.
[530] Porque contém normas penais, civis, administrativas e processuais.

de ordem pública (inderrogáveis por vontade dos interessados) e interesse social[531]. É possível a livre disposição de alguns interesses de caráter patrimonial em determinada relação de consumo, como no caso da convenção coletiva de consumo. Na resolução dos conflitos envolvendo a relação de consumo são observadas as seguintes diretrizes:

a) **princípio da coibição e repressão de abusos no mercado:** ordena a punição do fornecedor que, no mercado de consumo, age com deslealdade: abusos; concorrência desleal e uso indevido de inventos e criações industriais das marcas, nomes comerciais e signos distintivos.
b) **princípio da boa-fé objetiva:** exigência de comportamento leal dos contratantes que incide antes, durante e depois da extinção do contrato.
c) **princípio do equilíbrio nas relações de consumo:** na relação de consumo, as prestações não podem ser desproporcionais ou injustas.

4.4. Vantagens da arbitragem nos conflitos consumeristas

A aplicação da arbitragem nos conflitos consumeristas não deixa de ser naturalmente uma "figura garantista". A ênfase conferida a essa abordagem garantista visa demonstrar as vantagens da via arbitral como alternativa mais rápida e acessível de resolução dos conflitos, capaz de assegurar de forma mais efetiva os direitos do consumidor.

A acentuação do caráter garantista pretende anunciar soluções práticas, eficientes e adequadas ao caso concreto, proferidas por julgadores especialistas, com aplicação dos direitos e princípios do Código de Defesa do Consumidor, sempre em busca do que for mais justo, equânime e compatível, aos fins sociais da lei e às exigências do bem comum.

De todo modo, a defesa do consumidor destaca-se em avanços tecnológicos em que acentua a solução alternativa de conflitos através de meios eletrônicos, como os lançados por plataformas específicas que tenham

[531] Visa resgatar imensa coletividade de consumidor da marginalização face ao poder econômico; dotar de instrumentos adequados ao acesso à justiça, seja do ponto de vista individual, seja do ponto de vista coletivo.

obtido alto índice de sucesso. A tendência é que os conflitos de origem consumerista, cada vez mais, sejam levados para uma solução eletrônica, eliminando o excesso de disputas que podem auxiliar o número elevado de demandas no judiciário.

5. Arbitragem no Direito societário

É no Direito societário que surgem variadas contendas que são resolvidas por meio da solução arbitral. Litígios entre sócios ocorrem por diversos motivos, desde questões econômicas[532] até pontos controvertidos de fundo emocional e afetivo.

O litígio societário pode desencadear na destruição da continuidade da função social da empresa. A escolha da solução arbitral, como meio alternativo na composição do litígio, por sua vez, reduz tempo e custos, conduzindo na questão maior segurança jurídica, com melhoria no contexto empresarial.

Sociedades do tipo por ações e limitadas, cada vez mais elegem a cláusula compromissória como modelo essencial para atrair investimentos e, outrossim, aprofundar seus dispositivos contratuais, resultando em minúcias tecnológicas e seus conceitos para serem dirimidos por especialistas, em eventual futuro conflito.

532 O liberalismo é movimento que defende a liberdade individual quer no plano econômico, quer no plano político. Do ponto de vista econômico, a doutrina que veio enfatizar essa corrente de pensamento foi a de Adam Smith. A economia era vista como um fenômeno cujas leis são impostas pelas forças do mercado. O princípio básico do liberalismo econômico assenta-se na liberdade da iniciativa e na economia de mercado. O Estado existia apenas para garantir o funcionamento dessas forças (ideia do Estado Mínimo). A atuação sem limites dos detentores do capital gerou massa miserável. Dessa forma, era necessário compatibilizar os ideais do liberalismo econômico com a justiça social do Estado Democrático de Direito, a fim de reprimir o abuso do poder econômico e assegurar condições dignas de vida, surgindo o intervencionismo. De acordo com Lafayete Josué Petter a atuação mais intensa do Estado na atividade econômica se deu somente a partir da I Guerra Mundial e a crise de 1929 (Matteucci, Nicola. Liberalismo. In: Bobbio, Norberto; Matteucci, Nicola; Pasquino, Gianfranco. Dicionário de política. 11. ed. Trad. Carmen Varriale et al.; coord. trad. João Ferreira. Brasília: UnB, 1998, v.1; Tavares, André Ramos. Direito Constitucional Econômico. São Paulo: Editora Método, 2006; Petter, Lafayete Josué. Direito Econômico. Porto Alegre: Editora Verbo Jurídico, 2006).

É importante ressaltar que não deve se deixar para um juiz togado, generalista, que ainda seja, dotado de notáveis conhecimentos jurídicos, não dispõe de especialidade direcionada em direito societário, o que requer anos de práticas, conhecimento negocial e trabalho constante junto aos avanços empresariais no âmbito global.

Ressalva-se aqui na existência de alguns tribunais de justiça a figura de varas especializadas e câmaras recursais empresariais (segunda instância), o que tem evidenciado sensível melhora no resultado dos julgamentos.

Dissoluções de sociedade com consequentes disputas por apuração de haveres costumam ser objeto de frequentes disputas arbitrais as quais demonstram grandes entraves justamente pelo alto grau de litígio instalado entre as partes e, muitas vezes, a desproporção entre os valores apurados pelas diversas metodologias existentes no sistema contábil, empresarial, econômico.

A melhor solução é o cuidado para a escolha de árbitros com experiência na seara societária, bem como na escolha de peritos que realizem apuração de haveres com farta experiência que possam encontrar o valor justo para o sócio que se retira da sociedade, e para o remanescente.

Outra questão muito comum diz respeito á distribuição de dividendos ou cumprimento do acordado em instrumentos para sociais. Questões que envolvem deliberações societárias assembleares, quóruns exigíveis, anulações deliberatórias, práticas administrativas, práticas gestoras impróprias, enfim, causas que podem levar as divergências entre sócios.

Parece haver consenso entre os estudiosos, com amparo na lei 9307/96, que tratam do fenômeno da arbitragem, que com ela se impõe a lógica da resolução de litígios patrimoniais e disponíveis. Trata-se de um contexto, no qual estão inseridas questões societárias, dentre as quais destacam-se:

a) Dissolução parcial de sociedade: é o rompimento do vínculo societário entre um sócio e uma sociedade[533]. Trata-se de uma cadeia causal, na qual a saída do sócio gera mudança no quadro societário

[533] Estrella, Hernani. Apuração de haveres de sócios. Rio de Janeiro: Forense, 2010.

e na imputação de direitos e obrigações quanto à permanência da sociedade no ambiente negocial[534].

b) Apuração de haveres: é de direito o recebimento do valor das quotas pertencentes ao sócio retirante ou aos herdeiros, mediante apuração de haveres, salvo disposições contratuais específicas. Depende do desenvolvimento de perícia em contabilidade para mensuração da participação societária de sócio dissidente, excluído, ou pré-morto em sociedades contratuais[535]. É o procedimento necessário para se definir a quantia devida ao sócio que se desliga da pessoa jurídica[536].

c) Conflitos entre sócios: o vínculo societário gera ao sócio direitos e responsabilidades que, pelo dinamismo do mercado, crises econômicas, estresse, falta de comunicação, dentre outros motivos, sofre mudanças que resultam em divergências que impactam no rendimento dos negócios e na condição de sócio como partícipe de uma relação contratual ou estatutária. Com efeito, na composição arbitral dos conflitos de caráter societário, o importante é o aperfeiçoamento do diálogo e a reunião de esforços para preservação jurídica da situação negocial e reflexão responsável nas relações e postura do sócio, evitando desgaste emocional e financeiro.

d) Acordo de acionistas: é um contrato submetido às normas comuns de validade de todo negócio jurídico privado, concluído entre acionistas de uma mesma companhia, tendo por objeto a regulação do exercício dos direitos referentes a suas ações, tanto no que se refere ao voto como à negociabilidade das mesmas[537].

534 Vio, Daniel de Ávila. A exclusão de sócios na sociedade limitada de acordo com o Código Civil de 2002. Dissertação (Mestrado em Direito Comercial). São Paulo: Faculdade de Direito da USP, 2008.

535 Ornelas, Martinho Mauricio Gomes de. Avaliação de Sociedade: Apuração de Haveres em Processos Judiciais. 2 ed. São Paulo: Atlas, 2003.

536 Câmara, Bernardo Prado da. O direito de retirada da sociedade limitada. Dissertação de Mestrado. Faculdade de Direito Milton Campos. Belo Horizonte. 2007.

537 Carvalhosa, Modesto de Souza Barros. Acordo de acionistas. São Paulo: Saraiva, 1984.

6. Arbitragem em diversos setores da economia

A soberania econômica no Brasil deve ser entendida como a preferência para um desenvolvimento nacional na economia, não podendo existir dependência econômica, pois a falta de emancipação econômica equivaleria a ignorar o desenvolvimento econômico. É possível competição internacional, desde que haja respeito simultâneo às normas e práticas internacionais da área econômica e, respeito à autodeterminação do Estado. No contexto atual, pode-se dizer que vivemos em uma economia globalizada, com a eliminação de barreiras comerciais, promoção de uma integração internacional com respeito à dignidade da pessoa humana e adoção de política pública que permita a competição dos agentes econômicos na área internacional.

A livre iniciativa abrange: liberdade de indústria e comércio, desde que lícitos; liberdade de contratar, ou seja, escolher ser parte num contrato, de escolher com quem vai contratar, escolher o tipo do negócio, fixar o conteúdo do contrato e de acionar o Judiciário; proteção da propriedade privada; exercer atividade econômica, em regra, independente de autorização, salvo casos legais; liberdade de empreender, incluindo o risco do empreendimento, o que, quanto, como e qual o preço; liberdade de trabalho; liberdade de associação; existe o direito de criar e organizar atividade econômica a título privado, desde que sejam observadas restrições legais ou constitucionais; a livre iniciativa será legítima se for exercida de acordo com a justiça social; será ilegítima se visar puro lucro e satisfação pessoal do empresário.

De acordo com o princípio da livre concorrência devem ser evitados os abusos do poder econômico, visando garantir aos agentes econômicos a oportunidade de competirem de forma justa no mercado. A Lei nº 12.529/11 prevê a proteção da livre concorrência, estipulando, inclusive, um processo de averiguação e julgamento de infração da ordem econômica. A competição deve ser norteada pelas seguintes diretrizes: 1) deve ser feita em segmento lícito; 2) objetivar êxitos econômicos de acordo com as leis de mercado; 3) contribuir para o desenvolvimento nacional e justiça social; 4) tutelar o mercado e o consumidor; 5) o Estado deve criar órgãos para manter a concorrência lícita e leal. O crescimento econômico depende da união de quatro fatores:

1) Defesa do consumidor: feita através de legislação protetiva, instituições adequadas, do bem-estar com produtos e serviços de maior qualidade, preços mais vantajosos e qualidade na distribuição de bens produzidos ou criados na sociedade, com divisão justa ou com possibilidade razoável de aquisição e interferência do Estado na relação de consumo para evitar abusos do poder econômico;

2) Defesa do meio ambiente: os investimentos para tecnologias menos poluidoras, exploração da atividade econômica feita de acordo com a capacidade dos ecossistemas, não utilização predatória de recursos não renováveis, o consumo e o desenvolvimento devem ser sustentáveis, no sentido de respeitar o meio ambiente e garantir qualidade de vida (progresso não é desenvolvimento desenfreado, mas valorização humana); práticas respeitosas do meio ambiente que privilegiem a qualidade de vida; a função social da propriedade rural é cumprida quando a utilização dos recursos naturais se dá de forma adequada sempre visando preservar o meio ambiente; o EIA é instrumento preventivo que estabelece diagnóstico das consequências ambientais de atividades potencialmente degradadoras do meio ambiente;

3) Busca do pleno emprego: significa oferecer oportunidade de empregos a quem tem condições de exercer atividade produtiva; o Estado deve adotar políticas que fomentem tal busca de forma a valorizar o trabalho humano e a justiça social; é princípio diretivo na economia que se opõe às políticas recessivas;

4) Redução das desigualdades regionais e sociais: buscar uma maior isonomia entre as regiões do país através de instrumentos como a concessão de incentivos tributários e orçamentários ou criação de regiões de desenvolvimento, nos termos do art. 43 da CF; os direitos sociais funcionam como parâmetro para aferição da desigualdade no país; a meta é a igualdade substancial, ou seja, buscar mesmas condições econômicas e sociais; orientar a intervenção do Estado na economia no sentido de melhorar a distribuição de riquezas ou a renda nacional para proporcionar um aumento do nível de vida, da consciência, de educação e de cultura das camadas inferiores da população, assegurando a cada membro o mínimo necessário. É objetivo fundamental da República Federativa do Brasil. A União deve elaborar e executar planos nacionais e regionais de ordenação do território e de desenvolvimento econômico e social e a lei que estabelecer as diretrizes e as bases do planejamento deve incorporar e compatibilizar os planos nacionais e regionais de desenvolvimento. A União pode criar regiões de desenvolvimento. É competência comum o combate da pobreza e dos fatores da marginalização, promovendo a integração social dos setores desfavorecidos.

a) **Arbitragem no Agronegócio:** os desafios do agronegócio brasileiro encontram a possibilidade de solução através da arbitragem, principalmente analisando questões como agronegócio e direito ambiental, agronegócios e contrato de franquia, agronegócio e os contratos internacionais, agronegócio e os conflitos de terra.
b) **Arbitragem no Mercado de Capitais:** Uma reflexão sobre o processo de geração de riquezas à sociedade, no contexto de investimentos para o desenvolvimento do país, conduz-nos à existência de uma alternativa às aplicações tradicionais em produtos oferecidos pelos bancos ou governo, de forma a estimular a poupança e o investimento produtivo. São os mercados de capitais, espaços físicos ou virtuais, em que os poupadores investem recursos em empreendimentos, através da emissão de instrumentos financeiros, assumindo os riscos da operação. Os poupadores (investidores) negociam diretamente com os tomadores, que captam os recursos para financiar suas atividades ou viabilizar seus empreendimentos. No contexto da negociação no ambiente dos mercados de capitais, fala-se em: *a) mercado primário*, para o lançamento de títulos[538] e ações de empresas por meio de banco de investimentos, corretora ou distribuidora; *b) mercado secundário*, para a negociação dos títulos no mercado, após emissão primária em Bolsa de Valores ou Mercado de Balcão. Neste contexto de desenvolvimento econômico pelo mercado de capitais, é possível surgirem controvérsias. O Brasil é pioneiro na iniciativa em adotar arbitragem como método para resolução das disputas envolvendo as companhias abertas.

[538] Esse lançamento de títulos para subscrição pública é chamado de *underwriting*.

c) Arbitragem no Infraestrutura[539]

- **Arbitragem no Saneamento:** é via adequada para solucionar conflitos entre Municípios, Estados, agências reguladoras locais e prestadores de serviços, resultando assim em maior segurança jurídica neste complexo setor de saneamento. Na regulação do saneamento básico (Lei nº 11.445/07) surgem conflitos relacionados ao manejo dos resíduos sólidos, drenagem de águas pluviais em bacias urbanas, transmissão de doenças, uso e ocupação do solo, gestão dos recursos hídricos, competências federativas no saneamento básico e o impacto nas atividades empresarias, controle das políticas públicas de saneamento básico, compatibilização de tarifas e taxas para os serviços de saneamento básico com a Constituição Federal, riscos e desafios na exploração econômica dos serviços de saneamento básico, dentre outros.
- **Arbitragem nas Telecomunicações**
- **Arbitragem na Energia**
- **Arbitragem no Transporte**: a via arbitral surge para resolver conflitos sobre:

[539] O Instituto de Política Econômica Aplicada (IPEA) separa a noção em infraestrutura social e urbana e infraestrutura econômica. A primeira (social e urbana) é constituída por habitação, saneamento e transporte urbano; já a econômica, que possui função de dar apoio às atividades do setor produtivo, abarca os setores de rodovias, ferrovias, portos, aeroportos, energia, biocombustíveis e telecomunicações (INSTITUTO DE PESQUISA ECONÔMICA APLICADA (IPEA). Infraestrutura econômica no Brasil: diagnósticos e perspectivas para 2025. Série Eixos Estratégicos do Desenvolvimento Brasileiro; Infraestrutura Econômica, Social e Urbana; Livro 6. Brasília: IPEA, 2010.v.1, p. 15); "a infraestrutura consiste em um gênero, que se subdivide em setores operados por indústrias em espécies determinadas (subsistemas físicos). Estes setores, na visão do autor, são representados atualmente por quatro categorias básicas: saneamento básico, telecomunicações, energia e transportes. E, como indústrias, consideram-se aquelas que exploram a própria infraestrutura e respectivos serviços públicos, a exemplo da distribuição de gás, energia, água, esgoto e transporte público, dentro dos respectivos subsistemas físicos (rodovias, ferrovias, portos, aeroportos, hidrovias, antenas de telecomunicações etc.) – CARVALHO, André Castro. Direito da Infraestrutura: perspectiva pública. São Paulo: Quartier Latin, 2014.

1) **transporte interno:** quando ocorre dentro das fronteiras do país. O transporte interno, que por motivo de força maior ultrapasse as fronteiras do país, não perde a característica de interno. O transporte interno pode ser aéreo, terrestre ou aquático, e sua regulação é feita por lei ordinária federal;
2) **transporte internacional**: quando ultrapassar as fronteiras do país. O transporte internacional é regulado por acordos[540] firmados pela União, atendido o princípio da reciprocidade;
3) **navegação**: da cabotagem feita entre portos brasileiros em águas oceânicas; navegação interior é a feita dentro do território do país ao longo de rios e lagos. Os navios podem ser públicos (civis – a serviço da polícia marítima; militares – comandados por militares) e privados (mercadorias, passageiros ou mistos). Navio público é regido pela lei da bandeira. Navio privado é regido pela lei da bandeira, quando em alto-mar, e pela lei estrangeira, quando o mar é territorial estrangeiro. Marinheiro de navio público que desce em território estrangeiro a serviço, será alcançado pela lei da bandeira; se por motivo particular, será regido pela lei estrangeira. Quando o navio estiver em porto não escalado por motivo de força maior, há a arribada forçada. Nos rios nacionais, que cortam apenas um país, incide a lei do respectivo país. Nos rios internacionais contíguos (fazem fronteira), o domínio será estabelecido por lei mediana ou talvegue; nos sucessivos (cortam mais de um Estado), cada Estado toma conta do seu trecho.
4) **Transporte aéreo**: no espaço aéreo cabe ressaltar que adotamos a teoria da absoluta soberania do país subjacente, temos o domínio sobre toda a coluna de ar que incide sobre o território e o mar territorial. O espaço aéreo é regido pela Convenção de Varsóvia. Na parte que trata da limitação da responsabilidade civil do transportador aéreo internacional, prevalece o Código de Defesa do Consumidor[541].

[540] Os tratados sobre transporte internacional têm força supralegal. A lei ordinária não pode descumprir os acordos. Se houver o descumprimento o Estado formula denúncia.

[541] "Afastam-se as normas especiais do Código Brasileiro da Aeronáutica e da Convenção de Varsóvia quando implicarem retrocesso social ou vilipêndio aos direitos assegurados pelo Código de Defesa do Consumidor". (RE 351750).

d) Arbitragem no Meio Ambiente

De acordo com o artigo 170, inciso VI da Constituição Federal é princípio que rege a ordem econômica a **defesa do meio ambiente**.

Neste contexto, é possível afirmar que **toda e qualquer** atividade econômica fundada na livre iniciativa é condicionada à preservação ambiental[542], inclusive mediante tratamento diferenciado conforme o impacto ambiental dos produtos e serviços e de seus processos de elaboração e prestação.

A interação harmoniosa entre a exploração dos recursos minerais e a defesa do meio ambiente, deve ser buscada através da efetivação de ideias básicas da ordem jurídica, sincrônicas (pelo menos deveriam ser) com as necessidades e ideias de um povo, que dão base, tônica, harmonia, lógica e racionalidade ao sistema jurídico[543]:

1) Consciência Ecológica: é necessário criar consciência de que nossa vida e economia dependem dos recursos naturais e, que a ignorância ecológica e o desperdício de recursos prejudicam o meio ambiente;

2) Educação Ambiental: é necessário criar processos que possibilitem a transmissão de valores, conhecimentos, habilidades, atitudes e competências voltadas para conservação do meio ambiente e a defesa da qualidade ambiental;

3) Problemática Ambiental: é necessário o reconhecimento pela coletividade, Estado, indivíduo, o mundo, de que a atividade mineraria provoca degradação ambiental;

4) Precaução: é necessário fomentar medidas visando prevenir a degradação ambiental, como aprovar leis que evitem poluição e esgotamento[544].

542 "A Constituição Federal de 1988 exige que toda atividade econômica exercida no Estado brasileiro respeito o meio ambiente, buscando, com isso, harmonizar o direito econômico e o direito ambiental, com vistas a um desenvolvimento nacional voltado para uma melhoria de qualidade de vida" (Júnior, Dirley da Cunha. Curso de Direito Constitucional. Bahia: Editora Jus Podium, 2008).

543 Messa, Ana Flávia. Sustentabilidade Ambiental e os novos desafios da era digital. São Paulo: Saraiva, 2012.

544 "...em face da incerteza ou da controvérsia científica atual, é melhor tomar medidas de proteção severas do que nada fazer. É, em realidade, implementar o direito ao meio

5) Aproveitamento racional dos recursos minerais: é necessário fomentar a reciclagem (coleta de resíduos, seu processamento em novos materiais e a venda desses novos produtos) e o reaproveitamento (uso repetido sob a mesma forma);

6) Internalização de custos: é necessário incluir nos preços de mercado de mercadorias e serviços, os efeitos estimados dos prejuízos ao meio ambiente e à saúde humana;

7) Legalidade: é necessário observar e respeitar as leis e regulamentação sobre a pesquisa e lavra dos recursos minerais;

8) Responsabilidade: é necessário por parte do explorador dos recursos minerais, recuperar o meio ambiente degradado, efetivando a responsabilidade ambiental;

9) Publicização ambiental: é necessário criar políticas públicas eficientes no controle e fiscalização da atividade mineraria;

10) Tecnologia sustentável: é necessário investir em tecnologias menos poluidoras;

11) Desenvolvimento sustentável: num contexto de harmonização entre atividade econômica e preservação ambiental, com o fim de assegurar a existência digna do ser humano, é necessário considerar como parte integrante do desenvolvimento sustentável, funcionando como aspiração social e vetor ideológico na qualidade do meio ambiente, o aproveitamento racional dos recursos minerais, através da conscientização do problema (como são típicos recursos não renováveis há perigo de esgotamento), bem como adoção de políticas públicas de conservação, valorização e fiscalização do aproveitamento dos recursos.

A doutrina[545] aponta como instrumentos de intervenção econômica, atuando como condicionantes da ação do agente econômico à proteção ambiental: a) avaliação ambiental ecológica; b) zoneamento econômico ecológico; c) estabelecimento de preços pela utilização dos recursos ambientais; d) criação de incentivos para utilização menos intensiva de recursos ambientais.

ambiente às futuras gerações" (PRIEUR, Michel. Droit de l'environnement. Paris: Dalloz, 1996, página 144).

[545] ANTUNES, Paulo Bessa. Direito Ambiental. Rio de Janeiro: Lumen Iuris, 2008.

Na compatibilização do exercício da atividade econômica com a defesa ambiental, o Estado deve exigir estudos de impacto ambiental para a instalação de obra ou outra atividade econômica qualquer, **desde que possa causar significativa degradação.**

No Desenvolvimento Sustentável o objetivo é adequar ou equilibrar a preservação, melhoria e recuperação da qualidade ambiental propícia à vida com o desenvolvimento socioeconômico. É **objetivo da Política Nacional do Meio Ambiente** a compatibilização do desenvolvimento econômico-social com a preservação da qualidade do meio ambiente e do equilíbrio ecológico, nos termos do artigo 4º, inciso I da Lei nº 6.938/81.

Todos devem contribuir, inclusive o Estado, no sentido de criar um processo de **desenvolvimento planejado** que atenda necessidades das presentes e futuras gerações (solidariedade intergeracional), invista em tecnologias menos poluidoras, com adoção, por exemplo, da reutilização e reciclagem e não esgote os recursos naturais, tudo em prol do bem-estar da coletividade. O Supremo Tribunal Federal em decisão proferida na ADIN nº 3540 manifestou-se a respeito do Desenvolvimento Sustentável, afirmando que a atividade econômica não pode ser exercida em seu prejuízo[546].

[546] "A ATIVIDADE ECONÔMICA NÃO PODE SER EXERCIDA EM DESARMONIA COM OS PRINCÍPIOS DESTINADOS A TORNAR EFETIVA A PROTEÇÃO AO MEIO AMBIENTE. – A incolumidade do meio ambiente não pode ser comprometida por interesses empresariais nem ficar dependente de motivações de índole meramente econômica, ainda mais se se tiver presente que a atividade econômica, considerada a disciplina constitucional que a rege, está subordinada, dentre outros princípios gerais, àquele que privilegia a "defesa do meio ambiente" (CF, art. 170, VI), que traduz conceito amplo e abrangente das noções de meio ambiente natural, de meio ambiente cultural, de meio ambiente artificial (espaço urbano) e de meio ambiente laboral. Doutrina. Os instrumentos jurídicos de caráter legal e de natureza constitucional objetivam viabilizar a tutela efetiva do meio ambiente, para que não se alterem as propriedades e os atributos que lhe são inerentes, o que provocaria inaceitável comprometimento da saúde, segurança, cultura, trabalho e bem-estar da população, além de causar graves danos ecológicos ao patrimônio ambiental, considerado este em seu aspecto físico ou natural. A QUESTÃO DO DESENVOLVIMENTO NACIONAL (CF, ART. 3º, II) E A NECESSIDADE DE PRESERVAÇÃO DA INTEGRIDADE DO MEIO AMBIENTE (CF, ART. 225): O PRINCÍPIO DO DESENVOLVIMENTO SUSTENTÁVEL COMO FATOR DE OBTENÇÃO DO JUSTO EQUILÍBRIO ENTRE AS EXIGÊNCIAS DA ECONOMIA E AS DA ECOLOGIA. – O

A preocupação com os prejuízos da degradação ambiental em nossa vida e bem-estar trouxe uma **conscientização internacional**[547] sobre a necessidade de buscar medidas sobre como compatibilizar o equilíbrio ecológico com o crescimento econômico, visando em última análise a melhoria nas relações do Homem com o Meio Ambiente. Dentro deste contexto surgiram reuniões e documentos internacionais importantes, dentre os quais destacam-se:

- **Conferência de Estocolmo em 1972:** visando a preservação ambiental foi realizado em junho de 1972 em Estocolmo uma reunião da Conferência das Nações Unidas sobre o Meio Ambiente Humano
- **Comissão Brundtland:** criada em 1983 pelas Nações Unidas para discutir e propor meios de harmonizar o desenvolvimento econômico e a conservação ambiental, a Comissão Mundial sobre o Meio Ambiente e Desenvolvimento, presidida pela norueguesa *Gro Haalen Brundtland.* Em 1987 foi apresentado pela comissão um relatório conhecido como Nosso Futuro Comum ou Relatório Brundtland, que propõe o desenvolvimento sustentável, que é "aquele que atende às necessidades do presente sem comprometer a possibilidade de as gerações futuras atenderem às suas necessidades".

princípio do desenvolvimento sustentável, além de impregnado de caráter eminentemente constitucional, encontra suporte legitimador em compromissos internacionais assumidos pelo Estado brasileiro e representa fator de obtenção do justo equilíbrio entre as exigências da economia e as da ecologia, subordinada, no entanto, a invocação desse postulado, quando ocorrente situação de conflito entre valores constitucionais relevantes, a uma condição inafastável, cuja observância não comprometa nem esvazie o conteúdo essencial de um dos mais significativos direitos fundamentais: o direito à preservação do meio ambiente, que traduz bem de uso comum da generalidade das pessoas, a ser resguardado em favor das presentes e futuras gerações."

547 ".. o tema do meio ambiente vem adquirindo crescente relevo na agenda das relações internacionais, exigindo articulação de esforços da sociedade internacional e aparecendo com ponto prioritário da pauta dos foros multilaterais e da política externa de quase todos os Estados." (Portela, Paulo Henrique Gonçalves. Direito Internacional Público e Privado. Bahia: Editora JusPodivm, 2011).

- **Declaração do Rio de 1992:** Em 1992 no Rio de Janeiro foi proclamada a Declaração sobre Ambiente e Desenvolvimento
- **Agenda 21:** em 1992 na cidade do Rio de Janeiro, a ONU realizou a Conferência das Nações Unidas sobre o Meio Ambiente e o Desenvolvimento (CNUMAD), que ficou conhecida como Rio 92 ou "Cúpula da Terra" por ter mediado acordos entre os Chefes de Estado presentes.
- **Rio+20:** Em 2012 na cidade do Rio Janeiro, após 20 anos da realização da Conferência das Nações Unidas sobre Meio Ambiente e Desenvolvimento, foi realizada a Conferência das Nações Unidas sobre Desenvolvimento Sustentável, a Rio+20 que contribuiu para definir a agenda do desenvolvimento sustentável para as próximas décadas.
- **Protocolo de Kyoto (1997):** estabelece a redução das emissões de gases de efeito estufa aos níveis de 1990. Não há previsão de sanções para o país que não cumprir as medidas de redução de emissão de gases.
- **Tratado da Antártida (1959):** sobre Antártida, área internacional que não pertence a nenhum Estado cujo objetivo foi prever os seguintes parâmetros: assegurar que a Antártida seja usada para fins pacíficos, para cooperação internacional na pesquisa científica, e não se torne cenário ou objeto de discórdia internacional.
- **Convenção da Basiléia (1989):** é a Convenção sobre o Controle de Movimentos Transfronteiriços de Resíduos Perigosos e seu Depósito, para coibir o tráfico ilícito e prevê a intensificação da cooperação internacional para a gestão adequada desses resíduos. Em sintonia com a Convenção o Brasil editou a Lei da Política Nacional dos Resíduos Sólidos (Lei nº 12.305/10).
- **Convenção de Roterdã (1998):** sobre o Procedimento de Consentimento Prévio Informado Aplicado a Certos Agrotóxicos e Substâncias Químicas Perigosas Objeto de Comércio Internacional. Promove a responsabilidade compartilhada e esforços cooperativos entre as Partes no comércio internacional de certas substâncias químicas perigosas, visando a proteção da saúde humana e do meio ambiente contra danos potenciais e contribuir para o uso ambientalmente correto desses produtos, facilitando

o intercâmbio de informações sobre suas características, estabelecendo um processo decisório nacional para sua importação e exportação e divulgando as decisões resultantes às Partes.

- **Protocolo de Montreal (1987):** sobre substâncias que destroem camada de ozônio. O objetivo do protocolo foi acabar e substituir o uso substâncias que contribuem para a destruição da camada de ozônio.

e) **Arbitragem na Mineração:** é usada para solucionar os conflitos que envolvam questões sobre jazidas, minas, outros recursos minerais e metalurgia; áreas e as condições para o exercício da atividade de garimpagem, em forma associativa concessões de direitos de pesquisa e exploração de recursos hídricos e minerais em seus territórios (artigo 23, inciso XI da CF); critérios e condições de utilização de áreas indispensáveis à segurança do território nacional; uso, especialmente na faixa de fronteira e nas relacionadas com a preservação e a exploração dos recursos naturais de qualquer tipo; em relação ao dano ambiental mineral, conflitos sobre meio ambiente e combate da poluição.

f) **Arbitragem no Turismo:** o Turismo é importante fator de desenvolvimento econômico e social, pois possibilita geração de movimentação econômica, trabalho, emprego, renda e receitas públicas, constituindo-se instrumento de desenvolvimento econômico e social, promoção e diversidade cultural e preservação da biodiversidade. Os conflitos na área do turismo pela via arbitral exigem as seguintes noções e parâmetros na solução:

- **Patrimônio turístico**: é o conjunto de bens, públicos ou particulares, que visam propiciar sentimento de satisfação e lazer para as pessoas;
- **Competência legislativa**: sobre o patrimônio turístico é concorrente entre a União, Estados, Distrito Federal e Municípios, nos termos do art. 24, VII, c/c art. 30, II, ambos da CF;
- **Papel do Estado**: a) promover o turismo: criar programas de turismo, oferecendo atividades e serviços; b) incentivar o turismo: criar condições favoráveis sobre programa de atividades

e serviços turísticos já criados, visando atrair mais pessoas. As pessoas físicas ou jurídicas, de direito público ou privado, com ou sem fins lucrativos, que desenvolverem programas e projetos turísticos, poderão receber apoio financeiro do poder público, mediante: I – cadastro efetuado no Ministério do Turismo, no caso de pessoas de direito privado; e II – participação no Sistema Nacional de Turismo, no caso de pessoas de direito público. O poder público atuará, mediante apoio técnico, logístico e financeiro, na consolidação do turismo como importante fator de desenvolvimento sustentável, de distribuição de renda, de geração de emprego e da conservação do patrimônio natural, cultural e turístico brasileiro;

- **Agência de turismo**: nos termos do art. 170, parágrafo único, da CF, não há limite numérico na criação de agências de turismo; porém a lei pode trazer requisitos para criação das referidas agências. É a sociedade que tenha por objetivo social, exclusivamente, as atividades de turismo representadas por prestação de serviços consistentes em: I – venda comissionada ou intermediação remunerada de passagens individuais ou coletivas, passeios, viagens e excursões; II – intermediação remunerada na reserva de acomodações; III – recepção, transferência e assistência especializadas ao turista ou viajante; IV – operação de viagens e excursões, individuais ou coletivas, compreendendo a organização, contratação e execução de programas, roteiros e itinerários; V – representação de empresas transportadoras, empresas de hospedagem e outras prestadoras de serviços turísticos; VI – divulgação pelos meios adequados, inclusive propaganda e publicidade, dos serviços mencionados nos incisos anteriores. As Agências de Turismo só poderão funcionar no país após serem registradas na EMBRATUR;
- **Estrutura**: o Ministério do Turismo estabelece política pública do turismo como atividade econômica sustentável. Caberá ao Ministério do Turismo estabelecer a Política Nacional de Turismo, planejar, fomentar, regulamentar, coordenar e fiscalizar a atividade turística, bem como promover e divulgar institucionalmente o turismo em âmbito nacional e internacional. A Secreta-

ria Nacional de Políticas do Turismo executa a política nacional, zelando pela qualidade da prestação do serviço turístico brasileiro. A Secretaria Nacional de Programas de Desenvolvimento do Turismo visa promover o desenvolvimento da infraestrutura e a melhoria da qualidade dos serviços prestados ao turismo. O Instituto Brasileiro de Turismo – EMBRATUR é uma autarquia federal que visa à promoção, no marketing, e apoio à comercialização dos produtos, serviços e destinos turísticos brasileiros no exterior;

- **Conceito de turismo**: pela Lei nº 11.771, de 17-9-2008, considera-se turismo as atividades realizadas por pessoas físicas durante viagens e estadas em lugares diferentes do seu entorno habitual, por um período inferior a um ano, com finalidade de lazer, negócios ou outras;
- **Princípios da Política Nacional de Turismo**: livre iniciativa, descentralização, regionalização e o desenvolvimento econômico-social justo e sustentável;
- **Prestação de serviços turísticos**: sociedades empresárias, sociedades simples, os empresários individuais e os serviços sociais autônomos que prestem serviços turísticos remunerados e que exerçam as seguintes atividades econômicas relacionadas à cadeia produtiva do turismo: I – meios de hospedagem; II – agências de turismo; III – transportadoras turísticas; IV – organizadoras de eventos; V – parques temáticos; e VI – acampamentos turísticos. Os prestadores de serviços turísticos estão obrigados ao cadastro no Ministério do Turismo, na forma e nas condições fixadas nesta Lei e na sua regulamentação. Prestar serviços de turismo sem o devido cadastro no Ministério do Turismo ou não atualizar cadastro com prazo de validade vencido: Pena – multa e interdição do local e atividade, instalação, estabelecimento empresarial, empreendimento ou equipamento. A penalidade de interdição será mantida até a completa regularização da situação, ensejando a reincidência de tal ocorrência aplicação de penalidade mais grave;
- **Guia de turismo**: o exercício da profissão de Guia de Turismo, no território nacional, é regulado pela Lei nº 8.623/1993. É o

profissional cadastrado no EMBRATUR e que exerce atividades de acompanhar, orientar e transmitir informações a pessoas ou grupos, em visitas, excursões urbanas, municipais, estaduais, interestaduais, internacionais ou especializadas. No exercício da profissão, o Guia deverá agir com dedicação, decoro e responsabilidade, zelando pelo bom nome do turismo no Brasil e da empresa à qual presta serviços, devendo ainda respeitar e cumprir leis e regulamentos que disciplinem a atividade turística, podendo, por desempenho irregular de suas funções, vir a ser punido pelo seu órgão de classe, conforme a gravidade da falta e seus antecedentes, estando sujeito às seguintes penalidades, aplicadas pela EMBRATUR, mediante processo administrativo com ampla defesa: a) advertência; b) cancelamento do registro.

Capítulo 12
Aspectos Práticos da Arbitragem

1. Decisão arbitral é documento público?

A decisão arbitral é documento público, por dois motivos: **a) subjetivo**: quem profere a decisão é o árbitro que é equiparado a juiz de fato e de direito[548], produzindo decisão equiparada à sentença judicial[549], além do que quando no exercício de suas funções ou em razão delas, ficam equiparados aos funcionários públicos, para os efeitos da legislação penal[550]; **b) objetivo**: ao produzir a decisão arbitral exerce atividade pública, apesar de ser jurisdição privada.

2. A sentença arbitral precisa ser registrada em cartório?

A Lei dos Registros Públicos, em seu artigo 221, inciso IV, prescreve que precisam de registro as cartas de sentença. Na locução legislativa, deve-se incluir sentença arbitral, por ser equiparada à sentença judicial.

3. O que acontece se houver acordo no curso da arbitragem?

É importante considerar que se, no decurso da arbitragem, as partes chegarem a um acordo quanto ao litígio, o árbitro ou o tribunal arbitral poderá, a pedido das partes, declarar tal fato mediante sentença arbitral,

[548] Artigo 18 da Lei 9.307/96: O árbitro é juiz de fato e de direito, e a sentença que proferir não fica sujeita a recurso ou a homologação pelo Poder Judiciário.

[549] Artigo 31 da Lei 9.307/96: A sentença arbitral produz, entre as partes e seus sucessores, os mesmos efeitos da sentença proferida pelos órgãos do Poder Judiciário e, sendo condenatória, constitui título executivo.

[550] Artigo 17 da Lei 9.307/96: Os árbitros, quando no exercício de suas funções ou em razão delas, ficam equiparados aos funcionários públicos, para os efeitos da legislação penal.

que conterá os requisitos obrigatórios da sentença arbitral previstos no artigo 26 da Lei 9.307/96[551].

4. Por que a arbitragem é método alternativo de solução de conflitos?
Porque é instrumento criado para resolver conflitos relacionados a direitos patrimoniais disponíveis fora da esfera do Poder Judiciário, com a presença de um terceiro imparcial (árbitro ou tribunal arbitral), de forma ágil, amigável e com respeito à autonomia de vontade das partes.

5. As decisões tomadas pelo árbitro ou tribunal arbitral têm o mesmo efeito de uma sentença judicial?
Sim, a sentença arbitral produz, entre as partes e seus sucessores, os mesmos efeitos da sentença proferida pelos órgãos do Poder Judiciário e, sendo condenatória, constitui título executivo, nos termos do artigo 31 da Lei 9.307/96.

6. A presença do advogado é obrigatória no procedimento arbitral?
Não. As partes poderão postular por intermédio de advogado, respeitada, sempre, a faculdade de designar quem as represente ou assista no procedimento arbitral.

7. A sentença arbitral pode ser anulada no Poder Judiciário?
Sim, diante de problemas formais no procedimento arbitral, nos termos do artigo 32 da Lei 9.307/96. É nula a sentença arbitral se: for nula a convenção de arbitragem; emanou de quem não podia ser árbitro; não

[551] Vide artigo 28 da Lei 9.307/96: Se, no decurso da arbitragem, as partes chegarem a um acordo quanto ao litígio, o árbitro ou o tribunal arbitral poderá, a pedido das partes, declarar tal fato mediante sentença arbitral, que conterá os requisitos do art. 26 desta Lei (São requisitos obrigatórios da sentença arbitral: I – o relatório, que conterá os nomes das partes e um resumo do litígio; II – os fundamentos da decisão, onde serão analisadas as questões de fato e de direito, mencionando-se, expressamente, se os árbitros julgaram por equidade; III – o dispositivo, em que os árbitros resolverão as questões que lhes forem submetidas e estabelecerão o prazo para o cumprimento da decisão, se for o caso; e IV – a data e o lugar em que foi proferida. A sentença arbitral será assinada pelo árbitro ou por todos os árbitros. Caberá ao presidente do tribunal arbitral, na hipótese de um ou alguns dos árbitros não poder ou não querer assinar a sentença, certificar tal fato).

contiver os requisitos do art. 26 da Lei 9.307/96; for proferida fora dos limites da convenção de arbitragem; comprovado que foi proferida por prevaricação, concussão ou corrupção passiva; proferida fora do prazo, respeitado o disposto no art. 12, inciso III, da Lei 9.307/96; e forem desrespeitados os princípios de que trata o art. 21, § 2º, da Lei 9.307/96.

8. O que deve ser feito se uma das partes não cumpre a sentença arbitral?
A outra parte pode recorrer ao Judiciário para obrigar a outra parte a cumprir a sentença arbitral.

9. Cabe recurso da sentença arbitral?
Sim, o pedido de esclarecimentos. No prazo de 5 (cinco) dias, a contar do recebimento da notificação ou da ciência pessoal da sentença arbitral, salvo se outro prazo for acordado entre as partes, a parte interessada, mediante comunicação à outra parte, poderá solicitar ao árbitro ou ao tribunal arbitral que: I – corrija qualquer erro material da sentença arbitral; II – esclareça alguma obscuridade, dúvida ou contradição da sentença arbitral, ou se pronuncie sobre ponto omitido a respeito do qual devia manifestar-se a decisão, nos termos do artigo 30 da Lei 9.307/96.

10. Qual a relação entre ética e a arbitragem?
Na realização da arbitragem as partes litigantes e o árbitro devem adotar comportamento cuidadoso e honesto para que haja condução regular do procedimento arbitral. O árbitro deve agir com imparcialidade, independência, diligência e discrição.

